中小学名师讲堂·魅力学校之特色育人活动系列丛书

养堂堂君子
育积极公民

——小学生公民意识培养的实践研究

主　编　◎　李　蓓　夏　英

西南交通大学出版社
·成都·

图书在版编目（CIP）数据

养堂堂君子　育积极公民：小学生公民意识培养的实践研究 / 李蓓，夏英主编. —成都：西南交通大学出版社，2018.5
ISBN 978-7-5643-6174-7

Ⅰ. ①养… Ⅱ. ①李… ②夏… Ⅲ. ①小学生–公民教育–社会公德教育–教育研究 Ⅳ. ①G621.7

中国版本图书馆 CIP 数据核字（2018）第 087160 号

养堂堂君子　育积极公民
——小学生公民意识培养的实践研究
主编　李　蓓　夏　英

责 任 编 辑	梁　红	
助 理 编 辑	郑丽娟	
封 面 设 计	周红明　张珂宁　成都原创动力文化传播有限公司	
出 版 发 行	西南交通大学出版社 （四川省成都市二环路北一段 111 号 西南交通大学创新大厦 21 楼）	
发行部电话	028-87600564　028-87600533	
邮 政 编 码	610031	
网　　　址	http://www.xnjdcbs.com	
印　　　刷	四川煤田地质制图印刷厂	
成 品 尺 寸	170 mm×230 mm	
印　　　张	22	
字　　　数	347 千	
版　　　次	2018 年 5 月第 1 版	
印　　　次	2018 年 5 月第 1 次	
书　　　号	ISBN 978-7-5643-6174-7	
定　　　价	58.00 元	

图书如有印装质量问题　本社负责退换
版权所有　盗版必究　举报电话：028-87600562

养堂堂君子 育积极公民

编委会

主　编：李　蓓　　夏　英

副主编：陆　枋　　严利蓉　　刘晓虹　　何国强

编　委：贺　蓓　　张红梅　　王威威　　李雪阳　　刘　毅
　　　　黎　明　　赵　晓　　付　涛　　钟　键　　张晓瀛
　　　　方慧敏　　于　露　　蔡慧莉　　张　兰　　白　雪
　　　　任　萍　　郭　伦　　周　娅　　刘梦静　　李　红
　　　　黄　敏　　杨　华　　蔡　雨　　周　会　　杨　栩
　　　　孙　婷　　郑琳子　　王　颖　　龚　轶　　徐晓竹
　　　　朱琦琳　　张　宇　　朱　立　　吴苏媛　　邓　音
　　　　曹小娟　　熊　珂　　王　勇　　曹凤莲　　曾　丽
　　　　彭乾梅　　张　燕　　樊　燕　　刘亚薇　　梁　晋
　　　　刘希敏　　张　速　　刘　颖　　钟辉霞　　吴比娜
　　　　周　洋　　周　洁　　刘雯雯　　陈晓燕　　袁林娜
　　　　江　源　　孔　睿　　王春华　　陈远杰　　何　丽
　　　　黄天舟　　邱　蓉　　陈明富　　陈　凤　　田　勤
　　　　李　辉　　罗东来　　方向云　　李瑞华　　唐艺华

魏理　　钟乐艳　　王宗霞　　康宁　　兰卓贤
赖佳　　胡珊珊　　游佳　　　钟明　　夏巧泉
姚金彤　李娟　　　黄英　　　尹静　　谢东颖
雷萌　　黄建清　　王雪梅　　陈静　　周诗琴
李琦敏　龙远友　　曹先成　　彭巧　　颜诗黎
苏琴　　蔡军　　　李志范　　谢涛　　张丹
伍丹　　蒋雨琪　　张其全　　张小梅　黄蓉
王印超　陈艺萍　　陈蕾　　　王文莹　徐鹏
冯毅　　梁恒珍　　邓海燕　　胡燕　　张媛
赵明　　赵克保　　梁爽　　　　　　　毛玉环
廖文豪

序　言

　　成都市实验小学建校于1918年，是国务院原总理李鹏的母校。2018年9月9日，是成都市实验小学100岁生日。在近百年的岁月中，这所小学一直秉持"实验研究，辅导地方"的建校使命，不断开拓进取，始终活跃在教育教学研究的前沿，以研究促进学校发展，引领一方教育改革潮流。学校的近百年发展史就是学校的研究史。

　　从20世纪三四十年代开始，学校从学科教学探索、德育、学制改革、教材创编等单项研究一直持续不断。80年代，学校开始研究"整体改革"。90年代，学校进行"促进教师自主发展的实践研究"。进入2000年，学校进行"活动教学与小学生素质发展的实践研究"。2010年开始，学校开始进行"培养小学生公民意识的实践研究"。到了2012年，"以'植入式教育'为核心的全日制小学网校实践研究"全面铺开。2015年，"未来学校"的研究又正式启动。学校每一阶段的研究都从当时学校发展的实际需要出发，解决当时学校发展过程中遭遇的实际问题。而每一阶段的研究，又为下一阶段的研究奠定了坚实的基础。

　　本书是成都市实验小学在顶层设计基础上，基于学校长期德育实践与研究，形成的德育综合改革成果。学校于2010年7月将"小学生公民意识培养的实践研究"成功申请为全国教育科学"十一五"规划2010年课题（课题批准号：FFB108190），于2013年7月结题。该课题成果《小学生公民意识的实践研究》获得四川省人民政府颁发的2013年度四川省优秀教学成果一等奖。课题成果《小学生公民意识培养的实践策略》2014年获得由教育部颁发的国家级教学成果奖二等奖。本书内容为此课题核心成果。

　　在这一课题的研究过程中，学校全体师生员工及家长一同参与，在这一研究中共同成长。学校将这一课题作为学校的龙头课题，统领学校的各方面研究与改革。学校将课题拆分为从小学生公民意识培养目标，教师公民教育意识培养以及课堂教学、学生活动、班级建设、家校共育、儒雅校工管理中公民意识渗透等多个子课题进行深入研究。广大老师边学习边思考，边实践，边总结，开展了大量创新性的实践活动，形成了很多很有价值的研究文章和案例。学校在此基础上进行了大量的总结提炼，最终在国家、省、市、区各级教科院和各位长期关心学校发展的专家的指导下，在长期关注学校改革的教育媒体朋友的支持下，集苏文钰、陆枋、李蓓三任校长与学校全体师生员工及家长的集体智慧，最终凝结成这本书。在此，编者对所有为这项研究付出辛苦努力的伙伴们致以最诚挚的感谢。

本书从学校发展历史和文化出发，以重构小学生学校公共生活为切入点，培养小学生公民意识。通过研究策略变革、公共生活变革、评价方式变革架构了学校公共生活的理论要点，形成了公民意识培养的操作策略。通过搭建公共生活平台，组建公共生活网络，形成公民校本课程，研发公共生活评价手册，引发学生公民意识的真实变化，带来了很好的社会反响。

当然，研究过程中也不断遭遇各种新的问题，引发许多新的思考。"实验研究，辅导地方"就是这样教会实小人不惧困难，大胆探究，勇于改革，一路向前，不忘初心。

谨以此书，致敬实小百年。愿百年实小长葆芳华！

2018 年 2 月 11 日

目 录

第一章　世纪学校，百年芳华　//001

第二章　文化引领，以雅育雅　//028

第三章　文质彬彬，培育公民　//040

参考文献　//183

附　件　//186

附件1 专 题 //186

　　专题一 校工参与 育文雅公民 //186

　　专题二 公民教育背景下的教师自主发展探索 //191

　　专题三 培养学生公民意识背景下的家校共育实践 //217

　　专题四 构建民主校园，培养积极公民 //220

　　专题五 创设班级公共岗位，重建班级公共生活 //225

附件2 小学生公民意识现状调查问卷 //229

　　小学生公民意识现状调查问卷（第一次） //229

　　小学生公民意识现状调查问卷（第二次） //236

附件3 小学生权利与义务调查问卷 //238

附件4 小学生公民意识培养总目标及分段行为目标 //240

附件5 行动指南 //255

　　A城公民权利与义务行动指南 //255

　　学生在家庭中的权利与义务行动指南 //259

附件6 学校公共生活领域教师公民意识行动指南 //260

附件7 相关成果列表 //263

附件8 媒体相关报道选录 //266

附件9 媒体相关报道列表 //279

附件10 雅园公民手册 //彩页

第一章　世纪学校，百年芳华

　　百年实小，沧海桑田，风雨兼程，执着追求，桃李芬芳。近百年的办学中，学校一直秉持积累、传承、创新的传统。深厚的校园文化积淀造就了她特有的韵味，实验、改革与创新成就了它持续发展的可能。

成都市实验小学博雅楼

一、"实验求真，辅导地方"（1918—1978年）

　　成都市实验小学前身为1918年创办的国立成都高等师范学校附属小学，1932年2月改为国立四川大学附属小学。学校位于成都市中心明皇城后载门旧址，现后子门街人民中路一段22号。1935年，四川大学将其附属小学49亩校地及全部校舍、设备划拨给四川省教育厅，用以创办四川省立成都实验小学。1935—1952 年，其名为四川省立成都实验小学，1952 更名为成都市实验小学，沿用至今。

（一）开辟新径，天府名校初成就（1918—1947 年）

1935 年，国民政府确定的小学教育总目标为：小学应以发展儿童身心，培养国民道德、民族意识及生活必须之基本知识技能，以期养成修己喜群爱国之公民为目的。当时，四川省正实施"义务教育"，1940 年又推行"国民教育"。然而办学条件极差，教育发展甚为缓慢。即以首府成都而言，1936 年仅有小学 86 所，且大多"设备简陋，条件极差"，"除黑板、桌椅外，几乎一无所有"，尚有私塾 138 个。至 1940 年，全市小学虽增至 139 所，但"临时性的校舍不少，房屋简陋破烂，教室阴暗卑湿"，"无仪器、标本、图表，教授时学生既觉乏味，教员也感困难"。

1935 年春，国民政府教育部派参事郭有守博士赴四川视察教育。经过视察，郭博士认为当时的四川省小学教育实在太差，要建设新的四川，应该先从教育方面求改进，须"举办一个设施完善、能从事实验研究的小学"。"一方面辅导川省改进小学教育，一方面迎头赶上世界潮流，创造四川教育的新径。"四川省教育厅采纳了他的建议，呈请教育部将正趋收缩的川大附小移交教育厅创办省立成都实验小学，并请物色人选来川主持校务。时年 35 岁，毕业于中央大学教育学院的胡颜立受教育部派遣来川负责创办事宜并任校长。

此时的实验小学即根据"实验研究、辅导地方"的建校使命，确定四点实施方针。第一，用科学方法办理学校行政，经济绝对公开，聘请教职员完全采取人才主义，以专任及住校为原则，并须具有研究的兴趣和合作的精神；第二，教学方面施行适合儿童学习能力及教育环境之学级编制，采用自学辅导的教学法使儿童于各学科学习上有合理的发展，有自动计划、研究、创造等能力，并注重科学教育、生产教育、抗战教育，使儿童具有科学的头脑、生产抗战的智能；第三，训练方面注重儿童整个生活的指导，尤以锻炼强健的体格，陶冶互助、合作、坚韧、奋斗、爱群、爱国的精神和养成整洁、纪律、简朴、劳动等好习惯为要旨；第四，成人教育主义战时公民训练，唤醒民族意识，坚强抗战意志，教导抗战常识，增进生产能力，提高文化水准为实施成人教育及社会教育的要旨。

为贯彻上述方针，胡校长先后制定了三个三年规划：

1935—1938 年，重点工作是：

① 整理、改建校舍，充实教学设备；
② 调查川省小学教育实况，为实验研究之依据；
③ 试制小学标准设备；
④ 地方性教材的编辑及试点。

1938—1941 年，重点工作是：

① 研究抗战建国教育及编定抗敌教育刊物；
② 办理社会教育的实施研究；
③ 复式教学实验研究；
④ 扩充工场，增加出品量，供地方中心学校采用；
⑤ 继续编辑四川地方性教材及国民教育辅导刊物；
⑥ 继续开放学习及办理小学教育通讯研究。

1941—1945 年，重点工作是：

① 国民教育辅导工作之实施研究；
② 中心学校及国民学校设备标准之拟定及教育用具全套及制造；
③ 试制各省市儿童教育馆、科学馆、实验室设备；
④ 编印国民教育辅导刊物；
⑤ 新课程标准的实施研究；
⑥ 各项学习速度的实验研究。

1944—1945 年，胡校长除继续推行其实施方针外，致力于十年来的工作检讨，写就全面总结性的《十年来的成都实小》一书出版问世。但因不满当局在政治上的猜忌并进而在办学经费上的刁难，愤然于 1947 年年初挂冠而去，荐杨竞芬接任。面对十年后成为天府名校的实小，胡氏不无自慰地宣称"为便于各校采用，没有朝秦暮楚、多翻花样，一贯地注重自动学习、自始训练，尤其重视民主精神的培养，希望能适应每一个学生的个性，充分发展他们的天才，完成健全的民主社会的公民"。蔚为大观的成都实小，确在当时裨益全川匪浅，给人们留下了深刻印象。胡校长的人本主义教育思想，德智体美群劳六育并举的树人目标，以及实证地进行试验，探索规律以改进教法等，至今仍值得我们借鉴。

胡颜立校长以实验研究之创新探索学校教育。他"对教育学术涉历

甚丰",长期致力于教育教学研究。经过调查研究,胡氏认定川省地方小学严重而又普遍的缺陷在于五端:

① 设备空虚;

② 乏地方教材;

③ 学方法大多注入式;

④ 忽视学生自治训练;

⑤ 不注意健康教育。

实验研究必须针对其起步。继又随时代需求增添抗敌教育、国民教育等实验项目。学校分别在学校管理、课内外学习、学生训导以及教师进修等方面进行了探索。

1. 教学管理

(1)推行新学级制,学生自由发展。

建校伊始,胡校长即推行新学级制。以适合学生程度,适应学生的学习能力,使学生可以活动邅升,注重学生个别作业、自由发展为原则。初小仍用单式编制,但在某些学科又按学生能力、程度分为2至3组教学。语、算两科则允许程度过差的到相应年级上课。高小则取消学级,按学生各科能力分别到该科甲、乙、丙、丁四组上课。

(2)收集编撰地方教材,补充课本不足。

教材除语、算外,都不用现成课本,而按"适合抗战建国需要的,适合学生需要的,适合课程标准的,适合地方性的"原则收集材料,自行编辑。

2. 改革课内外教学

(1)改革注入式教学为学生自动学习。

为改革普遍存在的注入式教学法,各科教学注重指导学生自动学习,使学生对于各科学习有合理的发展,有自动计划、研究、创造等能力。如初小常识,高小社会、自然等科,尽量设法使学生自己提出研究的问题,自行搜集及参考解答资料,进行有计划有组织的观察、实验、调查、思考、讨论、制作、整理等步骤。十年探索中,胡氏先后写就《国语科教材教法》《自然科教材教法》《中心学校、国民学校各科教材教法》专著问世。

（2）中心单元教学整合知能。

"中心单元教学"为胡氏在校大力推行的教学形式。十年中共举行如"我们的四川""开展西南""太平洋研究""康乐生活""航空与国防"等43题，胡氏认为中心单元教学可达三个目的：

适应时季环境的需要，使儿童注意生活方面的实际问题，认识时季环境的变化，具有应付环境、改造生活的知能；

联络或统一各科教学，集中于一个共同问题的研究，使儿童获得适应生活的整体知识，并加强其对该项特殊问题的印象；

将用脑用手的学科打成一片，使儿童从做上学、教师从做上教，儿童所得知识非常切实，并得到应用的机会，对学习有浓厚兴趣。

（3）坚持时事学习，关注社会。

为养成儿童关心时事的习惯，学校每天编出"时事摘要"供儿童阅览，并留出一些空白，让儿童填空、填图或作漫画。各级每周有"时事报告"一次，由学生轮流担任主讲。中高年级每周各有一节"时事研究"课。为增强四年级以上儿童的思考、判断能力，各级每期举行一次"时事讨论会"，题目自定，主席在发言后，个人发表意见或质疑，最后由评判教师评议指导。

（4）注重课外作业竞赛拓展学习。

胡氏以为"班级制度的缺点，影响个性发展，补救的方法在于注重课外作业的指导及学艺竞赛的举行"。学校按时举行有计划的校外教学，如远足、参观等，予儿童以写作、图画、采集的机会，归后从事研究、整理、举办成绩展览。学校利用课余，组织写生班、歌咏班、剧团、标本制作、国乐班、国术班、球队等，随学生兴趣自由参加。每届假期，由级任导师综合各科作业要项，指导学生按时完成，开学后则将学生的游记、书记、日记、算术、笔记、书法、图画、模型及收集的标本、种子、照片、邮票等展出观摩。学艺竞赛，一为每期按计划举行阅读、速算、写字、作文、讲演、图画、劳作、时事讨论、时事测验及音乐、体育竞赛；一为各级轮流编辑新闻、美术、科学三种半月刊，鼓励学生踊跃投稿，期终评比。

（5）改革考试评价。

成绩考查功能明确。成绩考查方面，学校每期有：以考查教学效率为主要目的的期初测验（按高、中、低级段命题）；以考查教学效率为目的的期中测验（各年级分别命题）；以决定儿童下期学级升调为主要标准的期末测验。

3. 改革学生训导

学校采用级任与训导混合制，各级设级任导师，科任则担任住校生室指导任务，各教师轮流为分区值日导师。胡氏确定训导方针八点：① 训教合一，重视学生整个的生活指导；② 注重人格感化，教师以身作则，与学生共同生活；③ 指导自治组织，注意团体训练，陶冶民主精神；④ 多用积极的训练，避免消极的处罚；⑤ 注意个性调查，实施个别特殊训练；⑥ 提供服务机会，增加学生的公众服务的兴趣；⑦ 布置抗战建国环境，培养民族意识，激发抗战建国热忱；⑧ 切实联络家庭，增进训育效率。

儿童自治组织在低年级为小朋友会，下分小图书馆、卫生局、幼童团、讲故事会、学级园、小周报社、级务部 7 部，设会长 1 人，各调干事数名，均民主推举产生；中、高年级为儿童会，下设图书馆、演讲部、新闻部、体育部、卫生部、学级园部、纠察部、合作社、级各部、舍务部、科学馆、俱乐部、社教部等 13 个工作机构，设会长 1 人，各部均有活动目的及职责大要，须定期考核或在周会上报告工作。

学校训导构建由公民训练、儿童自治、集团活动、健康教育、课外活动及寄宿生保育组成。注重以培养公民为目的，以儿童自治为主要训导方式，充分利用学生的课外活动，采用集团活动，注重儿童的身心健康。

4. 改革教师进修

由于学校肩负的"实验研究，辅导地方"的特殊建校使命，要求实验小学的教师"必须具有健康的身体、乐业的精神、研究的兴趣，除担任教学、训导等工作外，还要从事实验研究，创造新的教育方法，辅导地方小学，以求全省乃至全国国民教育之改进"。

"时代潮流常在不断前进，教师如不求进步，便有落伍的危险。"学校组织了研究会、读书会和教学参观活动。研究会每周五举行例会，研讨教学、训导中的实际问题及特殊实验工作；读书会由各教师自选书刊、自定课题，定期作口头报告或写成书面报告相互传观；教学参观每期一次，排定次序后组织有关教师互相参观，集体评议；校外参观则每年派一人去省外，其余老师每期按预定日程集队去市内著名学校参观。

成都实验小学不仅关注教师的业务进修,也关注教师的课余生活。胡校长始终认为体育、文娱乃生命的源泉,因此规定教师周一至周五的课毕后人人须有40分钟运动,分乒乓、篮球、排球、网球数项;每周一和周五饭后为歌咏班活动;假期则组织教师远足旅行。他对教师非常体贴关心,教师生活上有什么不顺心或困难时,他都会伸出援助之手。为改善物价飞涨下教师的艰苦生活,学校还从合作社、农场等收入中津贴教师食米,为教师们提供切实的帮助。

那时的教师一律住校,每一教师还得带五六个住校生同吃同住,胡校长也以身作则。1935—1939年就读于实验小学的国务院原总理、全国人大常委会委员长李鹏同志当时也是住校生,在回忆自己的小学生涯时,他说胡校长办学有方、思想开明,是个很好的校长,有一次他在睡梦中不慎翻下床来,还是巡夜的胡校长把自己又抱回到床上,那份温暖与慈爱让他永生难忘。胡校长以自身的儒雅风范影响着周围的老师和学生们,整个学校文化让教师和学生感到非常温馨。

实验研究在十年里,取得了丰硕的成果。成都实验小学坚持实验研究的办学特色,积极探索教育的规律。十年里,学校除将30项实验成果出版发行以外,还编写了抗敌教材(儿童读物)13种,四川地方性教材(儿童读物)17种,教师参考资料32种。学校还出品教学仪器、标本共18种,并且受托举办了三届全省性的教师假期讲习会,培训本省各县及云、贵、陕、甘、湘五省托训的部分教师。图书馆里藏书达12 450册,仪器室里各种仪器及模型666件(套),劳动室里各种工具642件,工场里大小机具1 307件……即便放到今天,这些成就也足以令人肃然起敬。而在这些数据背后,更有学校通过工场、出版等自筹经费的无比艰辛。最重要的是,学校践行了实验研究的办学理念,并承担起培训教师的使命,传递着鲜活的理念。在实践中探索,进行教育实验,探索教育规律,求真悟道。

成都实验小学的办学特色吸引了中央和国际上的关注,成为中国一道亮丽的风景。1941年,国民党中央国际宣传部将实验小学学生的课内课外情况拍摄成了名为《明日的主人翁》的彩色影片,分送各友邦作文化交流。1942年5月,印度政府教育司司长沙金脱到校参观。1943年9月,英国议员华德女士也到校访问。其间,苏联友人亦曾来校参观访问,并应邀向全校师生作了名为《十月革命后的苏联儿童》的讲演。1944年

5月，美国新闻处还派出摄影人员来校拍摄儿童生活影片。实验小学的学生们展现了他们良好的风貌，让国际友人更好地了解了中国，赢得了广泛的赞誉。

（二）孜孜以求，秉前志奠基未来（1947—1978年）

1952年，学校正式更名为成都市实验小学。成都市实验小学和共和国一起经历了三十年的风雨历程。由于特殊的政治原因，使得这一时期的学校教育中政治压倒一切，政治的动荡也引发了教育的动荡不安。成都市实验小学在其中也不能幸免，学校教育更多是进行思想政治教育的主阵地。但是，成都市实验小学在如此艰难的情况下，一直坚守着"实验研究，辅导地方"的优良传统，不断深化教学改革，开展单项实验。

20世纪50年代，南京师大附属小学的斯霞老师创造的"字不离词、词不离句、句不离文"的小学语文随课文分散识字教学法，大面积、高效率地提高了识字教学的质量，在当时国内小学教育界首屈一指。因此，学校学习这一先进的教学经验，开始在学校进行"分散识字"的单项研究。

1958年，辽宁省黑山县北关小、北京景山学校先后探索汉字构字规律，试验集中归类识字方法，创造了集中归类识字教学经验。学校也学习这一先进的教学经验，开始在学校进行 "集中识字"的单项研究。两项单项研究的兼容并包让学校的识字教学水平有了显著提高。

除此之外，学校积极探索教师主导与学生自学的结合点，探索集体备课、重点教学、实物实例等各项教学改革，不断创新实验，各项工作都取得了优异的成果。

1960年，学校被评为全国文教系统先进集体。光阴流转，岁月无言，这三十年中实小的历任校长为：杨佩芳、杨竞芬、陈光明、杨伯萱、白增。一代代实小人守护着这片净土，为实小新的发展奠定了坚实的基础。

六十年的建校历史，给了我们如此清晰的脉络，即不论建校初成也好，学校进展也罢，它始终沿着一条主线在发展着：把握教育的本质规律，尊重孩子的个性成长，重视教师的教育教学，关注学校的创新发展。以学校最初的办学理念"民主科学"为例，昭示着成都实验小学的办学理念不墨守成规，不依赖权威，在不断地创造研究中发展着，前行着。这样的理念与办学方式影响了以后学校发展的基本方向与模式，也为实验小学未来的发展奠定了坚实的基础。

二、是中求活，整体改革（1978—1996年）

岁月流转，光阴似箭，走过十年风雨的实验小学迎来了新的春天。十一届三中全会制定的改革开放总路线为教育改革注入了空前的活力。在其他学校还未走出阵痛之时，实验小学已经继续着改革研究之路。

20世纪70年代末，学校开展了大量的改革研究活动，力图使学校教育活动更符合教育规律。学校所进行过的教改实验主要有：1979年，在二年级进行的"自编教材，提早进行方程教学，提高应用题教学质量"的教改实验；1980年的"景山学校语数教材引进性实验"；1981年在全校开展的学"开设科技课，进行科技启蒙教育"的教改实验；1983年进行的"课外阅读课"及"在自然新教材中开展探索法教学"的教改实验。这些早期的单项实验，取得了一定的成绩，从某一个侧面论证了一些教育规律，有的还得到了推广。但是，以上实验仅仅是单科的，只能起到某一方面的作用。

为了促进人的全面发展，1982年年底，学校制定了五年发展规划，从德、智、体、美几个方面明确了培养人的具体标准，并广泛开展课外兴趣活动，课内外一齐抓，以课内外并重为突破点，在全校进行了尝试。从实践情况看，少年科学院、红领巾艺术团、工艺美术、文体等四大部下设的40个小组吸收了全校学生，对学生兴趣、爱好、才能以及良好的心理品质的发展都起了积极的作用。有的兴趣小组还在课内外结合方面取得了经验，促进了课堂教学改革。这一时期已经初步孕育了整体改革的课内外结合因素。

（一）建设高素质的教师队伍，为整体改革奠基

"学高为师，身正为范"是苏文钰校长谨记在心的座右铭，也是苏校长立校的核心理念。他清醒地认识到教师是立校之本，没有好的教师，就没有好的学校。只有当教师的教育观念和教育行为习惯方式等发生了符合教育科学规律的变化，学校教育质量才有稳定的保证。所以学校管理自始至终都把人才的选拔和培养作为最重要的工作来抓。

为提高教师队伍的整体素质，学校除让中青教师接受市区教师进修培训机构的系统培训外，还侧重采取了以下办法。

1. 严格挑选新教师

一直以来，学校对教师队伍的要求就具有一定的超前性。20世纪90年代中期，在省、市、区有关部门的支持下，学校严格挑选优秀师范毕业生为新教师，特别注意吸收有敬业精神、从教热情以及专业素养的优秀人才。在学历方面，新教师学历层次也逐年提高，1996年秋季进入学校的10名新教师的学历都在专科以上，其中专科2名，本科7名，硕士1名。

2. 根据教师成长规律培养教师

有研究将教师个体的成长分为阶段角色适应阶段、主动发展阶段、最佳创造三个阶段。青年教师从学校毕业到熟悉教育教学常规，完成角色的转换一般需要三年时间；教师主动探索教育、教学规律到成为一个合格的教师，一般认为需要五到八年时间；教师主动研究，并归纳总结，创造性地形成自己的教学风格，成为骨干教师，大约需要五年以上的时间。学校根据教师发展的这一规律，对新教师采取"师徒帮带"制度，每一位新教师都要拜有经验的教师为师，以较迅速地熟悉教学工作常规，并初步确定自己今后努力的方向。对中青年教师，实行定人定向培养制度。定人就是为某一中青年教师个体制订培养计划，帮助其在一定的时期内，在教育教学工作中的某一方面发展提高。对骨干教师，则帮助其总结自己点点滴滴的教学经验，逐渐形成自己的教学风格，成长为专家型教师。

3. 在教改中培养和提高教师的素质

在教师的工作经历中，教师研究活动经历对教师素质改变所产生的影响最为深刻。因此，学校带领全体教师认识现有教育的弊端，寻找克服弊端的途径，提出了一系列的教改实验课题，组织了从整体到单项及学科的多方面、多层次的教改实验研究。许多新教师一进入学校就参与各级各类课题的研究。这些举措对于教师的教育素质、教学素质、研究素质的提高都产生了巨大的影响。

由于学校重视教师队伍的建设，实验小学先后培养出了11位特级教师。成都市实验小学现任校长陆枋就是学校教改培养出来的典型代表。

她 18 岁刚从成都师范学校毕业来到学校，苏校长就让她参与学校整体改革的研究、在市上执教语文公开课。在长达十二年的整体改革研究和长达十五年的活动教学研究中，陆枋一直是各项研究的中坚力量。正是在一次次的研究讨论中，在一次次的公开课展示中，她迅速地成长起来，28 岁被破格授予特级教师的荣誉称号，36 岁被委以校长一职。在这些课题中成长起来的 50 余名骨干教师如今几乎都已是校级以上干部或者是特级教师。

优秀教师的培养为顺利进行教育教学改革积蓄了坚实的力量。这些人才的培养和输送又促进了实验小学良好的血液循环，让实验小学的教师队伍不断发展提升。

（二）积极推进整体改革，大胆实行教育创新

1977 年，国家恢复高考，各级学校对升学率的追求被提到了一个前所未有的高度。1983 年，邓小平同志提出"教育要面向现代化，面向世界，面向未来"，引起全国教育深思。学校对学校教育进行了反思，认为不适应"三个面向"，主要表现在：

（1）儿童教育的封闭性。即只重视学校教育，忽视家庭教育和社会教育。其中的矛盾，冲减了学校教育的主导作用。

（2）小学教学的单一性。表现为教学内容、方法（途径）的陈旧、单调，不能激发和保持儿童的学习兴趣。

（3）片面追求升学率。导致儿童负担过重，高分低能。教育评价片面，导向偏斜，违背全面发展的教育方针。儿童不能全面、和谐的发展。

到了 1984 年，由于独生子女政策的实施，首批独生子女到了入学年龄，开始进入学校接受小学教育。独生子女家庭对子女成长的重视及教育方法上的无助也集中体现出来。学校教育呈现出脱离实际、脱离时代、脱离社会，重教轻学、重智轻德、重分数轻发展的弊端。

1. 困境中的突围

教育背景的变化，让学校的教育陷入困境，难以顺应时代发展，改革势在必行。鉴于此，学校提出整体改革的实施方案，成为国内较早开展整体改革课题研究的学校之一。

学校整体改革思路为：从改革管理体系入手，改革教育教学目标、内容和方法，以学校教育为核心，建立学校、家庭、社会三结合的教育

结构式。

学校整体改革的基本思想是："以学校教育改革为中心，建立学校、家庭、社会教育三结合的教育结构，建立有利于学生全面发展的学校活动体系，实现全体学生全面的、和谐的发展。"

改革主要内容是：构建适应改革的学校管理系统；改革学校教育教学工作，建立三结合的儿童教育网络。特别突出研究从整体上科学地对学生实施全面和谐教育，使儿童得到充分发展；探索一条对内搞活，对外开放，适合当代儿童身心发展规律的办学途径。

在学校的五年发展规划中，也明确提出对学校教育进行整体改革。通过活管理、活教育、活学习，培养思想活跃、个性活泼、手脑灵活、充满活力的学生，力争把实验小学建成校园美、校风好、教改活、教学实、质量高的全国一流学校。

活管理是教改的前提，只有管理灵活才能为师生创造很好的教与学的环境，才能充分发挥师生的聪明才智。教得活是教改的基础，指教师教学方法灵活。只有运用灵活的教学方法，才能充分激发学生的好奇心，使学生积极、灵活地投入学习。思想活跃是以德育为主，以爱国主义教育为重点，同时重视对学生的道德教育。个性活泼，就是培养学生有良好的个性心理素质，使学生热情大方、活泼开朗，敢于思考问题、敢于形成自己的见解。手脑灵活就是培养学生有较高的动手动脑能力，从而启迪学生的智力，开发学生的智慧。

2. 改革管理体系

管理是改革取得成功的重要保证。良好的学校管理体系应该组织机构合理、工作目标明确、管理层次清楚、管理措施落实。

学校管理改革的主要措施为：

（1）建立四套班子、三个层次、七个育人工作子系统的组织机构。四套班子即党支部书记为首的政治思想工作班子，校长为首的行政管理班子，工会主席为首的教工大会民主管理班子，校办厂厂长为首的勤工俭学后勤班子。三个层次即为校级一层、处室一层、教研组一层，各层职责明确。七个育人工作系统分别为：德育系统、学科教学系统、科学常识启蒙教育系统、体卫系统、美育系统、劳动教育系统、现代化教育技术系统。七个子系统协调整体作用于学生的全面发展。

（2）将教育教学活动内容和形式的改革纳入学校教育教学计划。对计划的实施进行严格管理，同时制订若干可观察、可评断的硬制度，控制教育教学活动的时间和师生的精力投入。

（3）改革对教师和学生的管理办法，把评价作为学校管理的导向性因素。把教育教学观念的转变、优秀教育教学经验的学习与总结作为考评教师工作的重要内容，引导教师积极参加教改研究活动。改革考试办法，注重教学过程的考核评价。加强单元测验，取消半期考试，只进行期末考试。注重综合性考核评价。改革"三好学生"评选方法，不再将"三好生"定位为少数优生的选拔，而定位为绝大多数学生的达标要求。

管理改革为学校教学改革奠定了基础，提供了保障。

3. 改革学校教学体系

学生的社会性和个性发展是在健康丰富的活动中完成的。把学生局限在文化考试科目的教学活动中很难实现其良好的发展。把学生当容器的灌注式方法也会阻碍学生发展。学校教育教学内容与方法的改革，就是要使活动的内容和方法富含有利于达成德智体美劳五育目标的因素。

主要改革措施为：

（1）制订有操作指导意义的五育要求。

（2）调整课程，努力达成五育目标。低段每周减少语文课3节及数学课1节，增加体育课1节并增加了6项活动。

（3）改革原有单一的课堂教学形式，建立课内外并举、学科教学与多种课外兴趣活动相结合的教学体系。增加活动时间，用丰富多彩的活动激发儿童对科学的追求，培养广泛的爱好和才能，使儿童热爱学习生活。上午上语文、数学等主课，下午则安排这些特色活动。并按琴、棋、书、画的不同兴趣爱好把学生分别编入琴班、棋班、书法班、画班。这种有计划的培养贯穿整个小学阶段，艺术教育在这里得到充实和强化。

（4）在具体的教育内容上进行改革。加强学科知识的结构性，注重各学科间教学内容的衔接，加强某些教材内容。设计多种课外、校外活动内容，使学生在丰富多彩的活动中发展。

（5）教师观念的转变及教学方法的改革。观念上要求每一位教师树立五个方面的整体观念：学校、家庭、社会三结合的整体观念；儿童德、智、体、美、劳全面发展的整体观念；儿童兴趣、知识、能力协调发展的整体观念;学生一般和特殊学习状态之间关系的整体观念;面向全体学生,使所有学生都能获得全面和较充分的发展的整体观念。此外,每一学科确定一项具体的教改研究项目进行研究。强调教师教学手段的优化。定期、不定期地举行各种层次的经验交流、观摩活动,推广优秀教学经验。

我校研制并实施了小学生唱歌、舞蹈、器乐、美术、书法五项艺术才能的内容与标准。培养小学生的五项艺术才能,在当时尚无先例可循。为了达到这些培养目标,根据艺术教育各科及我校学生的实际,经过几年不断研究,反复修订,形成了五项艺术才能的内容与标准,并按照五项艺术才能的内容与标准,改革了艺术教育的教学内容与教学方法。在音乐教育改革中,从以教唱歌曲为主,发展为包含声乐、乐器、初步的乐理知识在内的教学内容,着眼于培养学生的音乐审美素质。挖掘各门学科中的艺术教育素材,加强了五项艺术与各门学科之间的横向联系,构建了课外艺术实践活动体系以及共同科学育人的美育网络。

以琴、棋、书、画编班的教学班的兴趣活动,力求普及、培养学生的艺术爱好与才能。很多孩子因为就读于琴班,从此和音乐相伴,还有一些学生经过勤学苦练,攀上了音乐之巅。下棋需要缜密的思维,对于开启智慧很有益处,很多棋班的孩子除了下棋以外,在数理上也有很好的发展,日后许多通过竞赛直升清华、北大的才俊都是从这里起航,而在奥林匹克数学、物理、化学竞赛中折桂的实小学子更是不计其数。

书法班的孩子经过调教都能写出一手漂亮的字;画班更是充满色彩与线条,充满想象与创造。学生白耘的美术作品获亚洲国际少年儿童大赛头奖;学生陈涛的美术作品《猫趣》获国际中国画大赛特等奖,他也被称为"猫王",并随省美术交流团出访瑞士。走进校园,随处都可以看到墙上悬挂的学生作品,这里是他们梦想开始的地方。

艺术赋予人灵性,赋予人更高层次的精神享受。教育要为孩子的终生幸福奠定基础,就是要给他们一种积极的生活态度,一种高尚的精神追求,还要有与之匹配的基本能力和素养。1986年,反映学校艺术活动的电视专题片《这里流淌着美的清泉》在中央电视台和四川电视台播放,将这一新颖的教学体系衍生的美好传递给了更多的人,传递到了更多的地方。重视艺术教育,培育儒雅学生,学校的理念在实践中孕育生成。

4. 指导家庭教育，联系社会教育

改革学校教育，指导家庭教育，联系社会教育，建立开放的教育结构是学校整体改革的主线。当时家庭教育普遍存在以下问题：

（1）不懂得正确的教育方法的现象，造成家庭教育与学校教育间的不协调、不一致，给学校教育带来一定困难，使学校教育效果减弱，甚至相互抵消。

（2）家长们虽然具有辅导孩子、教育孩子的积极性，却又普遍对学校教育的目的、任务，对老师采取的教育措施的意义缺乏了解，因而往往干出干扰学校教育的事，更无法有效配合学校教育。

（3）家长平均文化程度不断提升，但是家庭教育能力并未得到相应的提升。

因此，指导家庭教育成为学校整体改革的一个重点。学校主要通过举办家长学校、定期举行家长开放日、召开家庭教育经验交流会、帮助家长进行家庭教育自我考核等，帮助家长密切家校联系，提高家庭教育水平。

1983年，实验小学首创我省第一所家长学校，指导家庭教育，提高家庭教育水平。建立家长开放日制度，邀请家长到校亲身体验学校生活全过程。建立办事处、居委会和校外辅导员组成的社会教育网，优化孩子成长的环境。发展社会教育网络，争取三股积极的力量：学校所在地街道办事处、派出所，学校附近的机关和单位，教育、科技、文化方面的校外辅导员。还包括把社会教育内容引到学校教育中来，使学生广泛接触社会，接收社会信息。针对学生思想教育中的问题，有计划地带学生参加一些有教育意义的社会活动，有指导地组织学生收集社会信息并分析鉴别，拓宽学生的视野，提高其分辨社会信息的能力。经过十余年的探索，学校与四川省武警部队建立少年军校，和街道居委会、派出所一起优化学校附近的教育环境，聘请有关人士担任校外辅导员，加强德育工作队伍建设。诸多举措在促进学校、家庭和社会三者的结合中形成合力，共同促进学生的发展。

加强家庭教育的研究，建立学校领导、老师和家长代表组成的家庭教育研究会，研究家庭教育的规律、内容和方法。如此系统完整的诸多举措在全国引起了重大的反响，1986年，学校创办的家长学校被国家教委和全国妇联评选为"全国优秀家长学校"。

5. 手执金钥匙开启成功

如果说当年对于能否实现"创建全国一流学校"的目标有人心存疑虑，那么事实证明了一切，整体教育改革是一次成功的尝试。整体教育改革带来的变化是学校教育体系在原有基础上的改善和发展，教学质量得以提升。提高教师达成教学目标的能力是教师控制负担量的重要措施，通过提高教师的教学能力，提高了课堂教学效率，我校的整体改革使得学生学业负担过重的现象得以扭转。教师整体素质的提高是整体教育改革最重要的成就之一。教师的教学观念发生转变，逐渐走向自觉，逐步带来自觉的改革行动。

教师们深感这次改革的成功：学生们性格活泼开朗、思维活跃，兴趣爱好广泛、有个性，自我教育的能力特别强。教师们开始自觉地研究学生，努力改进自己的教学方法，提高课堂教学质量，使学生的发展落在实处。在不断改善学校教育活动体系的过程中，教师改变教育活动，改变着的教育活动又促进了教师的改变。近十余年来，学校先后承担或参与国家、省、市、区各级有关部门的教改研究项目 30 多项。

从 1985 年至 1988 年，老师们撰写的 100 多篇教育科研论文、实验报告、经验材料等发表于《人民教育》《中国教育报》《小学德育》《四川教育》等国家、省、市级报纸杂志；汇编成册的《教改探索文集》《教改实验论文集》《成都市实验小学管理文集》在全国教育系统内部交流；《教改论稿》一书由四川教育出版社出版；《学校教育整体结构改革探索》一书由人民教育出版社出版。1986 年，整体改革实验的经验在全国整体改革研讨会上交流，在全省推广；1988 年，学校举办整体改革实验讲习会，省内外 800 多位重点学校的行政干部、教育系统的专家领导参会；1989 年，学校应邀为全国 250 多所重点小学举办的语文讲习会和数学讲习会，不仅让到会的 1 500 余名教师折服，更使学校的改革意识、改革实践和改革的成功经验迅速传递。

当你走进成都实验小学的校园，你会看到花园里矗立着这样一尊塑像：一柄黄铜，一柄大理石，两柄钥匙作为基座撑起一位年轻女教师颔首沉思的半身像。她双手托腮，嘴角含笑，清秀的面庞弥散着一种圣洁的光芒。这尊塑像对于学校来说具有特殊的意义，因为它是为了纪念学校整体改革实验荣获中国教育学会和《教师报》联合评选的金钥匙奖而设立的，全国只有五所学校获此殊荣。实小校友、时任四川省副省长的韩邦彦为这尊塑像亲笔题名："手执金钥匙的人"。

1984年至1996年历时十二年的学校教育整体结构改革实验研究，是学校教育科研的一个里程碑，学校教学质量和办学水平由此得到了提高，学校教学改革和研究作为学校崛起的战略指导思想进一步深化。

这是实小历史发展中至关重要的十二年。整体改革的推进让实验小学在原有的基础上跨出了重大的一步。这不仅是方法的创新，更是思想的创新，在实小已有发展基础上的又一次腾飞。整体改革促进了教育理念的变革，促进了教学体系的变革，"校本课程"与"兴趣活动"率先走进了实验小学，素质教育的要求也在实小得到了最为广泛的重视。"整体改革"使学校实现了全方位的改革推进。

手持金钥匙的人

三、聚焦教学，活动研究（1996—2003年）

1984—1996年十二年间开展的学校教育整体结构改革的课题研究，使成都市实验小学的教育质量和办学水平有了质的飞跃。面对整体结构改革给我们带来的显著成效，学校没有自满，而是又一次开拓创新，走在时代的前列。学校打造了具有成都市实验小学特色的"活"教育：领导班子管得活，教师教得活，学生学得活。

（一）走在新课程改革前列的活动教学

多年来，传统教学中长期存在的一些问题一直未得到解决，旧的教育思想仍统帅着教学实践活动，如重书本知识传授，轻动手能力培养；重学习结果，轻学习过程；重间接知识的学习，轻直接经验的获得；重教师的灌输讲授，轻学生的主体探索；重视考试成绩，忽视对学生个人发展兴趣、独立思考能力、创造性、个性、进取精神等素质的培养，忽视学生主体性、积极性的发挥，使得学生的学习兴趣下降，学习负担过重，极大地妨碍了学生生动活泼地、主动地、全面地发展。

随着21世纪的日益迫近，未来社会对人才也提出了更高的要求，要求教育不仅仅是把学生当作一个学习者，仅传授给他们知识，更重要的、更本质的是把学生作为一个人，一个活的生命体，着眼于形成学生的主体意识，注重形成学生的独立人格，开发学生内在潜能和创造性，关注学生的精神生活，促进每个人的全面发展。1997年，叶澜教授"让课堂焕发生命的活力"的观点引发了人们对课堂教学的热议。

因此，当务之急是改变当时盛行的"教师讲、学生听"的被动接受式学习、灌输式学习，改革单一的、程式化、机械化的课堂教学方式，改变那种以升学和单追求高分为目的，忽视人的发展和综合素质的提高的应试教育模式，构建体现学生主体地位和思想的新的教育教学模式，由被动接受的角色向主动学习的角色转变，由单纯的知识性学习向作为一个人应具有的一切方面的学习的转变，以促进认知、情感、个性整体素质的发展与提高。那么，如何通过学校的教育教学工作的改变，来有效地促成这些目标的达成呢？

针对当前教育教学改革的发展趋势和整体结构改革中凸显的一些问题，学校对教育改革和发展进行了理性的反思，经过深入研究，成都市实验小学决定将研究的重点由全局性的整体研究转向重点性的课堂教学改革研究。课堂教学是学校教育教学工作的主阵地，实小抓住课堂教学进行专项研究，将它作为推进和深化素质教育的有力措施。

学校研究认为，活动提供了学生发展的最佳途径和手段，通过活动，可以实现学生的主体性发展。教育要有效地促进学生的全面发展，应以学生经验和活动为基础，科学地规范、精心地组织，正确地引导学生开展多样而全面的活动，提供学生积极参与活动的空间机会，使学生多感官投入教学活动，主动参与教学过程。正是基于这样的思考与认识，学校参与了中央教科所田慧生博士主持的教育部"九五"重点规划课题"活动教学与中小学生素质发展"的实验研究，并承担了"活动教学与小学生素质发展"的课题研究。1996年，成都市实验小学被确定为中央教科所教育实验研究中心实验学校，开始在各级专家的倾力指导下进行更高层次的实验研究。这个题为"活动教学与小学生素质发展"的实验研究，又一次使实验小学走在了全国新课程改革的前列。

本次教学改革不仅要改变教师的教育理念，还要改变教师们每天都在进行着的习以为常的教学方式、教学行为。就教学关系而言，教师教育理念、教学方式的转变最终都要落实到学生学习方式的转变上。学生学习方式的转变具有极其重要的意义，学习方式的转变将会牵引出思维方式、生活方式甚至生存方式的转变。学生的自主性、独立性、能动性和创造性将因此得到真正的张扬和提升。学生不仅将成为学习和教育的主人，而且还将成为生活的主人，成为独立的、积极参与社会的、有责任感的人。

活动教学的根本目的是试图对现有的以知识为本位，以教师为中心，以传授灌输为主要特征的课堂教学模式进行改造，使教学过程真正建立在学生自主活动、主动探索的基础上，通过学生全面多样的主体实践活动，促进他们主体意识、创新精神、实践能力和多方面素质的整体发展。实现对课堂教学过程的根本性变革，以焕发课堂教学的真正活力。我校的活动教学研究所主张和探索的教学理论与六年后在全国如火如荼开展的新课改理念十分吻合。这证明了我们的每一次研究和改革都前瞻性地把握了教育发展的趋势，始终处于教育教学研究领域的潮头浪尖。

（二）引领学科教学的研究与探索

活动教学即是在教学过程中建构具有教育性、创造性、实践性、操作性的学生主体为主要形式，以鼓励学生主动参与、主动思考、主动实践、主动创造、主动探索、自主活动为基本特征，以促进学生认识、情感、个性行为等整体素质全面和谐发展为目的的一种新型教育观和教育教学模式。基本教学观念，即树立以"教师主导、学生主体"的教师观和学生观，以"活动为主"的教学观，以"开放的时空"为主的教育条件观和以"开放的教材和多样的学习方式为主"的内容观和方法观。

活动教学在学校的改革研究，主要任务是探索如何在具体教学活动中开展体现活动教学思想的教学活动，目的之一是构建体现活动教学观的活动教学实践操作模式。我们的研究主要侧重于学校教育教学活动中与学生发展联系最广泛和最普遍的两大学科——语文和数学学科活动教学的具体操作策略和操作模式。重点在语文和数学两大学科探索活动教学具体的操作策略和操作模式。

通过多年的实验研究，我们对传统课堂教学策略有如下的突破与革新：教学目标的整体策略，全面关注人的发展；教学内容的丰富策略，使之更加符合学生主动学习的需求；教学人际的和谐策略，突破师生交流的单向性；教育设计的创新策略，体现教学设计的艺术性，突破教学设计的程序化；教学时空的开放策略，突破教学时空的封闭性；教学评价的发展策略，体现教学评价的多维性，突破课堂教学评价的传统导向。

对活动教学的评价体系有了初步的探索：在"活动教学"思想的指导下，实小在活动教学的教学评价中融入了新的观念和方法，确立为学生发展服务的新观念，从发展的角度确定评价内容，采取多元化的评价方式，尝试构建了小学活动教学评价的指标——

是否为学生设计了具有吸引力的活动方式和学生乐于采用的学习方法？

是否为学生提供了充分的活动时间以及自主学习的时间？

是否让所有学生都参与了活动，得到了自主学习的机会？

学生是否喜欢学习？

学生是否在完成学习任务的同时提高了学习的能力，并得到多方面的素质发展，特别是创新能力和实践能力的发展？

（三）立足于学生自主学习

通过学习和转变观念，我们认识到"活动教学"是深化课堂教学改革的有效途径，是落实素质教育目标的有效形式。在理论层面上，活动教学注重活动在人发展中的独特价值与作用，明确提出"以活动促发展"的发展观。在实践层面上，活动教学将教学过程建立在学生自主活动的基础上，关注学生的活动体验和情感发展，拓展学生的活动时空，实施以学习者为中心，以主动探索、亲身体验和实践活动为基础的教学策略，实施以促进创新精神和实践能力培养、全面发展为目的的多样化教学评价等系列新的教学主张，将活动教学的理论转化为教学中可以操作的现实行为，从而引起课堂教学的深刻变化。

学校通过确立教师正确的角色意识，尊重学生的主体地位，确立正确的课堂管理模式，营造师生民主、平等、和谐的教学氛围。并创设丰富多彩的学生自治管理活动、主题组合活动、自主兴趣活动、自我评价活动等课外自主活动，培养学生的主体意识。同时，还着重对课堂教学中的活动方式和学生学习方式进行探索，经过几年的实践研究，总结出了十四种学生自主学习模式：问中学、发现中学、教中学、创新中学、比较中学、归类中学、评价中学、选择中学、交谈中学、读中学、做中学、辩论中学、做课题中学、欣赏中学。七种自主活动模式：讨论式活动、实验式活动、操作式活动、表演式活动、搜集查阅式活动、实践式活动、游戏式活动。

（四）架起走进新课程改革的一座重要桥梁

在整个活动教学研究过程中，取得了一定的成效。学生方面，学生的整体素质得到了良好的发展，特别是学生的自主学习和自主活动的主体发展意识和能力得到不同程度的发展和提高，学生的学习从被动、依赖走向主动和独立，学生的个性和学习潜能也得到不同程度的开发；活动激发了学生参与学习活动的欲望，使他们有机会从不同的角度进行思考，获得对问题不同层次的理解，同时进行不同方式的探索和表达。这种从自主学习中得到的满足感进一步促使他们自觉主动地寻找一切他们想知道的知识，引起了更为深入的学习。学生探究的兴趣和能力显著提高，活动教学所创造的探究性实践活动，使学生身上与生俱来的探索新事物的热情得到了激发。课堂中的探究性学习还激发了学生的创造灵感和热情。全校学生进行了"研究我们的世界"课题研究，各年级同学在教师指导下自定了涉及科技、植物、动物、化学、物理、天文、地理等方面的课题共计769个进行研究。在这些实践研究的过程中，学生的研究热情和主体研究意识及能力都得到显著提高，个性和学习潜能也得到开发。学生的许多课题已结题，个别班级还编辑了研究成果集《研究我们的世界》。

教师对教学有了新的理解和认识，活动教学的实施所带来的课堂教学的深刻变化，对教师产生了强大的激励作用。动态的、开放的教学过程，使教师的教学设计不再是课本剧的"脚本"，每节课都要面临的新问题和新场景，使教师有新鲜感。处在自主学习和探索状态的学生，使教师时刻感到充实和提高自己的必要。这些都使成都市实验小学教师队伍具有了明显的健康向上、积极进取的特征，不断地学习和超越自己成为他们发自内心的自觉需要。活动教学"以活动促发展"的教学改革思想在成都市实验小学已经深入人心。

四年多的实验研究，促进了教师队伍的成长。不仅提高了成都市实验小学教师的整体素质，也涌现了一批具有改革意识和科研能力的优秀骨干。在实验研究期间，教师在各级刊物上发表论文共112篇，编辑了《"活动教学与中小学生素质发展实验研究"论稿》《"活动教学与小学生素质发展实验研究"语文专辑》，撰写了《活动教学与小学生素质发展实验研究结题分报告》，在国家、省、市、区等各级学术交流会上的交流论文16篇，阶段性研究报告、工作报告、结题报告6万多字，教学实录29节，获奖研讨课14节。学校大力推广已有的活动教学研究成果，让这些研究成果从实验课堂走进每一个教师的日常教学课堂，并且让教师去发现、总结更多的活动方式和学习方式。由于有活动教学中活动方式与学习方式的积累，教师的教有法可依，学生的学也有路可循。课堂教学的教以为学生设置活动情境，激发学生学习兴趣，有效引导学生探求知识为目的。学生的学以主动运用已有的知识储备和学习方法，解决实际问题，进行情感体验为主要途径，课堂越来越多地呈现出生命的活力。活动教学的开展使得老师们从日常教学生活中跳脱出来，从日常的"无意识"状态转向问题导向，并致力于解决问题，带来的是对教学行为的自觉改造。教师、学生的一系列变化为成都市实验小学顺利接受新课改理念奠定了良好的基础。

这是关注微观教学的一次重大改革。"以活动促发展"的理念与方法让更多的老师解放自己的课堂，以学生为主体，把课堂还给学生，注重学生全面素质的发展。"活动教学"的创新研究使全体老师提前进入了课程改革。当新课改如春风吹拂祖国大地时，实小的老师们已具备了进行新课改的理念、实践与经验。始终走在教育改革前列的实小人看到了教育改革的生机与活力，在新课改的天地中有了更大的施展空间。"创新的思维与创新的理念"给了实小人太多的智慧与太多的收益。

四、尚活蕴雅，自主发展（2003—2015年）

时光荏苒，转眼越过千禧年。新的世纪，万象更新。社会进入信息化时代，对人才有了新的理解和要求。因此对教育的质疑声和批判声此起彼伏。顺应时代发展的教育改革应运而生。全国范围的新课程改革席卷而来。各种各样的新课程培训让教师们应接不暇。新旧观念的冲突让老师们感到茫然：教了几十年的书竟然不知道该怎么教才是正确的。

教育究竟应该走向何方，我们究竟应该培养什么样的人才，成为当时社会讨论的热点。恰逢此时，实小也经历了新老领导班子的交替。名校的重担、教育的浮躁促使新任校长陆枋不得不静下心来思考：成都市实验小学应该向何处发展，怎么发展？

学校悠久的历史文化和科研传统让陆枋明白：成都市实验小学的发展一定是基于传承之上的创新。既要顺应时代的要求，又要超越时代的局限，才能真正为未来培养合格的人才。

宁静致远。反思九十年的学校历史，我们发现：不管是过去课堂内外并举，琴、棋、书、画兼修，还是对育人之活、管理之活的不断追求，其实一直都有一种宁静、平和的东西萦绕在我们心底，引领着我们的探索，那就是教育的本质所在——"雅"。

教育是一个高尚的事业，对真、善、美的追求是教育永远的使命，这让教育与"雅"血脉相连。"雅"是对教育理想的审美，是对自我超越的憧憬，是对教育文化的宣言。"雅"是无法灌输的，它需要优良环境中的自主生长，它需要不断创造中的继续实践与改革。

从胡颜立校长时期的以民主科学理念创新办学，以丰富多彩的学生活动培养能力，以"创造新的教育方法"为主题的教师发展研究，到六七十年代的教育教学单项改革，80年代的学校教育结构整体改革，再到90年代的课堂教学改革，"实验研究，辅导地方"的建校使命始终指引着学校的发展，实验研究已经成为实验小学发展的最重要方式，顺应时代发展的变革与创新已深深镶嵌入学校的每一步发展中，并成为推动学校发展的最有力的动力。因此，传承过去，面向未来，在21世纪之初，"雅教育"成为引领学校发展的一面旗帜，围绕"雅教育"的理念及其实施，学校制定了"十二五"发展规划，确定了学校的发展目标，即成为"一所实施素质教育的旗帜学校，一所践行教育公平的社区学校"。为此，成都市实验小学开始了新一轮的改革。

（一）一所实施素质教育的旗帜学校

1. 小学大雅——百年学校文化一脉相承以雅育雅

成都市实验小学以"雅教育"为办学特色。"雅"，正也。雅教育文化以"守正、尚勤、崇礼、求活"为核心价值，以"以雅育雅，自主发展"为办学策略，追求"和而不同"的教风，"活而有常"的学风，以"儒雅教师"培养"文雅学生"，润养"和雅家长"，成就"小学校，大雅堂"。学校优雅的环境、清雅的管理、博雅的课程让"雅"的气息弥漫在校园的每个角落，一本精美的全国特级校刊《樱桃红了》成为雅教育文化的名片，一本由教育科学出版社出版的学术专著《小学校，大雅堂》沉淀了雅教育的精髓。它们让实验小学的"雅教育"声名远播，每年吸引国内外同行两千多人前来参观学习。

2. 儒雅教师——一个教师发展学校助梦自主发展

为促进儒雅教师的自主发展，学校于2004年成立教师发展学校，以"一日不学，一日不教。一日不学，一日不乐。一日不学，一日不长"为校训；以"立己立人，达己达人。智慧而快乐地工作，清新而优雅地生活"为目标；下设魅力课堂、精神家园、雅园地平线、雅园讲坛、网络空间、阳光地带、五彩驿站等多个站点，全面关怀教师作为"人"的发展需求，为教师们提供专业成长、全面发展的自主空间。

学校分别以"教师自主发展的实践研究"和"小学教师自主发展的制度建设与实施研究"为研究课题，研究儒雅教师自主发展，研究成果分获四川省第三届普教教学成果奖三等奖、第四届普教教学成果奖一等奖。一大批教师在研究中成长起来。在这一阶段的学校发展过程中，学校有享受国务院津贴专家1人，省、市特级教师4人，省级优秀教师4人，市级优秀教师2人，区级优秀教师40人。

3. 文雅学生——一座虚拟Ａ城培养学生公民意识

为全面实施素质教育，促进学生自主成长，学校于2002年成立虚拟Ａ城，所有学生都是Ａ城小市民。Ａ城设置自主管理中心、自主活动中心以及自主服务中心。自主管理中心下设的公民委员会组织全体Ａ城小市民通过民主选举产生城市办公室负责人，负责人通过自主活动中心下设的各种频道及社区，在服务中心的Ａ城大朋友及社区联盟的支持下开展丰富多彩的活动，重构学校公共生活，促进学生各种公民意识的形成，激发学生自主成长。

在Ａ城，手脑灵活、思维活跃、个性活泼、充满活力的孩子是校园最美的风景，他们身上所展现出来的责任意识、民主意识、自主意识、国际理解意识等让雅园满庭芬芳、生机勃勃。很多实小学生成长为"充分享受权利，积极履行义务"的积极公民。

学校以"小学生公民意识培养的实践研究"为题，独立申请的全国教育科学规划办课题，其研究成果获得教育部颁发的全国基础教育成果二等奖、四川省第五届教育教学成果奖一等奖。

4. 和雅家长——一所家长发展学校探索家校共育

成都市实验小学在1983年即成立了全省首个家长学校，构建了家庭、学校、社会三结合的共育模式。三十多年过去了，家长学校的功能从学校培训家长、利用家长资源到学校与家长共同成长，家校共育从理念到行动都在一步步发生变化。家长发展学校科学的机构设置，民主的管理，丰富的和雅家长课程，广泛的教育参与和合作，让实验小学的家校共育不仅促进了学生的成长，学校的发展，更促进了家长的发展。每一个实验小学的家长都以能成为实验小学的家长为幸、为荣，他们的参与让学校教育的视野更加开阔，内容更加丰厚。学校的家长学校也被命名为"全国优秀家长学校"。

（二）一所践行教育公平的社区学校

1. 领军集团，引领教育均衡

实小将教育均衡当作自身责任，更重视反哺社会的行动。从2002年开始，实小集团的分校开始出现，到目前为止，实小集团一共拥有六所分校，全部为公立学校，直接受益学生上万人。实小通过为分校输送管理团队和骨干教师，定期开展教学研讨及学生活动交流，以及轮值主持集团等，让各个分校各有特色、各有所长。

2. 创办网校，辐射优质资源

2012年，为助力《四川省民族地区教育发展十年行动计划（2011—2020年）》，成都市实验小学东方闻道网校应运而生。实小优质教育资源随着网络面向甘孜、阿坝、凉山等民族地区以及四川、甘肃、青海等地128所学校传播。远端3 000名教师每天与实小教师同步教研上课，共同成长。超过6万学生与实小学生一起享受优质教育资源。这一教育均衡模式由教育部在联合国会议上做经验介绍。学校的研究成果《以"植入式教育"为核心的全日制小学网校实践研究》获得四川省第六届教学成果一等奖。

五、未来学校，迎向未来（2015年至今）

随着信息化时代全面到来，"互联网+"全面冲击各行各业，社会发生了巨大的变化，人们的生活随之发生巨大变化，这也对教育行业产生了巨大的冲击。MOOC、微课、线上课程、教育订制服务等教育模式的创新带来的是人才培养方式的转变。当今"教育+互联网+教育"已经作为一条定律，被应用在各类教育"命题"当中。信息时代、"互联网+"、大数据时代等大趋势下，引发了全域教育的形态变革：教学模式从"教师主导"走向"师生主体"；教育目标从"核心能力"走向"核心素养"；组织形式从"班级授课"走向"个性订制"；教学方法从"粉笔黑板"走向"互动教学"；学习方式从"立足课堂"走向"混合学习"；教育评价从"经验"走向"实证"。

在全域教育形态变革的冲击之下，实小这样一所近百年的名校需要以新型的学校发展体系来实现全域变革。这样一所历史悠久的老校在文化薪火相传的同时，更要寻求发展的高位突破，为学校的与时俱进与持续发展提供源源不断的动力。因此，2015年7月，李蓓校长接手百年实小的传承与发展。学校在原有的办"一所践行教育公平的社区学校，一所实施素质教育的旗帜学校"基础之上，还努力办"一所着力发展创新的未来学校"。学校以建设"未来学校"为契机，围绕"为了孩子"这一核心理念，确立"为公民成长奠基，为适应未来准备"的培养目标，共同迎接未来的挑战。

李蓓校长带领全校教师重新定义学校功能、重新认识师生角色、重新审视教与学的关系，积极打开学校，提出"18亩+"的概念，充分利用最新的信息技术，研究学科教学与信息技术的整合，打破学科边界，实现跨学科的项目式学习等，在通往未来教育的道路上，成都市实验小学的老师们从未止步。

教育是梦想者的事业，致正、达真、不俗、大气的雅教育之梦继承了实小近百年的教育理想。为学生终身幸福奠定基础的教育理念让实小的教育远离浮躁，回归教育的本真，堂堂正正做人，勤勤恳恳做事。教育本就是需要宁静和淡泊的事业，宁静才可致远，淡泊方能明志。教育更是创造梦想的事业，而唯有境界才能承载梦想。在春与秋的更迭中，在青丝与华发的记忆里，追逐教育梦想的心从来都未曾停歇。

第二章　文化引领，以雅育雅

对实小人来说，通向教育本真的那扇门就是"雅教育"。"雅教育"是实验小学近些年来在研究"顺应新课程的学校教育新结构"的过程中，在充分发掘弘扬中华民族教育精髓，立足实验小学建校近九十年的办学特色的基础上提出来的。"以雅育雅"是"雅教育"的核心。"小学校，大雅堂"的追求成为新世纪引领学校发展的旗帜。

小学校，大雅堂

一、"雅教育"提出

雅教育的创意来源于成都实验小学办学的历史积淀，来自对于学校实践和认识的收敛，来自学校的高端追求。"雅"是一种修养，一种理解和一种对于教育的审美情趣，一种自我超越的憧憬，更是一种教育文化的宣言。雅教育的提出基于以下几点。

（一）时代变革中的观念冲突

进入 21 世纪以来，改革的不断深入带来了社会科技与经济的飞速发展，也带来了人们生活方式、思维方式的巨大变化。各种社会思潮带来的各种观念与人们的传统认识发生剧烈的碰撞。"竞争与合作""生存与发展""理想与现实""技术与人文""个性与共性""自由与和谐"这些观念冲撞波及教育，也随之带来了教育的经济主义、教育的科技取向、教育个性化等教育思潮。"教育市场化""教育产业化""教育是服务，学生是上帝""把学校管理与企业管理对接""校长要能经营学校"这些观点的出现给教育带来了巨大的影响。教育在科学与经济高速发展的裹挟下失去了应有的方向。新世纪的教育陷入深深的困境，改革势在必行。

（二）多元价值中的人本选择

社会竞争的加剧，经济的飞速发展，让衡量一切的指标都聚焦在了可立竿见影的量化指标上。经济指数成了社会发展的标志，政绩工程成了推动社会发展的重要途径，"快餐文化"在人们精神世界的蔓延让人们失去了等待的耐心。人们越来越忙碌，却越来越找不到自己的精神家园。"非典"的骤然爆发，引发了人们的很多思考，对人生命的尊重、对幸福的追求成为社会重要的议题。

此时，西方盛行的人本主义社会思潮也逐渐出现在人们的视野中，人们开始寻求人的价值回归。人本主义强调以人为本，强调人在万事万物中的主体地位，主张个人的自由与尊严，重视人的精神文化品格。人本主义教育家认为教育要以人为中心，人的本质在于自我实现，有不断向上的巨大潜能，教育以激发这种潜能为己任。人本主义教育思想给我们急功近利的教育带来很多新的启示。

（三）纷扰混沌中的本质回归

2003年，随着新课改在全国大面积铺开，各种教育理念纷至沓来，对教育形成巨大的冲击，各级部门对教师的各种培训也可谓铺天盖地、种类繁多，但是在这些众多的培训中，教师以往的教育理念在一夜之间被全部否定，诸如对自由的过分宣扬，对个性张扬的极度主张，对活动的过度追求，让教育从一个程序化的极端走向另一个无序化的极端。

新旧教育理念之间的断档与冲突让许多教师迷惘彷徨，不知道什么样的教育才是真正的教育。但在改革浪潮的席卷下，又不得不改。于是，众多为了改革的改革开始实施，各种新式实验、各种新式改革应运而生，一股脑地涌向教师，老师们在忙碌的应付中更加茫然不知所措，当了几十年教师，竟然发现自己过去的许多教育理念都是不正确的。而对新课程的教育理念和实施，老师们一时难以接受，感到很迷茫，不知在这样的改革大潮中该如何摆正自己的角色，也不知教育将走向何方。

成都市实验小学在各种纷扰中一直试图保持清醒的头脑：教育改革不应是一次次运动式的改革。它应是从教育问题出发，直指教育本质，不断探寻教育规律的过程。只有在教育本真的引领下，教育才能在不断创新中积累，在不断积累中创新。教育才能真正为学生的终身幸福奠定基础。

（四）高位突破中的品质追求

在社会飞速发展的时代，要让实验小学能一直走在时代的前列，为社会培养合格的人才，唯有坚持学校近百年办优秀教育的品质追求。这样的追求源于对教育本真的回归，对教育发展前景的清醒。从首任校长胡颜立的"实验研究，辅导地方"，到苏文钰校长的"是中求活，整体改革"，无论是学校管理还是教师培养，无论是课程设置还是课堂教学，无论是内在素养养成还是外在气质修炼，无论是宏观设计还是细节落实，实验小学一直秉承着近乎完美的品质要求，坚持在不断的自我超越中持续发展。

跨入21世纪，学校发展也进入一个新的阶段。新课程改革的全面实施，城乡一体化的提出，大量新学校的建设和兴起等让教育开始迈向均衡化，学校与学校之间的差距越来越小。实验小学如何保持"实验"传统，不断探索在高位发展中继续突破自我，保持区域引领优势，这成为新形势下学校发展最重要的思考。

（五）急速变革中的理想引领

社会发展带来的是教育的急速变革，在层出不穷的变革中，人们对教育的认识也在发生巨大的变化，从"万般皆下品，唯有读书高"的功利教育论到"读书无用论"，从精英教育到大众教育，从知识教育到人文教育，教育在社会变革中似乎很难把握自己的方向。

浮躁的教育需要宁静来隔离，功利的教育需要理想来坚守。教育是脚踏实地的事业，也是理想者的事业。回顾成都市实验小学近百年的发展历程，发现学校一直希望寻求到一种精神，一种超越时空、超越国界，能引领学生、教师、学校共同发展的一种核心精神。唯有共同的精神追求才能成为学校的价值引领，才能凝聚所有力量，带领学校找到持续发展不竭的动力。不管历经何种时代，不管外界如何纷繁嘈杂，实验小学始终坚持着一个教育者对于教育使命责任最本真的、深度的、超脱的思考与追求。

实验小学企图洞穿浮在教育表面的东西，直指教育的本质。从建校伊始的"实验"冠名，到30年代的生活教育，到80年代的"整体改革"，90年代的活动教学，再到21世纪的新课程实施，学校一直在深度思考学校教育的本质功能。学校究竟要培养什么样的人？怎么培养？基于对这些问题的思考，学校反思九十年的学校历史发现：不管是过去课堂内外并举，琴棋书画兼修，还是对育人之活、管理之活的不断追求，其实一直都有一种宁静、平和的东西萦绕在我们心底，引领着我们的探索，那就是"雅"，因此"雅教育"的实验应运而生。

教育是一个高尚的事业，对真、善、美的追求是教育永远的使命，这让教育与"雅"血脉相连。可以说实验小学的"雅教育"是"循雅而生，循雅而兴"。雅教育不是一种刻意追求的教学特色，而是一种理想的教育境界。这样的雅教育很难用量化的指标去评价，但它却是实实在在可以感知、可以领悟、可以显现出来的。雅教育的理想将让学校的一切元素都具有雅的属性和特质。

实小多年的校训"堂堂正正做人，勤勤恳恳做事"是"雅教育"最好的注解；实小多年的教育目标"为学生的终身幸福奠定坚实的基础"是"雅教育"最终的归宿。

二、"雅教育"探路

在朦胧中确定了对"雅"的向往之后，学校开始静下心来思考：我们要赋予实验小学的"雅"怎样的含义？什么样的"雅"是我们追求的具有时代特色的"雅"？对"雅"的内涵的争论和探索过程就成了学校雅教育的启蒙过程。

（一）望"雅"生义

一提起"雅"，总会有许多美好的词语浮现在我们的眼前。雅量（宽宏之气度）、雅兴（高雅之兴趣）、雅意（高尚之情意）、雅集（风雅之集会）、雅致（风雅之意兴）、雅望（清高之名望）、雅步（闲雅之行步）、雅服（儒雅之衣着）、雅音（高雅之音乐）、雅士（高雅之士）、雅儒（正道的儒者）、雅言（正言）、雅道（正道），还有优雅、高雅、清雅、文雅、雅俗共赏、雅人深致（风雅之人，意致深远）……《辞海》说"雅"："正的，合乎规范的；高尚，不庸俗；美好，不粗鄙……""雅"是我国古代儒家文化中君子儒士的毕生追求。它集儒家精华"仁"与"礼"于一身，是儒家的内在积淀和外在表现的集中体现。

（二）闻"雅"生思

"雅"究竟是什么？教育的"雅"又是什么？"雅"是一个含义极其丰富的词语，对"雅"的理解直接影响着教师"雅教育"的理念，因此，在每月一次的读书笔记中，"雅师说雅"成了一次命题作文的题目。不同的"雅说"折射出实验小学教师不同的文化底蕴和教育思考。它让实验小学"雅教育"理念更加丰富和深入人心。

下面摘录实小老师"雅说"的一些片段：

"雅"应使学校成为培养人文精神的殿堂，感受时代脉搏的母体，适应社会竞争力的胚胎，释放个体与群体能量的舞台。水本无波，相荡而起涟漪；石本无华，相碰而起火花。能量在相荡相击中释放。专业知识与人文经历相结合，科学精神与人文教育相结合，知识背景与非智力因素相结合，课堂教学与校园文化相结合，就能释放出巨大的生命能量。（刘毓）

"雅"在我看来，那就是一种平淡，一种宽朗的心境！雅之平淡，不令我们颠踬，不使我们昏醉，她让我们明明白白地做人，坦坦荡荡地做事！（曹晓娟）

真正的雅，应该是近俗的，它只是一种个人修养的提炼，是人生从容淡然的境界。雅是一种永远年轻的心灵状态，它不会随时间的流逝老去。在岁月的磨砺中更加成熟更加达观，但并不表示它会带走心灵的年

轻。相反，它是一种心灵年轻的延续和成长。(蔡慧莉)

雅，人们欣赏它的外表：整洁而不会呆板，素朴而不流于粗俗，矜持而不失谦逊。人们更欣赏它的精神：崇高而能令人亲近，智能而能给人启迪，大度而能使人从容。雅是外在的形式美和内在精神美的高度融合。雅，需要思想、需要知识、需要修养、需要睿智、需要胆略、需要度量。雅，需要培养、需要历练。(张燕)

从儒雅中常能闻得墨香，听得琴音，见到笑颜。儒雅之气长于正直之心，受传统文化之滋养，附于真善之言行。科学是儒雅的根基，文学是儒雅的底蕴，艺术是儒雅的羽翼。"根之茂者其实遂，膏之沃者其光晔，仁义之人其言蔼如也。"儒雅之味若深窖中的陈酒，吸天地之灵气而自然飘散，让人回味悠长。(夏英)

友好学校校长说："雅俗共赏，超凡脱俗。雅，雅致，宁静致远，精深博大。从民族的到世界的，从实小的到中国的乃至世界的。'雅'要有现代的特质、内涵和形象。"

社会人士说："雅，是一种气质、品位、胸怀、气度。它追求的是一种理想、一种情调。它不仅仅是脱俗，还需要培养与历练。它不是刻意为之，却深入血脉，这就是灵魂。"

……

一次又一次，在大家的智慧碰撞下，在感性与理性的交融中，"雅"这样一个似乎只可意会、不可言传的形象被大家一点点揭开神秘的面纱，慢慢清晰，逐渐立体、丰满起来。

(三) 品"雅"定性

"雅"首先是"正"的，言正，身正，品正，以正身；手勤、体勤、脑勤，以勤业。为人师，身正业勤才能立己立人；为学生，身正业勤才能成人成才。为学生的终身幸福和发展奠基，就是打下"正"的根基。

"雅"是"真"的，不为世俗名利，不刻意雕饰，不矫情做作，不随波逐流，不过分张扬。教师朴素亲切的教风，求真务实的作风，学生求真创新的精神，负载的是师生质朴的美好愿望，追求的是师生全面发展和自主发展的真实理想。

"雅"是不俗的，儒雅教师，谦谦君子，不惑无忧，和而不同；文雅学生，思想活跃，身正业勤，个性活泼，活而有常；高雅学校，兴科学民主之风，民主之气，求道理之真，人性之善，创造之美。

"雅"还是大气的，淡泊明志，宁静致远，海纳百川，超越梦想。"雅"是对教育理想的审美，是对自我超越的憧憬，是对教育文化的宣言，是承载了梦想的境界。

实验小学的"雅"有明确的职业特征，它是一种职业修养。它是教育的"雅"，重在教育主体的"雅"，教育过程的"雅"以及教育结果的"雅"。有师生不同的年龄特征：教师儒雅，学生文雅。有男女不同的性别特征：男教师儒雅，女教师优雅。此外，它还有鲜明的个性特征。雅的表现形式可以是睿智的、激情的、优美的、简约的、幽默的……

对雅的憧憬让学校找到了实小雅的定位：环境幽雅，管理清雅，教师儒雅，学生文雅，家长和雅，学校高雅。

三、"雅教育"释义

由对"雅"的深刻理解到对"雅教育"的定位，我们经过了深刻的探索过程。"雅"不是人的德智体美劳五育发展的某一方面，而是五育综合之表现。雅教育不仅仅是一种教育方法，还是一种教育思想的引领，一个教育目标的坚守，一个教育过程的深入。雅教育以一个立体的、贯穿整个教育形态的结构出现在实验小学的教育梦想之中。

（一）"雅教育"是教育思想

1. 核心价值：守正、尚勤、崇礼、求活

"守正、尚勤、崇礼、求活"是"雅教育"的核心价值，也是对教师和学生的基本要求。

"正"是为人之根基，"勤"是做事之态度。为师者，身正业勤才能立人立己；为学生，身正业勤才能成人成才。教育就应该播下"勤"的种子，打下"正"的根基。我们追求"堂堂正正做人，勤勤恳恳做事"的校风。"礼"是素养之根本，"活"是创造之源泉。"文质彬彬，然后君子"，手脑灵活，思想活跃，个性活泼，充满活力。雅教育追求"和而不同"的教风与"活而有常"的学风。

2. 核心理念：以雅育雅

"雅教育"是以世界眼光和中国灵魂为主线，用"以雅育雅"的核心理念和方法对师生进行雅的熏陶和培养，使师生在雅境中共同经历与成长，最终发展成为内涵修养丰富、外在气质优雅的雅士，开启师生的幸福人生。

3. 基本特征：和而不同

"和"是和谐。"不同"是个性。"和而不同"是共性与个性的统一。

就学校办学而言，"和"指学校教育符合教育发展规律，顺应国家新课程改革，学校与学校之间、学校与社会之间和谐交流，友好合作，协调发展；"不同"指学校有自己独特的办学理念和操作模式。"和而不同"是继承传统与创新的结合。

就学校教育而言，"和"是社会、家庭、学校三者合力的协调；"不同"是各自的重点和领域不同。"和而不同"是合力与独力的配合。

就师生发展而言，"和"是教师之间、师生之间、生生之间人格的平等，真诚的合作；"不同"是这一基础上的个性张扬和竞争。师生最终追求个性鲜明而又和谐发展的"雅士"。"和而不同"是独立与合作的契合。

（二）"雅教育"是教育目标

"雅教育"的目标是：培养文雅学生，涵养儒雅教师，润养高雅学校。

1. 文雅学生，活而有常——勤奋学子，积极公民

文雅的学生要求品正业勤，文质彬彬，心灵手巧，生气勃勃。他们日有所长，情有所爱，慧有所托，志有所远，体有所健，行有所美，达于可能之最高。

文雅的学生既要有学子的规范和勤勉，又要有孩子的活泼、灵动与活力。因此，实验小学的学生追求"活而有常"。活跃而有常规，灵活而成常态。

学生的文雅不仅是一种言行礼仪的规范，更是一种正气的捍卫，一种视野的开阔，一种对责任的担当。这样的文雅是不俗的。所以无论走得多远、飞得多高，"堂堂正正做人，勤勤恳恳做事"的校训都深深扎根

在每个实验小学人的心灵深处。文雅已经超越了对学生学习的关注，而是关注学生作为人的全面成长；也超越了对学生童年的关注，而是关注学生的整个人生，为学生的终生幸福奠基。

2. 儒雅教师，和而不同——渊博经师，宽厚人师

儒雅的教师"身正学高，举止优雅，善良包容，专业敬业"，他们在知识文化上"渊雅、博雅"，胸襟气度上"宽雅、和雅"，言行举止"清雅、文雅"。有学者的风范、有智者的明察、仁者的宽阔、勇者的意志。相伴学生，其身正堪楷模；专业学养，其广博可润心；服务社会，其良知亲孤贫。

"雅师"是以"雅"育"雅"的"雅教育"的基本保障。儒雅教师自身须具备完美的独立人格。"慎静而尚宽，强毅以与人，博学以知服。"[①]实验小学所提倡的"雅师"就应是这样的"雅儒"。儒雅的教师既要有渊博的知识，更要有独特的人格魅力。渊博的知识启迪学生智慧，独特的人格魅力影响学生的情感和个性发展。体现为集体气质，就是实验小学教师追求"和而不同"的学者风范。

"和"是集体愿景的一致，是情感的认同与和谐；"不同"是表现形式的多样，是个性的彰显与包容。雅之"正"和"真"决定了儒雅教师之"和"，雅之"大气"和"不俗"决定了儒雅教师的"不同"。这样的"雅师"不仅仅是"经师"，更是"人师"。这样的"雅师"不仅仅是"适应生活"，更是"品味生活""享受生活""创造生活"。这样的"雅师"才能将教育视为幸福人生的一个重要组成部分，这才是真正意义上的"教师发展"。

3. 高雅学校，小学大雅——小学之实，大学之志

"小学校，大雅堂"是高雅学校的办学目标。既有小学的扎实基础，又有大学的高瞻远瞩，积极创新。这里虽是小学，却应有学府的大气。

这里兴科学之风，民主之气；求道德之真，人性之善，创造之美。这里既是师生快乐学习之地，也是师生共同优雅生活之所。这里学生文雅、教师儒雅、家长和雅，共同追寻教育的规律，培养大量内外兼修的

---

① 吴树平等点校：《十三经全文标点本》（上），北京燕山出版社1991年版，第938页。

文雅公民。

（三）"雅教育"是教育过程

"雅教育"的过程为：以雅育雅，平等交往，自主发展。

1. 以雅育雅——重情境熏陶

"以雅育雅"即雅境育雅人，雅师育雅生。学校通过建设幽雅的自然环境和优雅的人文环境，让学校的一草一物、一人一事都具有高雅的意蕴，让浸润其中的学生能自然感受到雅的熏陶，受到雅的浸润。"以雅育雅"的另一条主要途径是通过儒雅的教师教化文雅的学生。这样的教化是无法告知的，而是基于师生人格平等之上的相互感染、唤醒和激发。这样的教育既有教师人格魅力和学术魅力的引领，也有学生的自主学习；既有内在修养的积淀，也有外化言行的修炼。教师通过灵活丰富的教育资源开发与整合，智慧的教育教学设计，生动的课堂吸引，营造出和谐的教育学习氛围，让学生在各种教育教学活动中启迪智慧，丰富情感，熏陶人格，最终实现"雅"的浸润，成为内外兼修的文雅公民。

2. 平等交往——重互动分享

"雅教育"的交往是基于师生之间、生生之间不同学识、不同个性的互动过程。它不仅是人与人或人与物之间的沟通理解，更是思想的碰撞和灵魂的交流。这样的交往尊重主体性、体现创造性、追求人文性。这样的交往强调平等基础上的多向互动。交往是师生精神相遇和经验共享的过程。"雅教育"的交往强调教育是人成长中最重要的交往形式；强调教育是师生终身学习、共同学习的一个过程。

3. 自主发展——重潜力激发

"雅教育"的自主发展是在尊重生命的前提下，充分调动学生的主体性，创设各种自主学习活动，激发学生学习兴趣，给予学生自主学习空间，让学生主动学习。这样的自主给教师提出了更高的要求，教师要在尊重自主与智慧引领之间寻找结合点，让学生在自主选择中成为学习的主人，真正找到学习的快乐。

学校还尊重教师的自主发展。学校尊重教师的发展愿望，尊重教师的个性特点，为教师自主发展提供各种机会与保障。教师在自主发展中成就着学生，也成就自我。

（四）"雅教育"是教育方法

"雅教育"通过建立学校师生共同愿景，创设教师自主发展空间，改造学校自然环境，改革学校管理以及重构学校课程，开展学生自主活动等，全面培养文雅学生，润养儒雅教师，成就高雅学校。

具体培养模式：和+雅。

1. 和

"雅教育"主张用和而不同的教师培养和而不同的学生。"和"是"雅教育"的基石。它是知识与技能、过程与方法、情感态度与价值观的融合发展，是知识增进、能力提升与人格发展的同步并进，是人的外在与内在的和谐发展，是人与人交往的和谐，是人与环境的和谐。

2. 雅

和谐是"雅"的内在丰厚积淀与外在优雅表现的完美结合，但雅可以有各种不同的个性表现。活泼开朗是活雅，幽默智慧是智雅，沉着稳重是儒雅，举止得体是优雅，彬彬有礼是文雅，文武双全是堂堂大雅。

3. 和+雅

共性与个性的完美结合是雅教育的理想追求。为此，雅教育将各种教育因子综合地融入学校教育大环境之中，为学生构建"和"的底色，让学生在学习知识、锻炼能力的同时，还能得到行为的规范、情感的熏陶和价值的引领，和谐发展。同时，通过各具个性魅力的教师的因材施教，民主开放的活雅课堂构建，各种特色课程的设置与实施，培养各具特色的文雅学生。

小结：

成都市实验小学的"雅教育"来自对时代的深刻顺应，来自对教育问题的坦诚反思，以及对教育发展的执着追求。"雅教育"承载的是成都市实验小学师生对教育共同的价值追求。对真善美的融合贯通，现代与历史的一脉相承，让"雅教育"在实验小学有了扎实的根基，又有鲜明的时代印记。"雅教育"的丰富内涵让其不仅仅是一种高远的教育向往，更是一个可以实现的教育愿景。它引领着实验小学在发展中探索出一条新的路径，引领着实验小学逐步走向心中的"大雅之堂"。

第三章 文质彬彬，培育公民

成都市实验小学的"雅教育"提出了"培养文雅学生，润养儒雅教师，滋养和雅家长"，共同成就"高雅学校"，实现"小学校，大雅堂"的办学目标。但是，在实际的办学过程中，我们发现现实却不尽如人意。我们身边有很多教育现象令我们深思。

一、问题提出

（一）学校德育问题观察及分析

德育为首、德育为先是德育的一贯高度，但是现实中由德育带来的各种现象却不容乐观。

1. 大"我"小"他"——对自我的放大，对他人的忽略

现在的一些学生行为处事多以自我为中心，将"我"无限放大，置于利益的首位，凡事从"我"出发，对"我"以外的其他人的利益却常常视而不见。

（1）"不是我的错"——同伴之间的矛盾冲突，正确的永远是自己。

整体来看，学生的人际交往能力下降，同伴之间的矛盾冲突频繁，学生处理矛盾冲突的能力有限。遇到问题，学生开口的第一个句式往往是"他先……"，将矛头指向对方。他们看不到自己在矛盾冲突中曾经做过些什么，因此他们也不会认为自己有错，更不愿为冲突承担自己的责任。

（2）"与我无关"——公共事务，撇清与自己的关系。

在公共事务面前，部分学生事不关己高高挂起。地上的纸不是我扔的，所以不该我捡；教室里的灯不是我开的，所以不该我关；同学跌倒了，不是我推的，所以不该我扶……学生不知自己是"公共"的一部分，

对"公共生活"有一份义不容辞的责任。

（3）"为什么不是我"——荣誉好处，质疑评选的公正。

在各种评优选模等有好处的事情面前，少数学生表现出异乎寻常的积极。"我举了手，为什么不请我发言？""为什么不选我当班干部？""为什么不让我排在队伍的第一个？"一旦机会没有落到自己头上，往往认为："哦，太不公平了。"这是部分学生的定向归因。他们习惯以自己是否获得机会来衡量制度的公平公正。

2. 内"律"外"消"——社会德育环境对学校德育的消解

德育离不开学校、家庭、社会三者的有机结合。但是在现实中，一些社会现象不但没有给学生树立品德典范，营造良好的德育环境，为学生的品德生长提供优良的土壤，还通过大量途径消解学校德育的作用，形成"5+2=0"的艰难局面。

（1）"照谁说的做？"——家庭教育与学校德育的观念冲突。

家庭教育作为学校教育最重要的合作者，原本应该在理念上与学校教育初衷一致，但是事实上家庭教育更多站在个体的视角思考问题，而学校教育更多站在集体的视角思考问题，当个体与集体的观念发生冲突的时候，尊重个体意愿还是尊重集体意愿成为困扰学生选择的一个重要问题。

（2）"大人为什么可以不遵守？"——成人世界对言传身教的忽视。

在成人对孩子的很多要求中，成人并没有以身示范，而给孩子讲大道理不如我们成人做给他们看更有说服力。如教师下课随意压堂，家长开车打电话，带孩子闯红绿灯……这些行为失范都在消减规则的作用。

（3）"这又不是学校"——校内校外"双面人"。

我们可以看到一些学生在学校比较遵守规则，彬彬有礼，但是一走出校园就变了个人：大声喧哗，语言粗俗，行为放肆。学生的社会化过程成了一个道德感消减的过程。学生在社会德育与学校教育的夹缝中失去了最基本的价值判断。

3. 重"智"轻"德"——学习至上，成绩为重

（1）"我不想当思品教师"——思品学科教师队伍的不稳定。

如果一个老师从语文、数学老师变成思品老师，通常会认为自己不

能胜任主科教学才被"贬"去教思品。而事实上,学校的思品教师也的确是流动性最大的一个老师群体,连续任教两年以上的专职思品教师都很少,师资的稳定性很不容乐观。

(2)"认真学习就行了"——教师和家长对学生做人培养的忽视。

虽然大多数教师和家长都认可品德比成绩重要,但是品德是难以量化的,而分数是可以量化的,因此,在实际的教育过程中,老师和家长往往还是愿意花更多时间和精力去提高学生的分数而不是品德。

(二)学校德育问题调查及分析

1. 调查内容

(1)了解我校小学生公民意识的现状。

根据前期问卷调查、访谈资料,我们从众多公民意识要素中筛选出我校学生较为欠缺的,并且适合小学生心理发展特点的三种意识:主体意识、责任意识、规则意识。

(2)了解我校小学生公民意识培养的环境现状。

从影响小学生公民意识培养的主要环境,即家庭和校园两个方面进行调查。

2. 问卷设计

(1)"小学生公民意识现状调查"的问题设计主要从"态度倾向性"以及"一般性行为表现"两个角度来进行。

(2)"小学生公民意识培养的环境现状"的问题设计主要从"公民意识培养的氛围"与"参与公民意识培养的机会"两个角度进行。

(3)问卷共有24题,针对"小学生公民意识现状"的共15题,针对"小学生公民意识培养的环境现状"的共9题。问题的设计以学生日常生活中常见的现象为基础,问题的答案分为三个维度:不符合、不确定、符合。

3. 调查对象

(1)学生360人(一至六年级各一个班);发放问卷360份;有效问卷337份。

(2)家长360人(一至六年级各一个班);发放问卷360份;有效问

卷 347 份。

表 3-1 小学生公民意识现状问卷调查要素分析

	调查要素	对应题号
小学生公民意识现状（通过对自我的行为和意识进行调查）	主体意识	3. 我乐意参加学校的干部公选 9. 我经常参加社区活动 4. 我乐于参加学校的各种活动 19. 未经别人允许，我不会动别人物品 23. 同学们都很喜欢我 17. 除了学习，我几乎没有时间玩
	规则意识	1. 我上完厕所之后，总是记得主动冲厕所 7. 我如果得了水痘，会按照要求在家里隔离两个星期 11. 如果大人闯红灯，我不会照做 13. 我赞同考试作弊是一种不遵守规则的行为，应当制止 16. 我不赞成父母为我升学找关系
	责任意识	8. 学习是我自己的事情 15. 做错了事情，我敢于承担责任 12. 最后一个离开教室，我会主动关灯 10. 地上有纸，我会主动捡 21. 我经常帮家里做力所能及的事
公民意识的培养环境现状（通过对现状的描述进行调查）	校园环境	2. 老师下课很少拖堂 6. 遇到问题，老师都会公正地处理 18. 我们班的班规是同学民主讨论得出的 20. 我对校园生活很满意 24. 我给学校提建议
	家庭环境	14. 在学习之外，我拥有一定的玩耍时间 22. 每周我至少参加 3 个以上兴趣班 5. 我根据自己的兴趣而非父母的意愿选择兴趣班

4. 调查统计结果与分析

（1）学生的公民意识现状。

① 主体意识现状调查。

主体意识主要从学生参与公共事务的积极性、对他人权益的尊重、自我认同三个方面进行调查。调查数据见表 3-2。

表 3-2　主体意识现状调查

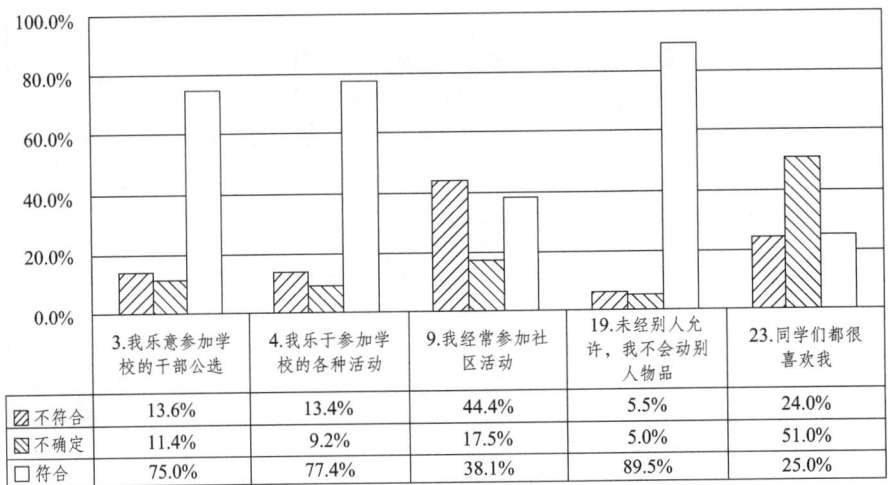

	3.我乐意参加学校的干部公选	4.我乐于参加学校的各种活动	9.我经常参加社区活动	19.未经别人允许，我不会动别人物品	23.同学们都很喜欢我
不符合	13.6%	13.4%	44.4%	5.5%	24.0%
不确定	11.4%	9.2%	17.5%	5.0%	51.0%
符合	75.0%	77.4%	38.1%	89.5%	25.0%

从表 3-2 我们可以发现，我校学生在第 3、4、19 题中，具有较高的分值。大多数的孩子有参与学校公共事务的积极性与热情，75%以上的学生乐意参加学校管理以及学校组织的活动。在对他人权益的尊重上，89.5%的学生认为自己符合"未经别人允许，我不会动别人物品"的描述。

分值较低的为第 9 题和第 23 题。第 9 题中符合"我经常参加社区活动"的学生只有 38.1%，接近一半的学生选择"不符合"。在对学生和家长的访谈中，我们发现只有极少数的家长会带自己的孩子参加社区活动或者公益活动。

第 23 题调查的是学生心目中他人对自己的评价。51%的学生对于同伴对自己的评价如何不清楚，在访谈中，我们发现由于这部分学生较为缺乏自我认同感，认为自己各方面都很一般，一般交往的社交圈很窄，只有少数几个朋友，他们不清楚班级中其他的人对自己是怎么看待的；24%的学生认为他人对自我的评价是负向的，认为大多数的同学都不喜欢自己，这类学生一般是由于同伴间交往挫折，导致负面评价。

② 规则意识现状调查（表 3-3）。

表 3-3 规则意识现状调查

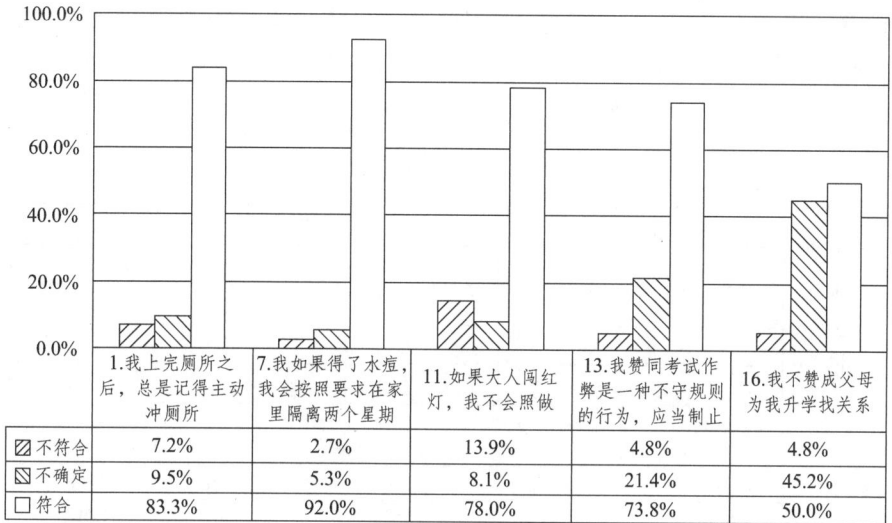

	1.我上完厕所之后，总是记得主动冲厕所	7.我如果得了水痘，我会按照要求在家里隔离两个星期	11.如果大人闯红灯，我不会照做	13.我赞同考试作弊是一种不守规则的行为，应当制止	16.我不赞成父母为我升学找关系
不符合	7.2%	2.7%	13.9%	4.8%	4.8%
不确定	9.5%	5.3%	8.1%	21.4%	45.2%
符合	83.3%	92.0%	78.0%	73.8%	50.0%

第 1 题，83.3%的学生能记住主动冲厕所，但仍然有 9.5%的不确定，有 7.2%不符合这一日常规则显示第 7 题，当学生面对遵守规则与耽误两个星期的学习的两难情况，有 92%的学生选择遵守学校规则，在抽样访谈中，绝大多数学生考虑到对周围同学的影响；5.3%不确定，2.7%不能做到。第 11 题，当家长闯红灯时，78%的学生选择坚持尊重法律，而 13.9%的学生会受家长的负面影响。

第 13 题和第 16 题所调查的问题与学生有着利益关系。第 13 题中有 73.8%的学生认为考试作弊是一种不守规则的行为，应当制止；而 21.4%学生对考试作弊的看法不确定，在抽样访谈中，这部分学生持"自己不作弊，但不干涉别人作弊"的观点，他们认为自己能洁身自好就可以了，对他人作弊对公平的负面影响比较漠视；还有 4.8%不赞同这种观点，他们认为作弊很正常，很多人也这样做。

第 16 题，调查学生当面临升学利益和社会规则时，会做出什么选择。只有 50%的学生不同意利用家庭关系帮助自己升学，45.2%的学生选择了"不确定"，4.8%赞成这种做法。这说明当学生面临升学这种高利益事件时，对规则的遵守越困难。

从上面的数据分析中，我们可以看出我校绝大多数孩子具有一定的规则意识，然而，他们对规则的遵守是建立在不损害或者几乎不损害个体利益的基础上的。而家长更多站在个体的利益的角度思考问题，而学校教育更多站在集体的视角思考问题，当个体与集体的观念发生冲突的时候，尊重个体意愿还是尊重集体意愿成为困扰学生选择的一个重要问题。

③ 责任意识现状调查（表3-4）。

表3-4 责任意识现状调查

	8.学习是我自己的事情	15.做错了事情，我敢于承担责任	12.最后一个离开教室，我会主动关灯	10.地上有纸屑我会主动捡	21.我经常帮家里做力所能及的事
不符合	3.40%	9.94%	17%	12.56%	17%
不确定	6.56%	11.30%	15%	11.80%	37.50%
符合	90.04%	78.76%	69%	75.65%	45.50%

第8题和第15题调查学生对自己的责任意识。90.04%的学生认为自己符合"学习是我自己的事情"。第15题，认为自己符合"做错了事，我敢于承担责任"的学生有78.76%。

第12题和第10题是调查学生对公共事务的责任意识。"最后一个离开教室，我会主动关灯"只有69%的学生能完全做到；会"主动捡起纸屑"的只有75.65%。

第21题调查学生对家庭的责任意识。完全符合"我经常帮家里做力所能及的事情"的只有45.5%。

但是，在对老师的抽样访谈中，我们发现学生在上述几题描述中有虚夸的成分，实际符合的应该要比调查的数据更少。许多学生到了高年级还未养成自己的学习自己负责的习惯，时刻需要家长或老师的监督；当与他人起冲突时，不首先反省自己的问题，而是推诿责任、指责对方的情况屡见不鲜；对公共事务漠视，学生各人自扫门前雪，事不关己高高挂起。在家庭中，许多学生只有权利和索取，而没有感到自己对家庭的责任。

（2）公民意识培养的社会环境现状。

① 校园环境现状（表3-5）。

表 3-5 校园环境现状

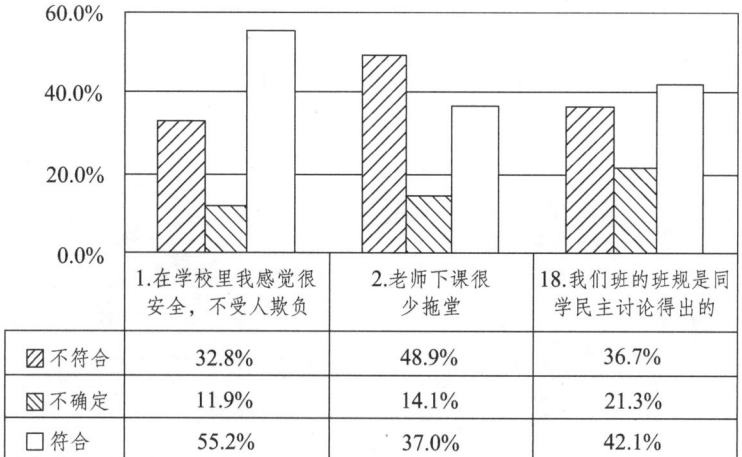

	1.在学校里我感觉很安全，不受人欺负	2.老师下课很少拖堂	18.我们班的班规是同学民主讨论得出的
不符合	32.8%	48.9%	36.7%
不确定	11.9%	14.1%	21.3%
符合	55.2%	37.0%	42.1%

第 1 题中有 55.2%的学生认为在学校里感觉到很安全，不受人欺负；近 33%的学生认为自己不符合这一条描述。这可能是因为独生子女相对欠缺的社会交往能力，导致交往矛盾频发，学生不能用恰当的方式去处理这些问题，从而引发这部分学生的不安全感。

第 2 题中有近 49%的学生认为老师下课经常拖堂。教师对学生权利的漠视，对正常教学规则的违反，给了学生不良暗示——规则是因人而异的，规则是可以随意更改的。

第 18 题中，仅有 42.1%的学生认为班规是经过民主讨论得出的，而有 36.7%的学生认为自己班的班规不符合民主讨论的程序。规则由老师决定，学生只是单一地服从，不能参与规则的制定。这就在一定程度上使得学生对于规则的遵守也往往在校园里开始，在校门外结束。

② 家庭环境现状（表 3-6）。

第 14 题和第 22 题调查了学生课余时间的多少。第 14 题中，在课余拥有一定玩耍时间的孩子仅有 44.09%，41.7%的学生除了学习外，几乎没有玩耍的时间。学生们的时间被学习和兴趣班所占据。在第 22 题中，我们可以看出 57.35%的孩子每周要上 3 个以上的兴趣班。而且这些兴趣班中，有近 58%的学生的兴趣班都是由家长来选择的。学生们的课余时间大量地被学习挤占，这使他们严重缺乏社会交往、参与社会公共生活的时间。

表 3-6　家庭环境现状

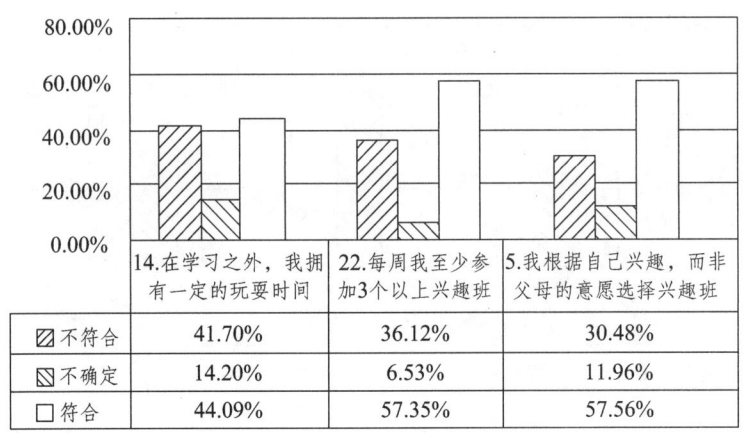

	14.在学习之外，我拥有一定的玩耍时间	22.每周我至少参加3个以上兴趣班	5.我根据自己兴趣，而非父母的意愿选择兴趣班
不符合	41.70%	36.12%	30.48%
不确定	14.20%	6.53%	11.96%
符合	44.09%	57.35%	57.56%

5. 调查结论

（1）主体意识现状。

① 大部分的学生具有较强的主体意识。75%左右的学生有参与学校公共事务的积极倾向，89.5%的学生能够意识到对他人的权益应该尊重和保护。

② 学生参与社会公共生活的人数仍然偏少。经常参加社区活动的学生仅有 38.1%。

③ 自我认同缺乏成为小学生群体中较为普遍的心理问题。24%的学生认为"别人不喜欢自己"，有 51%的学生不确定自己在他人心中的印象。这种现象，可能与独生子女严重缺乏社会交往空间，从而导致人际挫折有关。

（2）规则意识现状。

① 绝大多数的孩子熟知规则，但不清楚规则对于个体、他人与社会的意义。

② 孩子对规则的遵守，更多是建立在规则对个人利益零损害或者极少损害的基础之上。83.3%的学生能记住主动冲厕所；认为"考试作弊是一种不守规则的行为，应当制止"的学生占 73.8%，比例并不算高；当面临升学利益和遵守社会规则的两难时，只有 50%的学生持否定态度。

③ 部分家长在学生形成规则意识的过程中，起到了反面作用，使学生面临价值两难境地。在"孩子得了水痘，学校要求隔离两周，我会配

合学校，隔离足够的时间"和"红灯亮着，但道路两边并没有车辆通过，恰好正赶着送孩子，我会继续等绿灯亮再通过"两个选项中，家长选择"不符合"和"不确定"的比例比学生更高。

（3）责任意识现状。

① 多数的学生认为自己能够对自己的事情负责任。90.04%的学生认为能够对自己的学习负责；而对自己的错误负责的人数比例有所降低，仅有 78.76%。

② 学生的公共和家庭责任意识表现偏低。如能做到"最后一个离开教室，我会主动关灯"的学生只有 69%；能"主动捡起纸屑"的只有 75.65%。通过对家长和教师的意见征集，也反映出"以自我为中心，对公共事务冷漠、推诿责任、只要求权利而不履行责任"等情况较为普遍。

（4）社会环境现状。

① 家长和老师过度重视学习，学习挤占了学生大量公共交往的时间。57.35%的孩子每周要上 3 个以上的兴趣班。

② 教育环境缺乏民主、公平的氛围。有 48.9%的学生认为老师下课经常拖堂；仅有 42.1%的学生认为班规是经过民主讨论得出的。57.56%的孩子的兴趣班是由家长来选择的。

（《小学生公民意识现状问卷调查及统计结果分析》执笔：李雪阳；研究团队：夏英、王威威。）

（三）学校德育问题访谈

1. 访谈内容

当前学校德育中存在的问题是什么？对此有什么建议？

2. 访谈对象

访谈了学校的 30 多位教师。包括德育分管行政、班主任、心理教师、思品教师、外校教师等。

3. 访谈内容分类摘录

（1）德育整体缺乏实效。

① 目标大、空。

拔高要求，贪大求全。如"四有新人""三好学生"等概念，内容空泛、界定模糊、没有操作性。

②脱离实际。

美德式教育与学生的生活脱节，不能解决学生的实际问题，因此遭到学生抵触。

③浮华虚无。

现在德育最大的问题就是不落实、空洞，都是些概念性的东西，老师不知道具体究竟该从何做起。

④就事论事。

头痛医头，脚痛医脚。德育还存在支离破碎、系统性不强的问题，往往就事论事，缺乏长效机制，以至于出现"泡沫德育"的现象。

⑤说教严重。

道德教育绝大多数都是靠讲，品德课也是如此，学生根本留不下什么印象。

⑥即时短效。

学校活动越来越多，但大多是即时性的、见子打子，活动目标缺乏内在联系，缺乏系统思考，缺少长期培养。

⑦虚假空洞。

我们的德育说教严重，很多活动只停留在表演的层面，这样的教育是臣民教育，而不是公民教育。

（2）德育环境支持力量小。

①孤军奋战。

德育是庞大的系统工程，如果仅仅是教育部门甚至学校来做，实在有些不堪重负。全社会的公民意识有待唤醒。

②不良示范。

成人社会潜移默化的身教远胜于言教。成人就没有为学生树立很好的示范，我们自己都在经常闯红灯，怎么让孩子遵守规则？我们天天都在命令孩子做这做那，怎么能指望孩子学会民主平等？

③内外失和。

德育工作最大的问题就是学生身边的德育环境问题。如果班级、学校、家庭、社会能做到同心同德，德育就容易了。

（3）各教育主体对德育的普遍忽视。

①学业至上。

在沉重学业的压力下，其实家长和老师都更重视学习，认为品德方面只要不犯错、不惹事就行了，一般不会有更高要求，老师也较少主动关注，而更愿意把更多时间放在提升学生的成绩上，因为分数是可以比较的。

② 利己主义。

部分学生家长的思维是从"私己"出发，很少从"公"出发。就连参加学校活动都是带有很强的功利心，认为对自己孩子有好处才参加，没有好处就不参加。

③ 质疑专业。

学校管理对德育还是不够重视，经常更换的品德老师对品德学科缺乏专业认识，甚至老师们都不太愿意教品德，认为它是豆芽科，无价值，不重要。

（4）德育评价无力。

① 零散无序。

学校对学生的德育未能形成一个有机的整体，缺少年段目标和要求，教育的效果显得持续力和有效性不足。

② 底线迷失。

现在的德育有种无力感，老师除了说教批评，没有更多的方法；对于学生行为无底线标准，即使学生做错了事，学校也没有相应的惩戒。

③ 评价失导。

学校的德育评价方式经常变换，使班主任感到困惑、迷茫，不知道该如何应对。

（5）学生自主管理形式化。

① 被迫自主。

虽然学校提倡学生自主管理，但是实际上学生很多时候并未实现真正的自主，站在台前的是学生，背后掌控的还是老师。"自主"只是教师和学校意愿换种形式的出现。

② 个人至上。

学生干部越来越多，但是服务意识越来越差。当干部更多是为了个人利益而不是公共利益。

（四）学校公民教育存在问题

从观察到的德育现象，到调查的数据显示，再到教师访谈，所有的问题都集中指向学校德育的低效。分析背后的原因，主要归结为以下两点。

1. 学校公民教育的缺乏

近年来，中国社会发生的进步和变化，要求每个公民担负起应尽的社会责任。而学校教育承担着为未来社会培养公民的重要职责。这既是社会发展的需要，也是学生个体发展的需要。

然而，学校德育仅从道德层面培养学生德行的现状已经远远不能适应时代发展的需要，也让学生面临着在学校教育与社会教育冲突中价值模糊、抉择艰难的困境。现代年轻人所表现出来对公共事务的冷漠、偏激，以及对公民权利和义务要求的失衡等都显示出学校公民教育的严重缺乏。

学校作为学生社会化的重要阵地，其作用是无可替代和否定的。学校是一个公共机构，学生在这里第一次学习如何与陌生人交往，包括与更大群体的交往，了解、体验和践行作为一个公民应该具有的权利和责任。教育需要为人的可持续发展奠定根基，学校公民教育正是学生理解社会，掌握适应社会、解决社会问题能力的桥梁。

2. 学校公共生活的缺失

作为学生学习公共生活的主要场所，"学校必须呈现现在的生活，即对于儿童来说是真实而生气勃勃的生活，就像在家里，在邻里间，在运动场上所经历的生活那样"。①但是，在现实生活中，在应试教育的巨大冲击下，学生参与公共生活的社会价值观也受到冲击。考试、升学、找工作成了学生和家长奋斗的目标，学校功能因此被私化为个人的功利场所，导致学生理想虚无、道德缥渺。由此更导致学校公共生活逐渐萎缩和扭曲，学习考试生活压缩学校公共生活、学校公共生活孤立于社区社会公共生活，及学校公共生活零散无序。学校过多掌控本应是学生自主发展的学校公共生活，等等。

---

① [美]杜威著，赵祥麟、王承绪编译：《杜威教育论著选》，华东师范大学出版社1981版，第25页。

（五）新时期德育背景：学校德育向公民教育延伸

1. 学生个人成长需要——合格公民

就学生个体而言，其成长的最终目标是成为社会的合格公民。因此公民教育应是素质教育的重要组成部分。教育是"为了学生的终身幸福奠定基础"，而通过公民教育从小培养学生的公民意识，逐步锻炼学生的公民能力，从而养成良好的公民素养，是学生终身幸福的基石。公民教育将带领学生顺利、和谐地走向社会生活，获得自身的价值感和幸福感。

2. 学校现实发展需要——文雅公民

成都市实验小学早在1918年立校之初，就由首任校长胡颜立提出"德智体美劳群六育并举"的办学目标。其中"群"即是对"公民意识"的培养。学校在整体改革过程中做了大量探索，如率先提出了学校、家庭、社会教育三结合的教育模式，构建教育的立体网络全面关注学生发展。学校在活动教学阶段提出的"以活动促进学生自主发展"的思想为学校探索出一些符合学生发展需求的有效的学习成长方法。比如 A 城自主发展平台的搭建，学生自主管理理念的提出与实践等，都是在努力培养学生的社会适应性，使之将来成为合格的社会公民。随着学校"雅教育"思想的提出，学校的育人目标为"堂堂君子"，提出学生要文雅。这样的文雅形成既包括胸怀社会的公民意识的培养，又包含脚踏实地的公民生活的体验。

3. 国家发展的需要——社会主义公民

公民，主要是指一个人的政治身份、社会身份、文化身份。党的十七大强调"加强公民意识教育，树立社会主义民主法治、自由平等、公平正义理念"，并以此作为和谐社会的重要特征。因此，我们的公民意识培养既重视公民的国家属性，也重视公民的社会属性以及文化属性。

2001年，《公民道德实施纲要》的颁布为我国公民教育创造了良好的社会环境。2009年颁发的《国家中长期教育改革和发展规划纲要（2010—2020）》中明确提出："坚持德育为先，提出加强公民意识教育，树立社会主义民主法治、自由平等、公平正义理念，培养社会主义合格公民。把德育渗透于教育教学的各个环节，贯穿于学校教育、家庭教育和社会教育的各个方面。"由此可见，公民教育在国家教育改革发展中具有战略性地位。

4. 社会进步发展需要——世界公民

未来社会是一个多元化的国际社会，学生是未来社会的建设者、参与者，公民意识是学生面向未来、走向世界必备的基本素质。只有让公民意识成为学生知识结构中重要的一个组成部分，并且在长期的学习实践中生长为一种内在的素养，学生才能自信、科学、从容地走向未来、走向世界，并推动社会发展。社会也才能在自由平等、公平正义以及多元文化对话中健康发展。

（六）新时期德育的定位：重构学生公共生活，培养未来社会公民

《国家中长期教育改革和发展规划纲要（2010—2020年）》指出：教育改革发展的核心是解决好培养什么人、怎样培养人的重大问题。基于对以上问题的梳理、分析和思考，我们认为新时期的德育应致力于培养未来社会公民，主要通过生活德育的方式，重构学生的校园公共生活，影响、辐射学生的家庭社会公共生活，让健康的公共生活培养公民意识，生成现代公民。"在真实和不断进步的公民生活中成为真正意义上的公民，应当成为中国公民教育的最重要命题。"①

二、国内外相关研究

2010年2月，在学校确定研究题目之前，通过文献检索，我们发现以"公民意识""公民教育"为名的学术论文共有3000到4000多篇，细化到"学校公民教育"领域，共有100多篇，以"小学公民教育"为主题的研究约35篇。

由于公民教育在我国还处于初期阶段，因此，这一类研究以比较研究为主。研究主体主要是大学及专门的研究机构，研究内容主要以理论

---

① 檀传宝：《当前公民教育应当关切的三个重要命题》，《人民教育》2007年Z3期。

研究为主，研究形式上以文献研究为主。总之，在现有的公民教育资料中，对基于中国国情的公民教育研究比较少，对中小学公民教育实践研究的文章资料很少。

通过大量的文献学习和分析，我们对以下内容有了一些基本的认识。

（一）明确对公民意识概念的认识

姜涌（2001[4]）文中认为：公民意识是社会意识形态的形式之一，它是一定国度的公民关于自身权利、义务的自我意识和自我认同的总称。

张健（2008[5]）从"公民+意识"的语法架构、公民特质、国家观念等问题出发，认为公民意识就是关于公民内涵、特征和价值的反思，它主要包括这样四个内容，即"国家观念""私权意识""主人意识"和"公共理念"。

李大琨（1998[6]）从个人与国家的权利和义务的角度，认为公民意识是公民对自己社会地位、社会权利和社会责任的一种自觉认识。

基于以上对公民意识内涵的了解，我们认为：公民意识是指公民个人对自己在国家中的地位、责任以及义务的自我认识。根据小学生身心发展阶段性特征，小学阶段的公民意识培养主要从三个维度出发：责任意识、规则意识以及主体意识。小学阶段的公民意识既包括对学生作为社会公民责任的自觉认识，又要体现作为未成年人对于社会规则与学校规则的基本观念。同时也不能忽视学生作为独立主体，广泛参与到学校与社会的各项事务中的自我认同感。

（二）公民意识培养目标和实施要符合中国国情

1. 目标设定根据国情有所侧重

张鹏燕（2009）的硕士论文研究中提出，香港的学校肩负着一项重要使命，就是培养新一代青年的态度、价值观、信念和能力，能使他们成为对社会、国家以至世界都有贡献的公民。

赵越（2004[03]）认为相对而言，中华人民共和国成立后，教育因一度受到极"左"思想的影响，学校公民教育在相当长的时期内为政治教育所代替。

1993年我国颁布《小学德育纲要》，从1993年秋季开学后在全国小学施行。纲要中提出小学阶段德育培养目标为：培养学生初步具有爱祖国、爱人民、爱劳动、爱科学、爱社会主义的思想感情和良好品德；遵守社会公德的意识和文明行为习惯；良好的意志、品格和活泼开朗的性格；自己管理自己、帮助别人、为集体服务和辨别是非的能力，为使他们成为德、智、体全面发展的社会主义事业的建设者和接班人，打下初步的思想品德基础。

表 3-7　部分国家的公民教育目标

国家 目标	美国	英国	日本	新加坡
公民教育目标	1.培养"负责任的积极参与型"公民； 2.培养有"全球意识"的公民	1．培养学生的社会意识和公民意识，使其成为具有责任心和有担当能力的世界公民； 2．促进学生自尊和情感的健康发展，在尊重自我和他人的基础上，学会正确处理个人与他人、与家庭、与学校、与工作以及交往中的关系； 3．学习本国和各国发展的历史，理解和尊重文化和信仰的差异，并从个人、地区、国家和全球的层面为可持续发展做出贡献	公民学的总目标是"培养作为公民的资质"，培养学生的国家意识或认同感	五大共同价值观： 1.国家至上，社会为先； 2.家庭为根，社会为本； 3.社会关怀，尊重个人； 4.求同存异，协商共识； 5.种族和谐，宗教宽容

研究中我们发现美国、日本的公民教育通过社会科的教学目标加以落实，强调公民在"公共行动"方面的目标达成；新加坡关于公民教育的目标更侧重于学生的道德层面。而我国公民教育目标范围稍显宽泛，相对模糊。

由此，对西方国家和亚洲其他国家公民培养目标的学习给我们所要研究的公民目标体系提供了有意义的借鉴。

2．内容设定映射国家文化

公民教育的内容与我们了解的公民教育目标是一致的，我们这里所阐述的公民教育内容都是以现当代为主。

袁利平、宋婷婷（2008[4]）认为从涵盖领域来看，美国注重个人与国家的关系到个人之间，个人与家庭、学校（或其他组织）、社会、国家以及世界之间的关系。

姬振旗（2007）的论文中提出英国的公民教育包含以下几个方面：① 注重自尊心、自信心、独立性和责任感的培养；② 注重健康生活方式的养成教育；③ 注重公民意识与能力的培育；④ 注重学生团结协作精神的培育；⑤ 注重学生理解、探究、交流以及参与等多种能力的培育。

李萍（2003[1]）在文中总结出日本公民教育的主要几方面内容：① 道德教育；② 政治教育；③ 经济教育；④ 法规教育；⑤ 国际理解教育。

龚群（2006）在书中列举了新加坡根据政府颁布的共同价值观白皮书中提到的五大主题建构了小学部分《公民与道德教育》的五个教育构架，包括：① 个人品格建构；② 与家庭的连接；③ 对学校的归属感；④ 成为社会的一分子；⑤ 国家的自豪感和忠诚感。

我国颁布的《小学德育纲要》中提出：小学德育主要是向学生进行以"爱祖国、爱人民、爱劳动、爱科学、爱社会主义"为基本内容的社会公德教育和有关的社会常识教育（包括必要的生活常识、浅显的政治常识以及同小学生有关的法律常识），着重培养和训练学生良好的道德品质和文明行为习惯，教育学生心中有他人，心中有集体，心中有人民，心中有祖国。

从以上对公民教育内容的阐述中，我们认为西方的公民教育内容侧重于学生政治民主、个人权利和社会参与角度的学习；亚洲国家则侧重于道德观念和国家利益的影响，政治、道德以及国家荣誉感教育占上风，特别是日本的教育内容更倾向于国家意识和民族意识培养；中国香港地区由于受东西方文化双重影响，显现出更加丰富的实践内容体系，强调学生的主体性、独立思考能力及创造能力培养。回顾我国的小学生公民教育内容，也是着重强调爱国家和人民、爱集体，但似乎缺少了对学校公民教育的全面而具体的公民行为方面的内容指导。

3. 实施途径反映公民教育效果

石鸥平、张倩苇（1997）在文中提出：我国香港地区学校公民教育一般是通过正规课程、非正规课程以及辅导课程、课外活动、校风建设等多方位全面推行的。而我国内地公民教育实施的实践探索体现在对公民公共生活领域的研究。

表 3-8　部分国家公民教育实施途径

国家 目标	美国	英国	日本	较发达的发展 中国家
公民教育实施途径	1. 学科教学； 2. 社区服务； 3. 课外活动	1. 通过学科渗透的形式进行公民教育； 2. 通过专门课程进行公民教育； 3. 通过学校活动与社区参与进行公民教育； 4. 利用大众传媒进行公民教育	社会科是公民教育的核心学科。 1. 从小学到中学都要求各学科及各学年之间相互衔接，以便对学生进行系统的发展性指导； 2. 从终身教育、终身学习的角度提出了公民教育，在强调系统性和效率的同时，还要求充实体验性学习和问题解决性学习	1. 学校课堂教学是传授公民意识的主渠道； 2. 课外组织活动是培养公民意识的有效途径； 3. 社区服务是培养公民技能的实践环节

美国的社区服务体制完善，更重视社区服务对学生公民意识的培养，因此学生实践能力、参与水平更强；英国则倾向于对学生的观念的渗透，培养绅士的气质；新加坡偏重公民与道德学科教学，因此课堂教学成为主场，公民教育学科体系建设完善；中国香港地区近几年的发展中强调参与式公民教育，让学生不在只动脑、不动手，而能够投入到社会组织的活动中去实践、思考和反思创新。

这些倾向性是不同国家的不同政体、不同文化的影响所致，具有合理性。正如檀传宝教授在采访中所说的，没有任何一个国家的公民教育是与别国一模一样的。原因很简单：任何教育都要基于自己的国情去开展。更何况，公民教育还有浓厚的政治意味在里面，所以要更多地关注自身国情，关注政治文明发展提出的最迫切的任务。[①]对我们接下来的研

---

① 李帆（采访）:《研究与开展中国特色的公民教育——访北京师范大学公民与道德教育研究中心主任檀传宝》,《人民教育》2008 年第 18 期。

究来说，找到适合中国国情和体制的公民教育有效途径是当务之急。

（三）我国的公民教育研究现状参差不齐

1. 我国公民教育研究以高校理论研究为主

我国关于公民意识在基础教育阶段的实践探索尚处于起步阶段。有的是以大学或者相关研究机构牵头组织，一些专门研究公民教育的机构相继成立，具有代表性的有北京师范大学公民教育与道德教育研究中心、郑州大学公民教育研究中心以及中山大学公民教育研究中心等。

2. 公民教育实践研究以区域推进为主

公民教育实践研究主要以区域形式在推进。如江苏省中小学教研室与美国公民教育中心的交流项目，有 400 多所中小学参加，研讨和交流开展公民教育实践活动的经验和措施。如广东省广州市对中小学公民教育的现状调查，调查以国家意识、法治意识、道德意识、环保意识四个维度为公民教育的主要价值取向，探索小学公民意识的内涵，以培养"合格市民"为出发点，提出实施公民教育的对策。以学校为主体的公民教育研究比较少。

3. 学校公民教育主要以局部形式开展

通过参与全国公民教育论坛，通过实地考察，我们发现国内现有的学校公民教育主要是以局部活动形式在开展。主要集中在以综合实践课的形式让学生走进社区，参与社区事务，以课题研究的形式培养学生的相关公民意识。也有极少数学校，不仅把公民教育作为学校德育改革的一个部分，更是把公民教育作为学校全部教育的转型来进行研究。

如中央教育科学研究所南山附属学校的公民教育探索实践，他们认为公民教育的方式主要通过大量体验活动来培养社会责任感、公共意识，提出独具特色的"五公""五爱"教育，开展了大量的实践探索，并提炼了八种模式。

江苏公民教育研究中心的研究过程和研究成果以及青岛南京路小学对公民培养目标的设定，为我们提供了在公民教育研究和目标拟定等方面可借鉴的经验。中央教育科学研究所南山附属学校的理论与实践结合的公民教育研究的方式鼓励着我们在公民教育活动领域开创新方法。

已有的公民教育研究给了我们许多的借鉴，但是也引发我们对中小学开展公民意识培养的进一步思考：学校对公民教育重要性认识不够，学校公民教育总体目标不清晰，对各个年龄层次所对应的公民教育目标设定缺乏统一的标准，公民意识培养途径较单一，缺乏系统的公民教育课程，培养方法泛泛而谈，缺乏有效的具体操作办法，等等。这些都给我们的研究提供了进一步拓展的空间。

（文献综述部分执笔：王威威）

三、课题的确立

（一）课题的目的和意义

1. 培养公民意识，提高公民素养，培育未来社会公民

公民教育是学校教育的全部转型。公民意识培养是我国道德教育的根基所在。一个国家要实现现代化，只有当它的人民从意识和行为上转变为具有现代公民意识的公民，这样的国家才可真正称为现代化的国家。小学生是我国公民的一个特殊群体，他们是公民，是未成年公民。因此，进行小学生的公民意识培养的实践探索是提高国民公民素质的基础，也是落实国家提出的《公民道德建设实施纲要》的重要途径。

2. 探索公民教育的有效途径

公民意识培养途径的探索为我国公民教育实践开拓出口。小学生公民意识的培养需要一个过程；缺少必要专门的教育，这种身份的认同和意识的养成是难以自发完成的。目前小学阶段的公民意识培养主要是通过思品课程来进行的。但思品课程中的公民意识内容比较零散，缺乏明确具体的目标，无法完全承担起公民意识培养的重任。培养小学生的公民意识绝对不是简单的对公民概念、公民意识内涵的认知、背诵和记忆。他们必须在丰富的公民体验活动中，去体会公民的义务和权利；在具体的实际操作中，去学习合格公民的基本能力。因此学校必须创设各种学生主动参与的公民生活，在体验中逐渐唤醒、激发和强化他们的公民意识。

（二）概念解读

要培养小学生的公民意识，必须先对几个基本概念进行理解和把握。

（1）公民：指具有本国国籍，并依据宪法和法律规定享有权利、履行义务的社会成员。

（2）公民意识：指公民个人对自己在国家中的地位、责任以及义务的自我认识。它围绕公民的权利与义务关系反映公民对待个人与国家、个人与社会、个人与他人之间的道德观念、价值取向、行为规范，等等。它主要包括主体意识、权利意识、义务意识、法制意识、道德意识、国家意识、全球意识等。

（3）小学生公民意识：指符合小学生年龄特点的公民意识。根据学校现实状况以及学生发展特点，本课题主要研究以"充分享受权利，积极履行义务"为小学生公民意识培养的核心。

（三）课题的理论依据

1. 生活德育

生活德育认为，生活的过程也是道德学习、道德生成的过程。生活德育的基本思路是：通过"有道德的生活来学习道德"。生活德育是德育范式的转换，德育目标由培养"伦理学者"到生成"有道德的人"；德育内容由"大德育""小德育"到生活的综合；德育过程由"搬砖式"、失去自我到过"有道德的生活"；德育思维由专门到整体。实现教育者与教育对象的转换：所有人都是主体，又都是对象。（高德胜）

2. 教育的公共性理论

教育选择的思想性判断必须超越利益的立场，这就是公共立场的教育学，即对教育和生活等方面的共同问题和公共意义进行理解，这是超越简单的和片面立场的教育学。教育学必须站在公共文化和公共生活的立场思考教育与生活的问题，站在社会整体型的公共福祉的立场把握教育需要解决的问题，提出教育的规范性反思。（金生鈜）

3. 公民教育理论

我们进行研究的理论基础之三是公民教育的相关理论。包括对于公民教育相关概念的解释、内容的阐述以及实施途径的介绍。从历史的纵向发展到各国的横向比较，挖掘公民教育在学校公共生活中的实践价值。

四、课题的设计与实施

（一）课题研究创新点

1. 将公民教育作为小学教育改革的全新视角

在已有的关于公民意识的研究中，主要从理论层面研究比较多，而且多是借鉴国外的研究。如何在中国国情下，结合未来社会的发展，改革小学德育的理论与实践，培养小学生既具有中国特色，又具有全球视野的公民意识，这是一种研究视角上的创新。这不仅仅将公民教育作为德育的创新，也是作为学校教育全部转型的一种创新。

2. 对小学生公民意识培养目标的创新：分年段培养目标

培养小学生公民意识主要是让小学生正确理解和行使作为公民的权利和义务，知道作为一个公民，自己拥有什么样的权利与义务。因此，课题首先就要根据不同年龄小学生的身心特点，确定分年段培养目标。并根据此目标有序、系统地培养学生的公民意识。根据文献综述，发现一些学校在这方面做了一些探索，如青岛南京路小学的探索等，但是公民意识培养目标还是不够清晰明确。我们希望在此基础上有所突破。

3. 对小学生公民意识培养方式的创新：以重构学校公共生活为主要途径来培养学生的公民意识

在理论界，从重构学校公共生活视角来培养学生的公民意识的认识早已有之，如檀传宝教授的"生活重构：造就公民社会特质的校园生活"。王雄、朱正标在《重建学校公共生活——中小学公民教育的理论与实践探索》中明确提出重建学校公共生活。高德胜在《生活德育论》一书中也提出在生活中改变德育等。理论界已有的探索给了我们很好的启示和借鉴。

但是，目前国内对小学生公民意识的实践培养还是多以零散的活动形式开展。还很少有学校完全从重建学校公共生活的视角去进行实践探索。我们希望在重建学校公共生活，乃至通过学校公共生活重建影响家庭社会生活重建等方面能有比较系统的、多角度的尝试和探索。

（二）研究设计

1. 研究目标

（1）探索小学阶段公民意识培养的具体目标和内容。

（2）探索小学阶段公民意识培养的实施策略，即重构小学生公共生活的具体途径和方式。

（3）构建有利于小学生公民意识培养的人文环境，形成公民教育合力。

（4）通过丰富、积极的公共生活体验，养成学生积极的公民意识。

2. 研究内容

（1）成都市实验小学学生公民意识及公共生活的现状调查。

（2）根据公民意识现状调查，确立成都市实验小学学生公民意识培养的目标。

（3）搭建校园公共生活平台，为学生提供多形式、多内容的公共生活体验，培养小学生公民意识。

（4）探索养成小学生公民意识的多种途径。

3. 研究方式和方法

（1）文献研究。通过文献研究解决"公民意识的内涵""公民意识的构成""公民教育的目标"等问题，从而为明确我校的小学生公民意识目标及其内涵奠定理论基础。

（2）调查研究。通过调查了解本校学生不同年段公民意识以及公共生活的现状、需求，从而提高本课题研究的针对性。

（3）行动研究。作为一项以问题解决为指向的综合研究，行动研究将贯穿本课题研究的始终，德育工作者、学科教师、学校管理人员、家长、社区将全面合作，针对需要共同搭建小学生公民意识培养的活动平台，确定公民意识培养的活动主题，开展公民意识培养活动。

（4）个案研究。对小学生公民意识培养的不同领域和方式，进行典型个案的研究。

（5）叙事研究。以叙事的方式对公民培养实践进行描述、分析、总结、反思，并将部分研究成果以叙事的方式表述出来。

（三）研究措施及阶段

1. 研究措施

（1）总课题引领，子课题分项推进。

在课题立项后，学校根据公民课题的总体规划，组建课题研究核心团队，将研究内容分别细化到学校各个研究团队，设立了课题管理、课堂教学、学生活动、班级建设、家校共育五个板块九个校级子课题。子课题由对应部分的行政人员担任负责人，自行组织研究团队。其中"小学生公民意识的培养目标研究"是引领课题，"教师公民教育意识的培养实践研究""学校、家庭、社会三结合培养小学生公民意识实践研究"是支持课题，其他的课题为核心课题。

表3-9 "小学生公民意识的培养实践研究"校级子课题指南

课题类别	子课题名称	负责部门	研究团队
课题管理	小学生公民意识的培养目标研究	校长室 教科室	学术团队
	教师公民教育意识的培养实践研究		教师发展学校团队
	儒雅校工管理实践研究		后勤团队
课堂教学	培养小学生公民意识的校本课程开发及实施实践研究	教导处	教学团队
	品德学科教学中对小学生公民意识培养的实践研究		
	学科教学中渗透小学生公民意识培养的实践研究		
学生活动	重建学校公共生活，培养小学生公民意识的实践研究	德育室	A城团队
班级建设	重建班级公共生活，培养小学生公民意识的实践研究		班主任团队
家校共育	学校、家庭、社会三结合培养小学生公民意识实践研究		家长发展学校团队

（2）以点带面，行动研究。

在每个子课题的研究中，以典型课例及案例的研究为突破口，实施行动研究，在行动中边实践、边思考、边研究、边实践、边推广。

（3）团队协作，研究育人。

各子课题研究彼此独立，又相互合作，互相学习借鉴。通过定期交流制度，保障课题的有序推进，重点通过课题研究来培养人。通过人的思想和行为的改变来促进课题的推进和研究。

各研究团队以典型活动、典型案例进行试点，开展行动研究，先积累经验，再进行逐步推广。

2. 研究阶段

（1）形成公民目标阶段。

① 观察、调查、访谈，筛选、聚焦学校公民意识研究重点。

课题组通过前期两次在家长、学生以及教师中问卷和访谈，从众多意识中筛选出我校学生较为欠缺的，并且适合小学生心理发展特点的四种意识——主体意识、责任意识、民主意识以及理解意识等作为研究重点。

② 调查小学生公民与权利，形成小学生公民权利与义务共识。

公民意识培养目标的实现，需要详细可操作的标准。通过调查"小学生的权利与义务"，收集学生、家长以及教师对公民权利与义务的理解，形成《成都市实验小学A城公民权利与义务》文本。

成都市实验小学A城公民权利与义务

A城公民培养总目标：充分享受权利、积极履行义务，做文雅公民。

序言：根据学生的成长规律和马斯洛需要层次理论，我们认为，保障学生安全是第一需要；尊重是学生作为独立个体全面发展的基础；民主则是对学生各项权利和义务的保障。培养文雅公民主要从这三个方面展开。

一、关于安全

1. 身体安全

我的权利是：保护自己的身体安全；拒绝参加危险活动；在紧急情况下以保护自身安全为前提，寻求大人帮助。

我的义务是：不伤害、不威胁他人安全；遵守学校有关安全的规定。

2. 心理安全

我的权利是：受到公平接纳、友善对待；对于受到的不当言行，我有抗议、寻求帮助并获得保护的权利。

我的义务是：友善待人，尊重他人感受，换位思考，不嘲笑、不排挤他人。

二、关于尊重

1. 人格被尊重

我的权利是：作为一个独立的人被尊重；保护我的尊严、名誉以及追求自我价值。

我的义务是：尊重他人的名誉、尊严以及追求自我价值的权利。

2. 隐私被尊重

我的权利是：保护自己财物、隐私以及个人空间的权利。

我的义务是：尊重他人的财物，尊重他人保护自己隐私的权利。

3. 差异被尊重

我的权利是：作为一个独特的人被尊重的权利。我可以有自己的个性，有权利自己选择兴趣和理想。

我的义务是：理解和尊重他人的不同个性选择，不歧视他人。

三、关于民主

1. 公共生活民主

我的权利是：知晓和参与社会、学校、家庭等公共事务；通过民主渠道提出建议。

我的义务是：积极参与公共生活，认真履行民主公约。

2. 学习民主

我的权利是：不得被随意剥夺正常学习的权利；了解学习计划，自主选择适合的学习方式，参与学习评价过程。

我的义务是：合格完成义务教育。认真倾听，主动发表意见。接受老师和家长指导，积极与同学合作，尽可能做到更好。

③调查、整理，形成学校公民意识培养的总目标以及各年段的分目标。

总目标："充分享受权利，积极履行义务，做文雅小公民"。

分目标：

低段：关注独立自主，感知公民身份，渗透公民意识。

中段：关注同伴交往，体验公民生活，积累公民意识。

高段：关注民主表达，拓展公民生活，加强公民意识。

（2）改革公民成长环境阶段。

① 转变后勤育人思路。

学校后勤通过创新常规工作，挖掘后勤工作中蕴含的丰富的公民意识教育资源，为学生创建适宜公民意识养成的公共生活，同时校工成为公民教育工作者，传授公民生活基本技能，并且在日常生活中参与对学生的评价，与师生共同构建积极参与的公共氛围。（详见附件1专题一）

② 唤醒教师的公民教育意识。

要培养公民，教师首先要有公民意识和公民教育意识。学校在之前的研究成果——促进教师自主发展的实践研究和制度研究基础之上，有意识地开展各种培训，不断唤醒教师的公民意识，组织教师参与各类活动，在体验中培养教师的公民意识。同时，学校继续"活动教学"模式的深入探索，从创建民主课堂的角度去创新教学方式、师生关系、学习方式，以此为切入点启发教师的公民教育意识。（详见附件1专题二）

③ 探索家校共育公民。

教育的目的是培养人，培养合格的社会公民。因此，家庭、学校、社会都要为学生公民成长创设一致的环境。20世纪80年代，成都市实验小学成立了四川省首个"家长学校"，探索了"学校、社会、家庭"三结合教育模式。在学校国家级课题"学生公民意识培养实践研究"的背景下，对于如何让家校协作形成最大的合力，实现家校共同培育合格公民的美好愿望，学校不断地实践探索着。

学校成立了"家长发展学校"，以家长群体的学习、交流、分享、提升为原则，提升家长自身的公民意识及公民教育意识，为学生在家庭环境中的公民意识养成营造良好氛围。同时，发挥家长资源优势、信息优势，协助开展各种社会实践活动，为学生的公民意识培养拓展更多的内容途径。（详见附件1专题三）

（3）师生共建公共生活阶段。

① 改版虚拟A城，拓展校园公共生活。

在小学生公民意识培养这一课题下，学校原有的学生自主管理平台

A 城，已经不能完全适应小学生公民意识的培养，因此，通过校园意见征集，增设民主管理中心，改革自主活动频道功能，重构民主 A 城。（详见附件1专题四）

② 班级岗位设置，丰富班级公共生活。

班级公共生活是学生公民成长的最主要场所，学生在参与班级管理中体验公共事务的参与，明确公民身份。因此，各班进行班级岗位的设计、竞聘、上岗以及评价探索。（详见附件1专题五）

③ 开设公民课堂，专注公民意识培养。

学校专门在六年级开设公民课，由原来的品德与社会教师担任，主要依据学校研发的《小学生公民意识培养总目标及分段行为目标》，开发公民课程。通常依据单元主题，师生共同商讨，筛选时事或校园公共事件作为课程的讨论案例。课程实施一般采用案例教学法或者问题解决法。

④ 研教中学模式，改善课堂师生关系。

在学习公民教育理念基础上，重新解读学校"活动教学"理论模式。以"教中学"模式为切入，不同学科进行民主课堂构建的再次实践。

⑤ 开发校本课程，固化公民培养活动。

开发公民课程，注重公民意识培养的常规持续。形成每日一课、每周一课、每月一课、每期一课的校本系列。

⑥ 雅园公民手册，指引公民公共生活。

开发、编写《雅园公民手册》，让学生能通过手册了解、参与、记录公民生活。教师和家长能更好地利用手册，有意识地引导学生全面了解学校公共生活、学习参与公共生活。

（4）反馈调整公共生活阶段。

① 搭建顺畅的校园民主渠道。

建立 A 城信箱，及时反馈和解决学生个体意见或建议。开展"为 A 城写提案"活动，引导学生关注和发现校园公共生活中的问题。成立 A 城议事厅，帮助小公民通过理性思考、相互协商等方式形成解决校园公共问题的方案或决策。

② A 城积极公民的评选。

对公民意识的养成进行持续正向的评价激励和引导。利用《雅园公民手册》，由 A 城自主管理中心进行积分认定，评选出每月以及年度 A 城积极公民。

五、公民意识培养成果

（一）改革成果

1. 课题研究促进育人目标的深化

学校的雅教育思想一直秉持"为学生的终身幸福奠定坚实的基础"的办学理念。我们一直在追问"究竟什么是学生终身幸福的基础？"曾经我们提倡培养文雅学生，即品正业勤、文质彬彬、心灵手巧、生气勃勃、情有所爱、志有所远、体有所健、行有所美、达于可能之最高。但是在课题研究中，我们对这一问题有了更深刻的理解。人不是独立于社会之外的，我们除了为学生奠定"个人发展"的基础外，还应该通过公民教育为其将来能顺利、和谐地走向社会生活奠定基础。因此，学校教育的核心目标就是培养合格的未来社会公民。结合学校的"雅教育"背景，我们提出了"充分享受权利，积极履行义务，做文雅小公民"的育人目标。

2. 课题研究促进学校德育转型

在学校以往的德育工作中，德育更像是一门"学科"，主要通过班队会和思品学科对学生进行道德的灌输，与之密切相关的老师就是班主任、品德老师、大队辅导员。虽然我们经常讲"德育为首，人人都是德育工作者"，但是在实际工作中，我们都知道，这更多只能是一种美好的教育愿境。社会中的功利思想和学业压力让学校德育更多只能沦为一纸空谈。仅有的品德学科知识教育还往往因为大家的忽视而得不到应有的保障，更别提能力、情感、态度、价值观这些在短时间内无法显现效果、无法考评的教育。

这些问题早就引起了成都市实验小学的思考，并力图在各种改革中有所突破。2000年的全校学生课题研究，2004年虚拟A城的成立等，都是学校试图促进学生自主管理，加强自主体验，实现自主成长的重要尝试。这些研究取得的局部阶段性成果以及困惑让我们发现：仅就学校德育单方面的改革力量是远远不够的，要真正培养出符合社会需要的公民，需要学校在管理思路上做更整合的思考。公民教育的出现将学校德育带入一个新的发展阶段。学校从培养人才转变为培养公民，学校德育从学科德育走向"共育"德育，从传授德育走向体验德育，从知识德育走向价值德育。

檀传宝教授曾经说过，"公民教育是学校教育的全部转型"。这也就意味着学校教育的所有工作应该为学生的公民意识培养服务。那么，学校的管理思路也面临着新的变革。具有公民意识的学生，需要具有公民意识的教师，具有民主氛围的校园，还需要挖掘和整合所有可以利用的资源。

因此，学校分别以目标体系、课程、教学、校园公共生活、班级公共生活、后勤、教师、家校社会共育九个领域分别推进课题研究。以研究促进管理思路的转变，引导学校德育工作的全面转型。

（二）认识成果

1. 明确了学校公共生活的空间

学校公共生活中的"学校"不是一个单纯的地域概念，它不仅仅指发生在校园内的公共生活，而是以学校涉及的人、事、物为学生公共构建的具有促进学生公民成长价值的公共生活。它应该是基于学校，以学校为核心，但又超越学校的公共生活。它以学生的班级公共生活为核心，以校园公共生活为直径，辐射学生的家庭公共生活和社区公共生活。学生的班级和校园公共生活与学生的家庭和社区公共生活相互影响，共同积累学生的公民成长经历，形成学生的公民意识。

2. 提炼了小学公共生活的三要素

在学校各种公共生活构建过程中，学校发现主体性、体验性、互动性是学校有价值的公共生活的三要素。学校公共生活是为了培养学生公民意识而创设的，公民意识是没有办法被灌输和强加的，学生知行的统一是没办法被要求的。因此，学校公共生活的创设必须体现学生的自主参与和主动构建。只有深刻的公共生活体验和人与公共生活的多向互动，才能在学生成长中留下深刻的印记，才可能成长为学生的公民意识。

3. 归纳了学校公共生活内容

学校公共生活主要包括公共程序设置、公共契约制定、公共岗位设立、公共活动参与、公共舆论建立。公共程序设置保障这个公共生活民主有序地开展；公共契约的制定让学生在公共参与中明确公共权利和义务；通过公共岗位的设立为学生提供参与公共生活和公共生活管理的机会；丰富多彩的公共活动参与让学生在实践中学习积极履行义务，充分享受权利；最后，公共舆论的建立提供学生民主表达的途径，并帮助学生筛选积极的成长信息，养成积极的公民意识。

4. 整理了小学公共生活类型

什么样的公共生活养成什么样的公民意识。根据公民意识培养的多项目标以及学校活动实际，可分为精神成长类、文化学习类、民主参与类、实践体验类和公益行动类。不同类型的公共生活类型为学生公民意识养成提供不同的滋养。

5. 构建了学生公共生活网络

公共生活空间 \ 公共生活类型	精神成长类	文化学习类	民主参与类	实践体验类	公益行动类
A城（学校）	国旗下讲话、A城电影院、阅读节、樱桃节	艺术节、科技节、运动会、学校网站、校刊	A城民选、A城信箱、A城议事、A城积极公民评选	九个频道活动、A城岗位活动、军训	"580"行动、19公益日行动义卖会
班级	班级阅读、班级影视欣赏	学科学习、校本课程学习、爸爸妈妈课堂、班级博客、班刊	班级公约制定及实施、课堂公约制定及实施、公共岗位设置、各类评优	班级特色实践活动、春游、秋游、游学、班级社区活动	班级公益特色活动
家庭	亲子阅读	亲子学习兴趣班、家庭博客	家庭公约制定及实施、参与社区民主议程	亲子特色实践活动、亲子旅行	家庭志愿者、亲子公益活动

6. 梳理了小学生参与公共生活的基本流程

学校公共生活面向A城的每一位公民，每一个学生有义务也有权利参与学校公共生活。对公共生活流程的了解，可以让每个学生都能更好地参与其中。因此，我们梳理出了学校公共生活参与的基本流程：

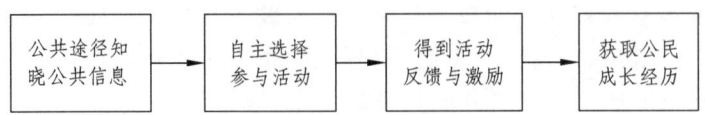

学校公共生活案例1

"A城"小干部民主选举：未来"A城"我创意

每年的9月,"A城"小公民都充满期待！9月是"A城"一年一度的小干部民主公选主题活动月，新一届的少先队大队委，即"A城"小干部将从本月各项竞选活动的层层考验中脱颖而出，承担起为雅园发展创意、为"A城"公民服务的责任。

2016—2017学年"A城"小干部民主公选活动从13日拉开序幕，一直持续到30日结束。三到六年级的樱桃少年，均有条件参加竞选，一、二年级的樱桃宝贝也将在评比环节参与投票和监督。作为成都市实验小学德育及少先队工作的一张名片，公选活动经多年积淀，无疑已成为"A城"小公民参与最广泛、开展最深入、反响最热烈的活动——没有之一。

场景一：秀出梦想的"A城"创意汇

今年的"A城"小干部民主选举，较以往的选举活动在流程上有一些变化。在"未来学校4.0"创建工作的背景下，今年的海选环节，与"A城"创意汇活动相结合，充分调动起同学们的爱校热情和创意激情，同时为小学生的公民意识培养做出了努力，革新了以往答题笔试的海选形式。

"A城"的未来发展离不开小公民的共同参与，有意愿参与公选活动的同学踊跃地在班主任处领取到了"小干部民主公选海选作业单"——未来"A城"我创意。他们积极为"A城"的发展建言献策，推荐自我，展露才华，秀出了自己的创意、自己的梦！

场景二：初显身手的面试PK

19日至21日,"A城"小干部民主选举活动进入面试（复试）阶段。近300位参选小公民从第一轮"A城"创意汇活动中晋级，进入了第二轮竞选。

面试 PK 环节，小干部候选人将根据学段分组，应答各不相同的结构化面试问题。参加面试的同学，在评委老师处随机抽得题单后，需在 5 分钟之内完成应答准备。就樱桃少年的责任感、创造力、口表才能等综合素质进行考验。结构化面试的体验是一道考验，更是一次锻炼。准备完毕，应答开始，"A 城"小公民的阳光与才华在激情洋溢中得到展示，给担任评委的"A 城"大朋友老师们留下了深刻的印象。相信经历过这项活动的同学，无论是否成功晋级下一轮，都会建立起更强大的心理素质，激发出潜在的实力，有自信去面对未来的挑战。

场景三：各显神通的拉票大赛

23 日至 28 日，民选活动进入最激烈的候选人拉票环节，84 名同学成功进入第三轮竞选。这个阶段将以小干部候选人们自由拉票票数排名的成绩，来竞选出新一届"A 城"小干部。

"A 城"小干部候选人自由拉票时间表		
2016 年 9 月 23 日	第四周星期五	三年级小干部候选人拉票日
2016 年 9 月 26 日	第五周星期一	四年级小干部候选人拉票日
2016 年 9 月 27 日	第五周星期二	五年级小干部候选人拉票日
2016 年 9 月 28 日	第五周星期三	六年级小干部候选人拉票日

拉票环节，候选人们真可谓"八仙过海，各显神通"。他们必须主动到全校各班进行预约，才能搭建起属于自我的展示舞台，将创意的观点、自信的风采及丰富的才艺展现在师生面前。

作为历届"A 城"小干部民主公选的保留环节和绝对亮点，自由拉票对学生素质培养极有意义。它也是小学生公民意识培养的创造性实践，在鼓励小干部候选人们走进全校各班，以独特而智慧的方式，让同学认识自己、信任自己、了解自己工作思路的同时，也让全校每一位同学都参与到了"A 城"小干部公选的过程中，获得了选民的角色体验，了解到"A 城"小干部的责任与担当。公选活动也正因为全员参与性而更显民主、公开、公正。

场景四：闪亮全场的自信展示

29 日和 30 日中午，从拉票竞选中脱颖而出的小干部候选人们，迎来了在雅园学术举行的最终展示活动。不同年级的候选人均表现出各年龄段的特点：三、四年级的团体秀重展示才艺特长、班级风貌；五、六年级的个人秀重展示个性创意、服务热情。他们的自信闪亮全场，引来了观摩老师和同学们的阵阵掌声。

新一届"A城"小干部团队由此产生，经过未来一个月的试用期，他们将正式宣誓就职。我们共同为参与了这一次民主公选的小创想家们鼓掌，"A城"的未来发展离不开每个小公民的积极参与。

在"A城"，每一位孩子都是独一无二的主人翁。

在"A城"，每一个创想都值得鼓励和赞美。

在"A城"，每一段童年都流淌着幸福！

（张红梅 黎明）

案例解读：

A城为孩子们的公民生活提供各种真实的场景。只有真真正正亲身经历的民主生活才能让孩子们体会到什么是民主、平等、公平。

学校公共生活案例2

开文创微店 聚公益微力量

万万没想到，小学生要开微店做公益啦！2016年9月，成都市实验小学六年级四班成立了"潘达控"微店，面向社会出售孩子们自主设计的熊猫文创商品。

作为"新一线"城市的成都有很不错的文创传统。热爱家乡、宣传成都，从孩子做起。于是，2016年3月，成都市实验小学成立了水墨画工作室，通过"熊猫·创"课程，教给孩子们水墨画的基本画法，走进中国传统绘画。

从课堂打底稿开始，成都市实验小学的孩子们在美术老师的指导下踏上了熊猫水墨画的创作之路。孩子们先后创作了"宽窄巷子""锦里""杜甫草堂"等成都的名胜古迹，画作里的熊猫憨态可掬，它们游览文化胜地，品尝天府美食。孩子们的熊猫水墨画被制成了明信片，于2016年儿童节在宽窄巷子熊猫邮局义卖，得到了社会人士和旅游者的喜爱和收藏，共募集了 15 000 多元，为凉山州美姑城关小学的小伙伴送去了 2 000 多册图书。这一次行动，也激发了黄歆玥对开班级微店的积极性："那是我第一次参与义卖，能尽自己的力量帮助有困难的小朋友，感觉很好，所以我想坚持下去，能为他们再做些什么。"由此，孩子们萌发了创业的冲动，走上了文创之路。孩子们希望这家微店所有盈利能帮助实小网校的远端学校建立起更多的"博雅书馆"，希望用自己微薄的力量帮助到更多的小伙伴看到不一样的世界。

"没想过我自己的画也能变成商品，而且买的人还挺多的。"提起自己的作品，11 岁的由画显得很开心，她的绘画作品有许多都被选上，变成了抱枕、手提袋等文创产品。"微店刚开起来，我身边好多的人都觉得很惊讶，觉得我们小学生居然开了微店，那时候我看我妈的朋友圈都被推荐我们微店的信息刷屏了。"

"做文创商品、开微店是课堂的一种延展，孩子们看到自己的创意变成商品，他们会收获更多的成就感和认同感。"成都市实验小学美术老师罗东来是孩子们的指导老师。以川剧、成都美食为主题的明信片，以成都景点为主题的抱枕……每个月，罗老师都会给出不同的文创主题，在美术课上，孩子们就进行创作。"为了画好这些成都元素，我们提前就会进行资料收集。"姜甚男说，通过画成都，她了解了许多成都的景点故事、民俗文化："比如盖碗茶、滚铁环等等，我觉得'老成都'真有意思。"

熊猫抱枕作为最初的文创作品，通过它能感受到孩子们的用心和创意。每一个抱枕上不仅绘有形态各异的可爱熊猫，还展示了杜甫草堂、宽窄巷子、锦里等不同的成都景点。刘雪莹指着抱枕上面的文字说："这是我们以熊猫为主人公，编写的有关景点的游览小故事呢！"每一个抱枕的标签都由抱枕的作者赋予了不同的熊猫样式造型，除了材质、尺寸、价格等基本信息外，还有作者的个人二维码。"扫描二维码，就能看到我的公益宣言哦！"刘雪莹说。

目前六年级四班的微店，主要由侯雁斌的妈妈孟谊蓉义务管理。罗东来与制作厂家定制好产品后，从事外贸行业的孟谊蓉就负责接收和处理订单、快递产品。"经常孩子回家也会帮我一起整理，我感觉参与到了孩子的活动中，也挺快乐的。"每到期末，孟谊蓉就会向全班公布微店售卖及收入情况。

"开业"近半年，微店卖出了近 400 件文创产品，共收入 17 000 余元，纯利润有4700多元。这笔钱用来做什么，六年级四班的孩子们正在紧密筹划当中。"这学期开学，我就告诉孩子们要策划一个公益慈善活动。"罗东来说，等这学期结束放暑假了，就和孩子们一起选出最好的方案，来开展一场公益活动。

六年级四班的孩子即将毕业了，对于这个公益微店的未来，罗东来表示，学校会选择一个三年的班级来接力，让这份爱继续传递下去。同时，学校也会学习六年级四班的这种形式，以学校的名义开设一家微店，让更多的学生加入进来。

案例解读：

孩子们用一支小小的画笔创作自己的作品，也拥有了自己的微店，更成就了自己作为一个公民的小小梦想，为社会贡献一份力量，力所能及地帮助他人，这样的成就感将孩子们的视野从校园带向广阔的世界，从学习带向生活，有力地促进了孩子们的公民成长。

学校公共生活案例3

我们的A城"580"

在成都市实验小学A城，每一个市民都可以充分提出自己的意愿和想法，每一个人都可以根据自己的观察和发现，提出创新活动的建议。2012年2月，成都市实验小学A城小分队进行了寒假社会调查，了解到在我们的生活中，有很多的人需要帮助，于是，在2011—2012学年下期的开学典礼上，在成都市实验小学A城和雅社区的号召下，A城成立了一只特别的队伍"580"。

"580"是"我帮你"的谐音，它的标志是"小红帽"，他们希望用自己的双手带给别人更多的帮助，用自己的智慧为他人排忧解难，用自己的爱心为大家提供更多的服务。

一、A城"580"常态活动

（一）每月在校园征集"580"志愿者

A城"580"每个月都面向全校同学征集志愿者，没有特别的要求和标准，只要有一颗愿意为同学服务的心，能够做到持之以恒，就可以带上小红帽，为同学们服务。在每月一次的全校征集中，同学们都可以报名参加，并通过一周的试用期，正式成为A城"580"。全校260名同学现场加入了"580"的队伍，他们戴上小红帽，承诺用自己的方式给别人送去爱和关心。

A城580活动

（二）课间时间服务同学

在校园里，"580"也用自己的实际行动为同学们做到"玩耍游戏有矛盾，言语沟通我帮你；同学交往有摩擦，沟通和解我帮你；生活学习有烦恼，细心开导我帮你；团队活动有胆怯，支持鼓励我帮你……"

（三）每月进社区陪护孤寡老人

课间通过调查了解，"580"知道在学校附近的社区有很多的孤寡老人，他们没有人照顾，也没有人陪伴。于是孩子们决定，要常常去看望他们，要让他们生活中充满阳光和快乐。2012年3月—5月，成都市实验小学A城"580"三次走进社区，看望孤寡老人，为他们送去温暖和欢乐。每一次前往社区，A城"580"都会在老师的陪伴下，先到社区中心向社区工作人员详细了解社区孤寡老人的基本情况，并将老人们的情况做下详细的记录，制订计划，随后走进社区孤寡老人的家中，为老人们带去甜甜的水果，带去可口的点心，更带去精心准备的节目和心意。

二、A城"580"成立"A城爱心日"

A城公民说:"拥有健康和快乐是每一个人都觉得挺简单的事,可是,在我们身边却有很多小朋友没有这样的快乐,他们同样拥有花样的年龄,却因为各种原因,不能和我们一样在学校里正常地学习!我们想通过自己的方式帮助他们。"因为这样的声音和愿望,"A城爱心日"成立了。A城公民们行动起来,用自己的力量帮助更多的人。每个月19日是A城的爱心日,他们计划通过每月一次让全体A城公民捐献旧报纸的方式,来筹集A城爱心基金,帮助更多的人。一年级的小朋友力气比较小,他们用餐车推来了班级收集的所有报纸,他们说:"我们全班每个人都有带报纸来,老师说合起来的力量是最强大的……""580"的同学们就负责收报纸、登记捐献信息、整理报纸、卖报纸,这并不是一件容易的事。很多同学在其中深深体会到了用自己的劳动帮助别人的快乐。

短短半年时间,A城服务中心共收到报纸6 000余斤,筹集爱心基金近3 000元。每月19日,带上旧报纸到学校,用自己的方式帮助别人,开始成为A城公民的一个习惯、一份责任。一份旧报纸虽然很薄、很轻,我们的爱心却很重、很美,A城爱心日活动还会持续,希望更多的人加入我们的行列,汇聚爱心的力量。(张红梅)

案例解读:

"580"的力量虽然微小,但是它带给孩子们的快乐却是巨大的。它让孩子们明白:哪怕我们是小孩子,哪怕我们的力量很微小,但是聚沙成塔。只要我们都有一颗关爱他人之心,人人奉献一点爱,这个世界将因我们而变得更加美好。

(三)实践成果

1. 形成了学生公共生活指南——《雅园公民手册》

在小学生公民意识培养的实践研究中,重建学生校园公共生活是研究的重心所在。而重建校园公共生活需要从我们的学校活动、班级建设和家庭生活三个方面一齐入手。因此,学校学生、教师、家长共同研发《雅园公民手册》,整合指导学生的学校公共生活。这本手册力图引导学校师生以及家长对学校公共生活有一个完整清晰的了解,并在它的指引下带领学生一起主动参与,一起来丰富我们共同的公共生活。手册从开发到定稿经过了目标拟定——内容开发——意见征集——整体修订的过程。

这本手册包含"A城篇""班级篇"和"家庭篇"三个篇章,每个篇章分为"了解""参与""评价"三个板块,让学生分别了解我们的A城、班级和家庭,引导学生积极参与A城、班级和家庭的公共生活,并认真记录,在各种积极评价中养成自己的公民意识。

《雅园公民手册》设计板块和每个板块设计思想:

A城篇:

- 我们的A城——为学生呈现A城地图和机构图,使学生熟悉A城主要活动场所,了解A城的主要机构职责、知晓A城各频道主要活动。
- 我们在A城——明确每个学生在A城的公民身份,提升学生对A城固定活动的关注度和民主活动参与度。
- 我们爱A城——通过A城积分卡激励学生参与到A城各种活动中来并兼具活动评价功能。

班级篇:

- 我们的班级——班级成员共同设计班级公约、课堂公约。班级公约的形成过程体现公开性、过程性和参与性,不仅班级所有学生要遵守,教师也要签字承诺并严格遵守。
- 班级中的我——督促学生参与班级建设和班级活动,了解班级大事件。
- 我爱我们的班级——增强学生对班集体的认同感,进行学生自评和师生、生生互评。

家庭篇:

设计背后的理念:与学生公共生活联系最密切的环境是家庭,家长的参与和支持是公民教育成功与否的关键。我们的公民手册想要引导家长在家庭关系中培养学生的责任感,获得家庭教育的支持和协助。

- 我温馨的家——温馨的家庭活动呈现,促进学生、家长参与到家庭共同活动中来。
- 我为我家——为我们的家制定家庭公约、记录家庭大事,有助于形成家庭凝聚力。
- 我爱我家——让学生学会承担自己在家庭中的责任,为家庭和谐做贡献。

附录：
  ◇ A 城选民选票——鼓励所有 A 城市民都参与到民选活动中来。
  ◇ A 城公民培养目标——让学生了解自己作为小公民的发展目标是什么。
  ◇ 推荐书单及电影——丰富公民阅读量、提升公民素质。
（书单的留白部分是让老师和学生一起来丰富）
  ◇ 班级连线——给学生清晰的雅园各部门地址，使学生了解公共部门、熟知公共生活环境。

后记：
留白——学生和教师自拟、丰富手册内容
我们编写这本小小的手册目的不是为了填写它、完成它、展示它，而是为了让学校公共生活的所有构建者：老师、家长、学生以及社会人士都能了解它、用好它、丰富它，从而更好地为学生提供有价值的公共生活，促进学生公民意识的成长。因此，在手册使用中要坚持几个原则：第一，真实性。真实记录，目的不在于填写内容，而是记录生活。第二，过程性。活动记录，重点在于活动过程中学生的体验和过程记录。第三，灵活性。创新记录，无标准答案、无好坏之分，鼓励创意创新。
《雅园公民手册》样例（详见附件 10）：
《雅园公民手册》使用感言：

感言一

《雅园公民手册》

这本《雅园公民手册》是我最喜欢的手册。
这本手册共有三个篇章：A 城篇、班级篇和家庭篇。
或许我和班级有缘分吧，刚拿到手册，随手一翻就翻到了班级篇。其中，我最喜欢的板块就是"班级名片"了。
因为在这个板块里，可以知道同学们心中的班级是怎样的，热不热爱自己的班级，还可以表现同学们的画画水平。
我画的是"彩虹下的班级"。天上的一道七色彩虹照在了大地上，我们就是一棵棵小草，班级就是一片辽阔、美丽的草原。所以，我在彩虹下写了几个美术字——青青草原快乐班。在美术字的旁边，画了一张笑脸——那是我们班每一个同学的笑脸。在旁边，标上了我们的班级——4.3。

每当我翻开《雅园公民手册》的班级篇时，就想起了爱我们的每一位老师、乐于助人的每一位同学；每当我翻到"班级名片"这一页时，就想起了笑容可掬的老师和同学们一张张可爱的笑脸！

我喜欢我的《雅园公民手册》，我爱我们的班级"大家庭"。（4.3 班 陈珂妍）

感言二

"厚重"的幸福

女儿带回一本书，名曰：《雅园公民手册》。之所以称之为书，是因为初见它时我满是疑惑：这是怎样一本册子，如此"厚重"？细细品来才发现，这"厚重"是有道可言的！

沿袭实小一贯的"雅"的风格，《雅园公民手册》简洁大方而充满了温情，翻开内页，一个个鲜活的活动中孩子们体会着由校、班、家的责任与义务，丰富多彩而又生动的公民教育跃然书中。

在翻阅家庭篇的时候，我被深深地吸引了。在这里，我看到了家庭爱心存单、家庭大事记、幸福时刻、家庭公约……应有尽有。我们一家人也由此开始了一个小型的家庭会议。女儿画得乐不思"睡"，我和老公说个不停。我们仨前所未有的热情，展望关于家的前景与未来，心中充满了幸福与期待，而这一刻一股浓浓的爱的能量也在彼此之间传递！呵呵，真没想到，一本"厚重"的手册让我们再次去回顾生活中最朴实却又被忽略的篇章。它的味道如此醇厚，不知何时因为生活的繁杂、琐碎我们忘记了幸福的感觉。一本手册让我们获得品读生活的机会，不得不说这是一种幸运！（4.3 班 解昱妈妈）

感言三

"拿手菜"出炉记

前几天，静怡一回到家就拿出了一本《雅园公民手册》认真地写起来，并且煞有介事地告诉我们这是需要家长共同完成的。当写到我家最拿手的菜时，她毫不犹豫地把期待的目光投向了她爸爸。因为在我们家，静怡的爸爸是"大厨"。而爸爸也自豪地接受了任务，给我们热烈地讨论着他的拿手菜，最后确定了——凉拌白肉。于是乎他们两父女忙着采购起来，回到家，爸爸一边做，一边给静怡讲解：先把肉煮熟，然后切片，放作料，搅拌……两人似乎分工明确，一个人做菜，一个人记录得非常认真。不一会儿，凉拌白肉端上桌，肉半肥半瘦，上面沾满了红亮亮的汤汁，在绿油油的葱段的衬托下煞是好看，伴随着阵阵香气，让我们垂涎欲滴。随后静怡爸爸搬出了他的长枪短炮，咔嚓咔嚓地拍起照来。

随着爸爸一声"开动"，我们都迫不及待地拿起筷子，品尝这美味来。我们你一言我一语地边吃边评价着爸爸这道拿手菜。"好吃""又麻又辣""比上次的还好，看来爸爸是用心做的"，静怡和我也不停地夸奖。静怡爸爸也笑开了花。

看着父女俩的笑脸，我不禁陷入了沉思：其实静怡爸爸工作忙，已经很久没做过菜了，我们也已经很久没有围坐在一起在家吃顿用心做的饭菜了。正是因为静怡的《雅园公民手册》，才让我们都乐于参与其中，不需要多么丰盛，不需要山珍海味，之所以好吃，正是因为它混合着家的味道。（4.3班 康静怡家长）

案例解读：

一本小小的《雅园公民手册》，是一个向导，引导老师、家长和孩子了解、关注、参与身边的公共生活。它还是一个记录员，它把孩子们的公民生活生动形象地记录下来，形成他们自己的公民成长档案。透过这本小册子，可以看到孩子们的公民意识就这样一点点生根、萌芽。

2. 引发了培养小学生公民意识的课堂教学变化

（1）课堂公约，民主约定。

课堂是学生班级公共生活的重要内容。课堂公约的制定是为了维护学习、活动或公共秩序的顺利进行，关系着每一位班级成员的公共利益。尽管此前，所有的班级都制定了所谓班级公约，但是许多往往流于形式，缺乏学生的认同。通过课题研究，我们发现其原因在于公约的制定过程由老师提供，而非民主提议；另外，课堂公约应该是教师与学生双方责权的共同约定，但此前的约定更多倾向于学生应遵守的义务，而忽略了其应享有的权利以及教师方的权利与义务。明晰了症结所在，全校开展了课堂公约的制定工作，最终各班根据自身特点，形成了各具特色的课堂公约。

案例

四年级五班课堂公约

学生：
1. 眼睛仔细看
2. 耳朵专心听
3. 嘴巴好好说
4. 脑袋快快转
5. 小组常合作

老师：
1. 不迟到来不拖堂
2. 不发脾气慢慢讲
3. 同学发言多鼓励
4. 机会均等同对待
5. 如果犯错不耍赖

案例解读：

师生共同民主商议制定的公约不仅仅是对学生的约束，也是对老师的约束。对公约的共同制定与遵守营造出民主的课堂氛围，让学生真正感受到人与人之间的平等与相互尊重。

（2）教学模式，深度探索。

成都市实验小学提倡活动教学，即以学生为主体，以活动促进发展。这与公民教育的理念十分吻合。

在公民教育背景下，教师对课堂教学的研究在原有的基础上有了新的视角：把课堂还给学生，体现学生主动学习，营造民主。平等的学习氛围，构建民主课堂，造就现代积极公民。因此，教师开始有意识地对"活动教学"进行再次探索，从民主课堂的角度去创新教学方式、师生关系、学习方式，从而提炼出新的教学模式，如"教中学""单元式主题研究性学习""任务型模块教学"等。

"教中学"课堂

案例

语文"教中学"教学模式培养学生公民意识

成都市实验小学在"以活动促发展"的理念指导下，以学生自主发展为突破点，通过十余年的"活动教学"实践探索，形成了十种学生自主学习模式和七种学生自主活动模式。"教中学"就是其中一种学生自主课堂学习模式。

一、"教中学"活动教学模式

"教中学"教学模式就是由学生以团队形式承担课堂组织者角色，让学生变身老师角色组织探究活动，在躬身亲历教学的全过程中逐步实现"疑难能自决，是非能自辨，高精能自探"，从而极大地促进学生学会学习，学会做人做事。

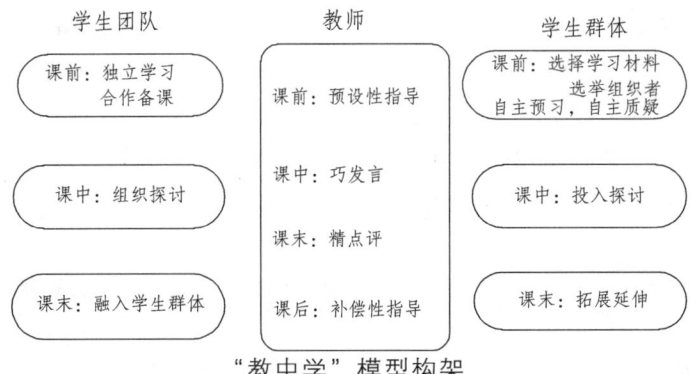

"教中学"模型构架

二、"教中学"活动教学模式架构解析

1. 尊重选择，引领学生参与学习生活

用"教中学"这种崭新的教学模式来上课，受到了孩子们的喜爱。这样的喜爱不是出于偶然，而源于两个字：民主。

以张兰老师的《中国人，你为什么不生气》一课为例：

（1）学生以民主方式选择学习内容。

张兰老师课前给学生们写了这样一封信：

亲爱的孩子们：

我在万分焦虑的情况下给你们写信。12月，我们57个人，将参加青羊区的赛课。这次上课跟以前上课的形式不同——由小老师带领小家伙们上课，而每个小家伙都有可能是小老师。虽然我们有过这样的尝试，可是在大众面前全方位地展示还是头一次。因而我特别焦虑，不知道选择哪篇文章来上孩子们更适合、更喜欢、更能尽显我们的风采。思来想去，最后我还是向你们——我的孩子们发出了"求救"信号。最幸福的事情，是跟喜欢的人一起做事情，那么，这样的课堂本不应该是我一个人说了算的，这样的课堂中我们都是主人，我们应该一起来承担风雨，一起来参谋、做决定。今天回家后，希望孩子们能把我们没有上过的文章都细细读一读，选出你喜欢的文章来，详细地写下你的心声，如果你愿意，还可以图文并茂。不过，如果你觉得某篇文章不适合，也可以阐发自己的观点，告诉大家。邀请你的家人来当参谋，我们大家都很欢迎哦！

末了，就让我们在一起，迎接新的挑战，向前走一步，再走一步！

张兰老师

2011-11-23

在这封信的后面，张老师还附上了当时还没有上过的 9 篇文章。第二天，全班 57 个人都交回了自己选择的文本并密密麻麻地写上了自己选择这个文本的原因。中午午休时间，全班又通过唱票的方式，列出了每篇文章的实得票数。结果《中国人，你为什么不生气》这篇老师们认为难度比较大的文章突出重围，成为一匹"黑马"，荣登榜首。有个男孩子说："这篇文章，文笔犀利，很适合我们班的男生，我们朗读起来，肯定很有激情。我很喜欢这篇文章，并且我非常想弄清楚中国人为什么会不生气。"

（2）学生以民主方式推选上课"小老师"。

承担这次课的四位小老师也是孩子们通过自己的分析和判断选择出来的。张老师在他们《读好书》的单子后面，加上了自荐或推荐理由一栏。自荐就是自己推荐自己，推荐就是推荐他人。有的孩子意气风发地选择自己，理由是自己的表达能力也很强，就是以前都没有胆量到前面展现；有的孩子把橄榄枝送给了别人，理由是某某小朋友的发言每次都能引起全班讨论的高潮，有他当小老师，我很放心……后来，全班仍然通过唱票的方式，选出了 5 个孩子。因为其中两个孩子的票数相当，不得不进行再一次的投票。但是，孩子民民却斩钉截铁地说："老师，我觉得我自己很适合在下面当学生，我想当学生，我能很好地回答问题。"

其实，不管是自荐还是推荐他人，孩子们通过这样的方式选出了自己心目中的老师，选出了能够指引他们学习的人，更通过这样的方式，更好地了解了自己，学着去欣赏别人，这已经大大丰厚了一节语文课的意义了。

（3）学生以民主方式确定讨论的问题。

《中国人，你为什么不生气》课堂教学设计了三个行之有效的活动：一是讨论"核心问题"；二是演讲"文本段落"；三是落笔"文本感悟"。

所谓讨论核心问题，就是在全班提出问题的基础上梳理出一个共同的问题进行讨论。课前预习中，学生提出积极的学习问题，再由小老师和老师共同商量、梳理出课堂的核心讨论问题。

当正式上课时，学生们看到教学 PPT 上出现自己的问题和名字时，他们的脸上会闪动傲人的光彩，因为他们会觉得，自己的问题受到了关注，当然就很愿意投入到产生出的"核心问题"中来了。

这些都证明了"教中学"这一教学模式的核心风采应该是民主。只有民主才能够齐聚人心，只有民主才能让在座的学生心甘情愿地跟随小老师学习，小老师也因为这样的民主选举而拥有了无限的自信。

2. 凸显个性，帮助学生丰富学习方式

古人创立的新名称往往来源于生活的经验，因此学生学习的场所被称为"学校"，突出的是一个"学"字。后来，"教"的观念被不断强化，世人便把教的场所命名为"教室"。如今，"让教学回到自己的土地上"的呼声不断响起的时候，也有许多人建议把"教室"更名为"学室"，把"教案"称为"学案"。

其实，无论怎么称呼，尊重每一个学生的个性差异，尊重学生的认知规律，解放学生的思想，营造学生自主参与学习生活的氛围，以学生为本，以学定教，才是真正"以人为本"的教育思想的体现。

（1）自主选择自己喜爱的学习合作伙伴。

"教中学"教学模式，努力构建一个和谐的学习共同体，帮助学生成为学习中的小老师，培养学生的帮扶意识，帮助学生在体验中成长，同时也倡导学生在帮助和被帮助中选择自己喜欢的学习合作伙伴。

为了便于"教中学"教学方式的继续深入和推广，我们推行了"1+1"的小组互助形式。每个合作小组有两位成员，成员由自由选择和教师、同学建议相结合的方式确定，成员间自主商定互助方式，共同完成学习目标，共同参与学习评价。全班每个学生都主动加入了"1+1"互助小组，并且还主动合作申请参加上课小老师的竞选，因为两个人的力量总是大于一个人的。有了合作互助小组，学生们表现得更加自信和主动了。

"1+1"互助小组提倡"助人为乐，共同成长"。的确，助人为乐，把助人当享受的师生越多，班级就越民主，集体就越进步。我们也相信，助人为乐，把助人当享受的人越多，社会就越民主，越进步。

（2）自主选择自己感兴趣的研究方向。

"教中学"教学模式，打破了教师的权威，拉近了教师与学生的距离，使讲台成为学生充分表现的舞台。为了进一步丰富课堂的学习内容，让学生感受学习的乐趣，在享受中学习，我们在"教中学"模式的基础上进一步补充构建了"单元主题式研究性学习"。

"单元主题式研究性学习"以课本的某一个单元的主题内容为板块，由几个"1+1"互助小组，根据文本内容，分别选择不同的研究点，开展研究性学习，共同完成合作备课，合作上课。

例如：北师大教材五年级下册的第一个单元的单元主题是"龙"。申请完成本单元研究任务的几个"互助小组"首先围绕"龙"确立研究选题。在老师的指导下，根据课本提供的内容，学生确立了以下几个课题：龙的形象；龙的传说；关于龙的成语、俗语、谜语的研究；关于与龙有关的风俗活动；龙的艺术品鉴赏；龙的歌曲赏析；"龙"字的书法赏析。学生选择自己感兴趣的话题，在合作互助小组中共同完成研究任务。课堂即成为学生展示研究成果的平台。

这样的"教中学"的课堂，呈现出的是学生"发现"与"创造"的智慧的光芒。有同学制作了"龙的艺术品鉴赏"PPT，集体创作了解说词，配乐朗诵，很有点电视台现场直播的感觉；有同学教大家唱完《龙的传人》，补充介绍歌曲的创作和演唱的故事，还组织同学们根据课文《龙的传人》中的内容来赏析歌曲的歌词；成语"叶公好龙"也被学生们改编成了课本剧，上课的过程成为评比最佳演员的过程，要求观看的同学们根据《叶公好龙》的古文版故事中的字句来评判演员的表演是否准确传神……

在这样的课堂上，同学既是老师，也是学习同伴，老师亦师亦友，师生关系发生了深刻的变化，学生学习方式也从教师设计学案到真正由学生来设计学案并实施。这样的课堂将学生真正推到了学习的前台，成为学习的真正主人。学生之间的平等，让课堂充满了自由的交流，宽松的对话，以及多元的碰撞。同学真正成为课堂最重要的学习资源。课堂学习方式发生了真正意义上的变化。

这些再次证明"教中学"这一教学模式的核心风采应该是民主。关注了学生的自主选择权，用民主的方式展现了自主性、个性化教育教学的魅力。因为研究了学情，关注了每个学生的成长需要，服务了每个学生作为"人"发展的需要，才使课堂焕发出蓬勃的生命力。我们坚信：给学生可选择的教育，融公民培养意识于教育教学之中，我们教育的路就会越走越宽，越走越坚实。（林华　张兰）

3. 拓展了培养小学生公民意识的公共生活平台

（1）A城——模拟社会，体验公民生活。

模拟城市A城的长期实践为学生打下了自主管理的基础，在公民课题背景下的改版，让 A 城培养公民的目标更加明确。在此目标的引领下，学生除了常规的学校公共生活以外，更有了由 A 城小公民们自主调查、设计、实施的各种活动。这些活动的设计及实施都因为有了培养公民意识这一目标而更加自主与民主。A 城全方位地拓展学生的公共生活，让学生在实践体验中发展成积极公民。

改版后的 A 城民主管理系统，下设 A 城议事会、民选委员会、民意调查组、A 城信箱等机构，重在为学生创设民主选举与民主管理的渠道，培养学生的自主意识和民主意识。A 城干部在公民委员会的组织和监督下民主选举产生，由 A 城干部组成的城市办公室负责整个 A 城所有部门的管理运行。自主活动系统由学生从学生视角出发为学生提供丰富的校园公共生活，让学生在各种自主体验中实践公民的权利与义务。服务支持系统是由家长志愿者、教师、社区人士等组成的大朋友团队，他们对学生的公民体验进行指导，并让 A 城公民的身份与社区公民的身份实际接轨融合。

（2）班级——公共岗位，参与民主管理。

班级，是学生在校成长的第一集体，也是学生公民民主意识培养的直接时空，班级民主生活直接作用于学生的民主化成长。班集体中的公共岗位是学生履行义务、行使权利的重要平台。

在原有的班集体建制中，我们看到，班级岗位的产生和管理方面存在以下问题：第一，班级公共岗位设置陈旧，不适应班级公共生活需求。干部没事做，事情没人做的现状普遍。第二，小干部的选举方式没有充分建立在全班同学民主的基础上，选出来的干部，大多是为着管大家而来的，孩子们接纳度低，管理效能也低。第三，小干部上岗之后，班集体缺少民主的监督反馈体制跟进，干部的服务意识和工作水平较低。

原有的班级岗位更多是历史沿袭的。随着时代的发展，社会环境发生变化，教育的目标发生变化，学生发生变化，班级岗位也应随之发生变化。原有的班级岗位是为了方便班级管理，因此，规范性的岗位应运而生。而公民意识培养背景下的班级岗位是学生公共生活的重要部分，因此，符合学生参与公共生活需求的岗位必然是学生自主选择或者自主设置的。这才能保障学生参与公共生活的主动性和积极性。

班级民主管理案例1（低段）

我是小小志愿者

人人都是班级志愿者，简而言之，就是让每个孩子以"志愿者"的形式成为班级管理的主人。

低年级的学生年龄小，有参与班级管理的热情，但自觉性较差，同时参与班级事务的能力有限。

针对这些特点，第一步，低段的班主任老师对烦琐的班级事务进行分解，梳理出班级管理的职务。按班级人数和工作的难度、需求，班主任老师设定出每个职务申报的具体要求。第二步，班主任老师联络家长，通过家校联合宣讲、班级博客公示等方式，让每个孩子了解各项职务的工作内容，并在家长的指导下，根据自己的爱好或特长自行选择。第三步，自愿参选的学生，通过民主竞选，由全班同学投票表决，当选每一项职务的工作人员和组长。第四步，针对低段孩子个人能力和自觉性都较弱的情况，班主任老师对当选的志愿者视情况进行连续的岗位培训，即在小小志愿者上岗的第一周甚至第一个月里，班主任老师会针对不同孩子的情况，对职务技能进行示范，同时，还会联系家长对志愿者进行家中培训和练习。以此确保上岗的孩子在以后的班级管理中实现自主。第五步，就是让其他同学和老师定期对志愿者职务完成情况进行考核和反馈。

以下为我班的"职务申报要求"。

1. 黑板管理员（2人）

职责：每节课后负责擦黑板、收拾黑板下方的粉笔灰；将散落在地上、黑板台或讲台上的零碎粉笔收拾好，放在电视机的右下方；对课间在黑板上胡乱图画的小朋友进行劝阻。

申报条件：个子比较高，讲究卫生，知道收拾完后主动洗手，不贪玩，能在下一节课的老师进教室前完成该项任务；有较强的语言表达能力，能说服小朋友。

2. 护书小天使（2人）

职责：在每天中午午休结束后，将同学借阅的图书回收、整理好；平时，随时观察图书角，使之保持整齐美观。

申报条件：不贪玩，能静下心来整理图书；中等个子。

3. 讲台管理员（1人）

职责：收拾好讲台上的杂物，使讲桌看起来干净、整齐。

申报条件：有较强的自理能力。

4. 椅子管理员（1人）

职责：负责后黑板旁边三把待客椅子的整齐和干净。

申报条件：有较强的自理能力。

5. 杂物间保洁员（2人）

职责：保持卫生用具摆放整齐，地面无垃圾。

要求：吃苦耐劳，劳动能力和责任心强。

6. 早读领读员（5人，每天一人）

职责：每天早晨，当上学的学生超过10人后，组织早读。

申报条件：能在每天8点20前到学校，识字量较大（有时读教材，有时读《日有所诵》），声音洪亮，读书有感情。

7. 早读劝导员（5人，每天一人）

职责：在早读的过程中，负责纠正同学不准确的读书方式，提醒同学认真读书。

申报条件：愿意帮助同学，态度友好，自己的朗读习惯良好。

8. 领队（2人，前后各一人）

职责：负责升旗仪式、课间操、放学和重大活动集会的整队和队伍纪律的维护。

申报条件：声音洪亮、有穿透力，对各项整队口令熟悉，对同学态度友好。

9. 午餐管理员（6人，3人还餐车，2人还牛奶箱子，1人管理餐车卫生）

职责：在大家午餐完毕之后将所有应该归还食堂的物品送到电梯口。

申报条件：力气较大、细心（不漏还东西，推餐车过程中不乱撞），愿意为同学服务。

10. 收纳箱管理员（5人，每人管10个）

职责：定期检查同学的收纳箱是否整齐有序，给予必要帮助和提醒。

申报条件：严格自律，不乱拿别人的东西；爱惜别人的收纳箱。

11. 桌子管理员（4人，每人一个大组）

职责：负责检查每个大组的桌子是否对齐，给予帮助和提醒。

申报条件：清楚哪个大组该靠那条线，对待同学友好、热情；自理能力强，放学时能很快收拾好自己的东西。

12．小助手（5人，每天一人）

职责：每节课上、下课主动帮助老师拿东西，随时到老师办公室来了解是否需要帮忙。

申报条件：不因为贪耍而忘记自己的职责，头脑清醒，表达能力较强，声音洪亮，能准确地向全班传达各种临时通知。

13．安全管理员（关灯、关门，共2人）

职责：每到教室外上课，关闭班级的前后门和灯。

申报条件：不贪玩，有责任心；动作麻利，不趁机逃课。（因为每逢教室外上课，安全管理员都要最后离开教室。）

14．文明休息监督员（2人）

职责：课间负责观察同伴休息的方式，发现玩不安全游戏的同学，对其进行劝阻；如果遇到同伴意外受伤，先送医务室再报告老师，使伤者得到及时、有效的帮助。

申报条件：善于观察，善于与同伴相处，知道医务室的方位，对同学有关爱之心。

15．泡菜管理员（5人）

职责：在每天中午吃饭时给同学分发泡菜。

申报条件：个人卫生情况好，对待同学公平公正。

16．牛奶派发员（8人，每个小组一人）

职责：每天饭后为同学分发牛奶。

申报条件：吃饭较快，能在本组成员吃完前吃完饭；头脑清醒，知道自己所在的小组有几个人。

17．清洁检查员（4人，每人负责一个大组）

职责：于每天中午吃饭前后及放学前对每个大组的清洁卫生进行检查，发现谁的座位周围有垃圾就给予提醒和帮助。

申报条件：善于观察，自理能力强，乐于帮助别人。

18．班级小法官（3人）

职责：负责处理同学间的小矛盾，将不能处理的矛盾报告给老师。

申报条件：对待同学公平公正，有较强的语言表达能力和清晰的思维能力；文明自律，处理矛盾时不动手，不骂人。

附加说明：创设以上服务岗位，是希望这些岗位能在培养孩子的自信心、责任心、集体意识、班级小主人意识等方面起到积极作用。服务岗位无高低贵贱之分，请家长协助老师正确引导孩子，鼓励孩子结合自己的实际情况积极申报，不好高骛远，不妄自菲薄，希望每个人都积极申报。老师会尊重每个人填写的志愿，但如果出现冲突，会做合理调整。望理解。

一年级三班级服务岗位申报表

姓名		申报方式	自愿（ ） 经家长劝说（ ）
第一志愿		第二志愿	
是否愿意接受调配：	是（ ） 否（ ）		
申报宣言			
家长意见			

低段孩子年龄小，但他们的个性迥异，帮助他们寻找到适合自己个性的岗位，让他们在老师的指导下，在岗位职责的履行中，去感受到自己被人需要，感受到自己在班集体中的重要地位和价值，为他们个性的进一步展现和发展奠定了良好的基础。（周会）

班级民主管理案例2（中段）

班级工作室的成立

中段以上的孩子，在个性上更加明显地呈现出多样性，他们对班级事务有了更多的主动性和自主性，每个人都希望在集体中，自己的价值被认同、被肯定。同时，班集体的管理更多地需要依靠团队的力量，才能更好地实现目标。这时候，个人志愿者就演变成了团队工作室。

班级工作室，是从学生的视角出发，根据班集体建设和发展的需要，主动寻找、发现和创设工作岗位，以工作室的形式有针对性地开展班级管理的一种方式。

下面是我们班班级工作室产生、建设和运作的过程：

缘起:"扫尾工作室"的诞生

一天,班里三个女孩儿主动找到我,告诉我说,她们发现下午放学前的集体收拾(即"书本文具回书包,桌椅板凳放整齐,地面垃圾捡干净,收拾完毕就静息")总会有些细节上的遗漏,所以她们三个想留下来,在集体放学前把教室里再清理一遍。我担心这样太辛苦,三个女孩子却说:"没关系,我们已经习惯了,我们一定做得好!而且会在集体放学前完成。请老师相信我们!"对于这么重视班级工作的学生,我还能说什么呢?于是,我微笑着同意了崭新工作室的申请,扫尾工作室就这样诞生了。

扫尾工作室的诞生启发了我,更启发了全班其他的同学,他们发现,原来可以选择志同道合的伙伴,组成自己喜欢的工作室,为班集体服务,参与班集体管理。自此以后,我们班级的孩子们纷纷开始三五成群地集结,他们一起寻找,共同策划,向我提出了申请。

于是,"书香工作室""摄影工作室""美食工作室""1.30工作室""小管家工作室"……如雨后春笋般,纷纷成立,工作室的成员,有主创参与的,也有公开"招聘"的。

进程:工作室成立发布会

每一个工作室组建,都要召开一个新闻发布会,向全班同学发布:工作室是干什么的,对班集体管理有什么作用;工作室的工作流程和人员分工等。发布会现场,全班同学和班主任老师要对工作室的相关事宜自主提问,最后,由全班投票决定,这个工作室有没有成立的必要,并提出具有可行性的建议和意见。这个过程,既是工作室成员关注集体发展,主动寻找班集体中自己的合适位置的过程,也是全班同学关注他人,对团队成员进行合理评价,同时为班集体建设群策群力的过程。能够让学生在团队合作的基础上,在顾全大局、自主取舍的基础上,释放个性,张扬个性。

后续:工作室的运行和反馈

在工作室成立之后,班级管理细化到了各个工作室,班主任老师扮演"点拨者"和"调解员"的角色。工作室的工作范围和职责,由工作室成员和老师一起策划和确定。但是每个工作室的具体分工和做法由工作室内部商量着办,孩子们逐渐学会了思考,个性可以张扬,但在团队合作中，须懂得退让和宽容。弹性的管理模式，使孩子们的个性得到了成长性的张扬。

在工作室开展工作的过程当中，全班其他的孩子都可以适时提出自己的意见和建议，工作室成员可以对反馈信息进行集体的分析和梳理，并对工作做出相应的调整，每个学期末，班级都要民主评选出本期的明星工作室，对工作室的努力付出予以肯定和嘉奖。（钟键）

班级民主管理案例 3（高段）

班级岗位意向贴

在我们班，从一年级开始，每个学生都能在班级中有一个属于自己的岗位，班干部则是综合"学习成绩、岗位服务、竞职演说、投票选举"产生的。

五年级结束时，我发现一个现象：虽然人人有岗位，但不是人人都有工作的热情。

学校对于"培养学生公民意识"课题的研究，使我的思维一下被点燃了……

形式还是要让学生自主选择岗位，但是在选择上做一些调整：

超市化自选岗位：

将岗位罗列并张贴（一共提供了 20 多个岗位名称，及自主设置岗位）同学们在 2 天内选择出自己中意的岗位，并填写在"岗位意向贴"上。

这样做的好处是，让学生自己选择岗位。获得了选择的权利，相应地就应当为自己的选择负责任。学习权利与责任的对等正是学习如何做一个公民的重要内容。填写班级岗位意向贴，是尊重每一位学生的意见，当岗位选择冲突时，采取公选方式，体现了公平竞争的原则。

调整班干部的选拔过程：

1. 公布选拔名称和名额。

2. 共同讨论，用一个什么样的标准来选择班干部？

讨论结果（节选 3 条）：

（1）学习态度端正，认真努力学习每门学科。主科成绩在班级前 26 名的同学，可参选。

（2）热心集体活动，积极参与各项活动，上学期至少2次以上活动是作为主要成员出现，可参选。

（3）能从下列词语中找出3个来形容自己，并能举出具体事例的，可参选。（乐于助人、严于律己、宽以待人、任劳任怨）

3. 公布参选条件，通过提名或自荐形成候选名单。

4. 公选日，候选人竞职演说，并投票产生班干部。

小干部选出来了，并不是一劳永逸。接下来，就要关注小干部的培养和班级机器的运作状况。我们定期召开一次小干部工作会议，及时了解小干部的工作状态和思想状态；定期由同学对干部们做评定，从同学的视角去发现一些老师看不到的现象和问题；不断思考现行的班级运作机制还有哪些不合理，哪些需要调整；不断学习优秀的班级管理经验，看有哪些可以借鉴。（刘梦静）

明星工作室评选

从学校低段、中段和高段的班级公共岗位的创设的实践中，我们看到，岗位创设、民主选举和民主评价已经渐成雏形，实现了学生对班级作为公共生活空间的新的认识和体验；整个过程，让全体学生对自己在班级中的位置有了新的认识，对自己作为班级一员所应享有的权利和义务有了亲身的体验，也激发了他们作为班级成员更多的民主意识和民主诉求；班集体作为小学生公共生活空间也得到有效建设，充分发挥其在培养学生公民意识上的重要作用。

（3）社区——多元合作，拓展公民视角。

学校长期以来一直注重家庭、学校、社会的多元合作，通过成立民主管理委员会，让三方共同参与到学校建设中。在公民教育的研究背景下，我们对社区资源进行了再次挖掘、合作形式上的多元尝试，不仅拓展了公民意识培养的新视角，更为学生提供了更广阔的公共生活空间。

社区合作案例 1

"文明出行，从我做起"——A城小公民参加文明地铁行活动

11月11日，A城红绿灯频道的小干部以"文明小使者"的身份参加了成都地铁公司"文明出行，走进校园"文明乘车之主题体验活动。

活动有"文明乘车进校园"和"文明使者进站点"两个部分组成。第一部分的活动在成都市实验小学阶梯教室展开，成都地铁公司的叔叔阿姨通过生动的PPT和讲演，为同学们宣传、讲解地铁车票使用规定，文明进出站，自动售票机购票和电扶梯使用规范，倡导排队候车、不抢上抢下，避免屏蔽门夹人，做文明搭乘地铁的宣传。通过现场"你问我答"互动，看图找问题，让活动进入高潮，让A城公民在积极思考中牢记乘坐地铁，文明出行的规则。

接下来，十位A城公民代表以"文明小使者"的身份来到了骡马市地铁站，展开文明劝导和宣传的现场体验。活动现场，小使者们引导乘客购票、进出闸、排队候车、安全乘坐电扶梯，并寻找文明乘车的乘客，担任地铁宣传"小天使"为文明乘车的乘客派发宣传册。同学们的热情引导和耐心讲解赢得了乘客们的纷纷称赞。活动结束，同学们也获得了"文明小使者"的荣誉证书。

本次活动让参与体验的A城公民更深刻地认识到"文明出行，文明乘车"的重要性，并以自己的实际行动做文明城市的小使者。

社区合作案例 2

创意熊猫580，实小开展援助远端网校图书室义卖活动

5月13日上午，成都市实验小学的老师和同学们聚集在宽窄巷子东

广场，进行了一场创意十足的义卖活动。

此次活动由成都市实验小学联合熊猫邮局、宽窄巷子特色街区支部委员会开展，旨在将学生自己创作的10幅水墨熊猫作品、100个手绘环保袋和5 000张原创明信片进行爱心义卖，并将募集到的全部善款用来购买书籍，为实小远端学校，即远在山区的凉山美姑小学建立一座图书馆。

早上10点，活动在学生们悠扬的小提琴演奏和合唱中拉开序幕，接着实小街舞团的孩子们一段活力四射的街舞，吸引路人纷纷驻足，拍手叫好。进行完才艺表演，孩子们便开始背上环保袋，拿着明信片，正式投身于义卖中了。"阿姨，我们是实验小学的，我们正在进行义卖，这是我们自己画的明信片，喜欢的话可以买一张吗？"每个孩子都热情满满地展示着自己手中的作品，路人也纷纷慷慨解囊，帮助孩子们完成心愿，将爱心传播到四面八方。"我觉得他们画得很好，特别是这张《川剧顶灯》，色彩明亮，线条简洁，很有意思，也很有特色，我非常喜欢。"路过的市民李小姐说道。同时，此次活动，也通过在宽窄巷子中设置"诚信驿站"，将部分学生作品放置在诚信货柜上，通过"无人收银、自觉买单"的方式将爱心与诚信相结合，用爱心唤醒人们的诚信意识。

11点，活动接近尾声，由李蓓校长和熊猫邮局、宽窄巷子的负责人为所有参加义卖活动的同学进行了颁奖。"能够参加这次活动我非常开心，因为觉得自己可以为山区的小朋友们献一份爱心。"周牧翌同学告诉记者。

据统计，本次爱心义卖活动共筹得善款14 907元。"这次活动举办得很成功，孩子们都爱心满满并且非常大方得体，知道如何与人沟通、推销，也让我感到非常骄傲。以后我们还将多多举办这种有意义的活动。"李蓓校长说。

4. 促进了培养小学生公民意识的公民校本课程开发

（1）开设公民课，专题探索公民意识培养。

公民与社会课是我校开设的一门校本课程，是我校"十二五"重点课题"小学生公民意识培养的实践研究"的子课题之一，也是我们培养全面发展学生的实践的措施之一。公民课程旨在让小学生初步掌握成为合格公民的基本知识和行使公民权利、履行公民义务的基本能力。

公民课程应是面向全体学生，以学生为主体，以学生的全面发展为目标，关注学生的个性特点，重视学习过程为学生的公民素养养成和公民意识形成带来的变化。

课程的整体设计关注学生生活的各领域，主要侧重于公共生活领域；重视学生在各个环境中的角色认识、责任定位；强调尊重、自由、平等、民主，以自由、民主精神滋养学生的公民意识。通过课程的学习促进学生主体意识、责任意识、民主意识和国际意识的健康发展，培养积极公民。

课程的学习过程强调解决问题式学习、自主学习和合作学习；重视学生独立发现问题、分析问题和解决问题的能力；培养学生对公民社会问题分析的独特视角，鼓励学生勇于表达自己的想法、参与公共生活，在辨析和争论中培养学生的思辨能力。

在与国家课程和地方课程相协调后，公民校本课程开设在六年级，分为"我与自我""我与他人""我与社会""我与民主""我与科技发展""我与世界"六个模块。课程内容以"自我"为起点，逐渐向外拓展，帮助学生建立对与周围的各种关系的认识和理解。

公民校本课程既有公民知识的介绍，也有理性思维、批判思维、解决问题能力等公民技能的练习以及公民价值观的引导。课程一般采用案例教学法或者问题解决法。让学生通过具体公共事例或模拟场景，体验一名合格公民应如何参与其中，如何保持客观和理性的态度去分析解决。

公民课的开设，帮助具有一定思维水平和能力的学生更深刻地理解各类公民意识的意义，并且通过课堂模拟促进他们的公民意识向公民行为转化。

公民课《关于选举》

公民课教学案例 1

公民课"关于选举"教学设计及教学反思

教学设计

教学目标：
1. 了解选举的类别和基本信息，知道选举的基本程序；
2. 认识到民主选举的宗旨是每个人都有发言权；
3. 明确参选的目标是服务于大家；
4. 明确对于民主途径产生的结果应接纳和支持是公民的义务；

教学准备：
教学 PPT、专题作业卡、小组活动牌。

教学步骤：
一、交流预习作业，初步了解选举知识
1. 选举方式有哪些种类？
2. 国内外民主选举流程？
二、绘本创设情境，自由设计选举方案
1. 绘本《我选我自己》片段一：
师：森林里热闹极了，因为今年的森林国王还没确定，大家正议论纷纷……
2. 师提问：你同意老虎对于选举的看法吗？
如果不同意，请你们来想一想选出森林之王的方案。
学生活动一：
（1）每个小组讨论解决这个冲突的方案并发表。
（2）每个小组将方案写在 1 号作业纸上。
（3）每个小组派一名代表发表讨论结果。
3. 比较几个方案后，说一说你更倾向于哪一种方案？原因是什么？
（设计思考：让学生接纳各种选举方式的积极信息，理解每个人在集体中都应该有发言权）
4. 师小结：每组的选举方案都有自己的长处，擅长学习他人的长处，可以让我们的选举方案设计得更合理。

三、体验自主选择，呈现多元价值

1. 绘本故事片段二：

师：森林里的动物们也提出了他们对于选择森林国王的看法——

猫说："我长得最像老虎了，我可以统领大家让我们的森林更加安全，今年应该选我了。"

绵羊说："要是我当了统领，我就会让所有的同类都能保护自己的羊毛不被别人利用。"

鲸鱼说："我觉得选谁都无所谓。"于是就游走了。

公牛说："我要是成了森林统领，一定会给大家建设免费的游乐场，可以一起吃、喝、唱歌，大家永远相亲相爱。"

2. 学生活动二：

（1）首先请你在2号作业纸上勾画出你赞赏的看法或做法。

（2）选择之后变换座位，坐到你赞赏的阵营，组成粉丝团。

（3）每个粉丝团的小组选择一位组长。

（4）组长组织每个组员都说一说你为什么坐到这个阵营，然后由组长来说一说你们小组同学的意见。

（设计思考：让学生积极思考"我为什么参加选举？""我可以为别人做什么？"使学生树立为他人服务的意识。）

四、冲突辩论，澄清价值，接纳选举结果

1. 绘本故事片段三：

故事继续：最后动物们经过慎重的思考，超过一半的小动物用最喜欢的民主选举的方式投票给了公牛。公牛成为本届森林统领。

蚂蚁送给了他鼓励的掌声，欢快地说：我认同选举的结果！

狐狸却跳了出来，说："我会坚持我的看法，不同意公牛当我们的国王。"

2. 学生活动三：

（1）从你的角度，如果选举的结果和你的想法有差异，你会做出什么样的选择？

①接纳公牛做你们的国王。

②像狐狸这么做，坚持不同意、不支持。

（2）调整座位，坐到你赞同的阵营里。

（3）请说一说你们参加这个阵营的想法。

（设计思考：肯定学生敢于坚持自己的看法，引导学生理解：虽然可以做出不同选择，但是如果选举的结果是通过民主途径产生的，为了国家的稳定和发展就必须坚持少数服从多数的原则，接受选举的结果，使学生了解对于选举结果的正确态度。）

五、拓展延伸，理解选举意义

师：我们人类的社会中同样存在选举这种现象，有被选中的，也有落选的。

2008年奥巴马当选总统后，他的竞选对手麦凯恩说："美国人民做出了选择，奥巴马当选是件'了不起的事情'。"他呼吁全体美国人抛弃政见分歧，共同支持在选举中获胜的奥巴马。

而奥巴马2010年5月下令向美国和墨西哥边境地区派遣1 200名国民警卫队队员，同时寻求一笔5亿美元拨款，加强美、墨边境安全。麦凯恩则持不同看法，称这些措施不足以改善美国边境安全。

（设计意图：将选举落到人类社会的行为，让学生清晰地了解民主投票选举的结果是坚持少数服从多数的原则，学会接纳选举的结果，并懂得选民在选举后的作用——监督和辅助。）

六、课后作业

请每一个同学运用今天总结的这几个原则制定一个我们班级民主选举班干部方案，为我们的班级民主选举献计献策。

教学反思：

作为公民课的典型课例，这节课让学生通过查找材料、价值对比和分析理解对民主选举有一个整体的了解和理性的认识。以"民主"作为关键词，促进学生公民意识的初步形成。

怎样进行教学设计才能够让学生在有限的四十分钟时间里对"民主"有相对深刻的认识又不失生动性？本课教学设计运用活动教学中的多种学生自主学习模式，拒绝灌输，重点让学生在选择中学，在体验中学。本课将绘本故事作为主题的导入，围绕选举这一主题，呈现关于民主选举的不同认识和观念冲突，引发学生对自身价值观的思考，逐渐清晰自我的选择。这种学习形式本身也是对学生的公民意识培养的过程。

通过教学，发现学生对民主选举过程的观点更加清晰和鲜明，并有积极参与的意识，有表达自己观点的强烈愿望。但是教师在这样的"民主"课堂中应如何发挥引导作用？如何让学生了解"民主选举"不仅要充分尊重每个参与者的权利，还要同时履行每个参与者的义务？对这些问题的思考，让这节课教学目标更加清晰：通过让学生了解选举、体验选举、思考选举，使他们在了解选举的基本知识的同时，更深入地体会到民主选举的权利与义务并存：每个人都有依照选举规则平等参加选举的权利，同时也有依照少数服从多数的原则尊重并接受选举结果的义务，这样的民主才是真正健康的民主。

学生课后感言：

没有精心的准备，就不会有欢心的结果。我们从不同的方面去剖析每个动物所叙述的理由，表达自己的观点，投上自己的一票。由于每个人的看法不同，还进行了一场辩论会，陈述自己的理由，并写上了自己认为选"森林之王"的流程，让别人来判断是好是坏。

我相信之前许多同学都没认真关注过中国的人大代表选举，如果你关注过，那你是否能说出选举流程和方案呢？通过课前仔细查阅资料，现在问我们这些问题，大家都不会一问三不知了。民主选举固然非常复杂，但这样更能体现公正、公平、公开的效果。每个人都拥有自己投票选举的权利。

或许，5年后，我们大家都会忘记这节课，但这节课所学的知识，是不会自己飞走的，这种知识，我们会铭记一生，它对我们将来有不可估量的帮助！

——六年级七班 李冰雁
（王威威　周娅）

公民课教学案例2

关注两会　学写提案　做积极小公民

《义务教育思想品德课程标准（2011年版）》更加关注公民意识教育，即"公民意识和公共精神的养成"，而这两者主要是在参与和实践社会公共生活中逐渐形成的。

2012年3月，学校思品学科以同期召开的第十一届全国人民代表大会第五次会议和政协第十一届全国委员会第五次会议为契机，在高段开展"关注两会，学写提案"公民综合实践活动。让学生通过关注两会、了解两会、体验两会（尝试写提案、审议提案），在参与中体会公民的权利与责任，在实践中增长社会经验，培养独立思考的能力和参与公共事务的技能，培养公民意识和公共精神。

一、关注两会——开拓视野，了解公民知识

本次"关注两会，学写提案"活动的第一站便是——关注两会、了解两会。最初接触两会这一名词时，大多数学生还全然不知，不知道两会是什么。针对这样的现状，我们设计了四课时的关注两会课程：从最基本的两会常识了解到结合实际的两会热点关注，意在让学生通过收集整理两会知识、观看两会报道以及制作、完成专题作业卡，对两会进行初步的了解和感知。在第一阶段课程结束后，孩子们对两会产生了极大的兴趣，他们知道：开两会的目的之一，就是检查政府工作，审查决定纳税人税款的去向。监督、质询、批评政府是公民的权利，由于每个公民不可能单独去行使这项权利，所以才有了"代言制"，有了替我们行使权利的代表和委员。课后，学生也开始自发查找更多相关资料了解两会。

二、学写提案——拓展课堂，体验公民角色

两会期间，人们关注的一大热点，便是提案。本次活动，我们也将其带入课堂中，成为本次活动的第二站：让学生学着像人民代表一样写两会提案，发现自己身边的问题，提出自己解决的方法。学写提案也能让他们了解社会、观察社会、思考社会，表达意见。

在"两会热点关注课"上，教师将一些典型的两会提案梳理出来，让学生一方面了解提案的产生、意义以及写法，同时也尝试用理性的思考去解决提案中提出的问题。通过学习，学生明确了提案书写格式，也开拓了思维，为自己书写提案指引方向。此后开展的"学写提案"活动由学生自己单独完成，老师不给予任何建议。他们利用课余时间完成自己的观察、选题，形成自己的提案，在课堂上向同学、老师说明自己的提案内容。在让他人了解自己提案的同时，获得他人的认可与支持。在寻找自己的联名提案人的同时，也对学生的自身成果进行了反馈。

在上交的提案中，大多是关于学校的建议，例如校园绿化、校内停车、午餐食品、楼道安全、卫生间清洁等；也有面向社会的，例如收费站收费高、站点多，公共厕所男女均衡，解决城市拥堵问题等。这样的尝试，不仅让学生得到历练，也体现了从权利到权力的学习过程。

学生要写提案，必然要睁大眼睛留心观察自己的周围，而通过观察，学生必定会发现一个更真实的社会，他会发现这其中有好有坏。而通过写提案，提出自己的观点与建议，让其明白作为公民自己有权通过合理的途径和方式发表自己的观点。针对提案中提出的提问，做深入分析，也逐渐培养学生客观理性的公共精神。

三、审议提案——评价实践，深化公民意识

作为本次活动的最后一站，便是 4 人小组参与提案审议。经过一个月的努力，我们将五、六年级各班每位学生上交的提案进行整理，以班为单位形成提案库。审议当天，班级代表们以 4 人为一单位成立提案审议组，仔细审读提案，一点点质询，最终通过投票的方式，从几十份提案中推选出大家觉得合理且具有可行性的提案，并在审议表上做相关记录。为了使学生在审议过程中更深刻地感受人大代表的工作，我们要求学生在审议表上落下自己的大名，以实名制的形式，明确自己肩负的责任。

这样的审议方式，培养了小公民的权力意识——代表有权通过合理的途径表达观点，维护所代表群体的利益。通过公开论证、审议，也让学生体验到如何兼顾各方利益，如何在利益纷争中通过妥协让步达成共识；在辩论中表达不同的观点意见，不唯上不屈从；在一个多元的社会里，如何坚守立场，尊重不同，包容异己异见……这些，都是公民教育必不可少的内容。

通过审议最终推选出的提案被分类，送到学校各主管负责人手中。能立即解决的问题，立即着手解决；不能立即解决的问题，由学校负责人对提案人进行解释和回复。

在本次活动中，学生发现社会或学校的大小公共事件，无一不与每一个人产生联系，对其造成影响，他们开始关心时事，积极参与公共生活；同时，他们的心态也从"事不关己高高挂起的漠然"或者"激进的非理性"逐渐向"理性和客观"转变；学校对提案的回复与解决也让孩子们感受到民主提案的结果被尊重和重视。相信通过类似的实践活动能够让孩子们心中那颗"公民意识"的小小种子逐渐萌发，茁壮成长。

（张晓瀛　蒲瑶）

公民课教学案例 3

心动——《做个善解人意的人》背后的思考

一、源起——人际交往之思考

本班学生集体观念强，但平时比较缺乏人际交往练习。进入青春前期，学生的自我意识越来越强。在人际交往过程中很容易站在自身立场考虑问题，缺乏对他人的理解，同学之间比较容易产生矛盾，造成人际关系的紧张。因此，让学生了解善解人意的重要性，并帮助他们学习换位思考是学生人际交往中的重要一课。

二、设计——体验合作之力量

（一）亲身体验。让学生在各种情境活动中体验真实的情感，引发深层思考。

（二）团队分享。利用团队的力量，分享学生的情感与思考，促进团队中个体的发展以及团队的建设。

在教学中，我通过情景设计，让学生亲身感受人际交往中善解人意的重要性，并通过在活动中扮演不同角色，学会明白他人的感受，换位思考后给予他人恰当的帮助，做个善解人意的人。最后通过送"善解人意星"让学生分享善解人意带给个人的温暖与感动，激励学生在实际生活中做一个善解人意的人。

感受——守护行动之温暖

环节一：守护天使行动：呈现问题，提出方法；互换角色，实践善行。

第一次守护行动通过活动呈现真实的情景。让学生在参与中发现并反思自我，通过交流分享感受善解人意的重要性，并得到对善解人意新的认识、新的行动，了解要真正地做到善解人意需要明白他人的感受后换位思考并提供恰当的帮助的道理。

第二次守护行动将学习到的方法在实践中运用，试着做一个更善解人意的人。

环节二：送"善解人意星"，分享善解人意的美好片段：分享感动、激发愿望。

通过送"善解人意星"来分享善解人意带给人的感动和温暖，激发学生做一个更善解人意的人的美好愿望，营造班级和谐温暖的氛围。

反思——善解人意之动人

　　课后我们发现守护天使行动的分享对孩子很有触动。比如在第二次交换角色守护后孩子们明确了如何将善解人意由一个词语转换为真实的行动，所以在准备过程中，把椅子凑紧实，调整着椅子高低顺序，桥头的守护天使跃出身子做好牵引"盲人"的准备，小肩膀一个个贴得紧紧的，小手抬得高高的，每当有"盲人"经过身边，一边紧紧地抓住"盲人"的手臂扶住腰，一边发出明确的指令——"下一步脚抬高，我们保护你，别害怕"。孩子们尽心守护着同伴的认真劲儿真的很动人。

　　同样，在送"善解人意星"时也有许多动人瞬间：同学们在音乐声中静静地沉淀回忆，轻轻地讲述着那些动人的片段。整个教室都弥漫着温暖的气息。在期待中收到"善解人意星"时，孩子欣喜的表情、寻找同伴的眼神，收到卡片心中的感动，分享时深深的共鸣，使得流下的眼泪都无比温暖。这就是我和我的孩子所收获到的——做一个善解人意的人。

　　课后孩子还踊跃地记录下了自己的感受，抽取一二，也想亲爱的你同我一起来感受这份真实：

　　赖宁昕：

　　这节课和其他的课不一样，它让我温暖，让我渐渐变得热心和善解人意。每当想起守护天使行动，我都会被温暖、被感动。其中最打动我的还有一个细节，当一个个"盲人"从危险的独木桥上走过时，守护天使都争先恐后地扶着他们、拉着他们。其中一个守护天使还提醒大家，把用椅子拼成的独木桥拼得更加坚固，使"盲人"能安全通过。他们的努力和认真让人感动。

　　这节课不仅告诉了我们做一个善解人意的人的重要性，还让我知道如何才能成为这样优秀的人。比如学会换位思考、在别人需要帮助时提供恰当的帮助。上完课后，我也暗下决心要努力成为一个善解人意的人。

　　蒲甜甜：

　　这节课给我带来一种与众不同的感觉。它让我觉得世界还有许多好心人，有许多人都得到帮助。印象最深的环节是"盲人"过独木桥，我作为其中之一在最后一刻从椅子上跌了下来，脚踩空了。顿时，我冒出冷汗，心尖都在颤抖。就在这时，一位好心的守护天使用双手扶起我，给予了我最需要的帮助。这位守护天使也许就是世间好心人之一。这节课让我的爱心指数又增加了，它让我无论在什么地方，只要有人需要帮助，我就给予他最真诚的帮助。在朋友、同学之间也会彼此谦让、互相帮助。只要人人都献出一点爱，世界将变成美好的人间！更多的守护天使将要诞生！

王又劼：

这节课让我感受到在一个大家庭中总是有温暖存在的。印象最深的环节是送心愿卡时，我期待着自己以往的小事能被肯定。哪怕只有一个人送给我也就心满意足了。令人惊喜万分的是居然有三个人把代表最善解人意的卡片送给了我，让我感觉人间自有真情在，一点点的小事都能被人记住。通过这节课我更庆幸以往的善意举动，以后还要多多地善解人意，多帮助别人，这样双方都能感受到温暖和爱。（孙婷）

（2）丰富活动课，常规固化公民意识培养。

公民活动课程是一种课程整合，选题多样但是都关注共同要素——公民意识。我校的公民活动课程主要分为每日一课——雅园故事，每周一课——国旗下讲话，每月一课——社区活动，每期一课——开学典礼四类。通过时间的固化，让公民意识培养变得常规持续，让公民意识宣传和实践在大范围内得以实现，让每一位学生的主体参与成为主要的活动方式。

① 每日一课——雅园故事。

雅园故事主要是让学生作为 A 城小主人，主动观察、发现 A 城市民在学校生活中的文明现象和存在的问题，对当事人进行采访和调查，结合 A 城小公民的行为习惯培养，形成每日的 A 城故事，然后在全校进行宣传。为此，A 城有自己的编辑部负责每日稿件的编辑审定工作。这样的故事源自学生的生活实际，出自学生之手，对学生有特别的教育意义。也让更多学生从小学习关心身边的人和事，积极参与公共事务。

② 每周一课——国旗下讲话。

在实小有一个惯例，国旗下的舞台属于每一个孩子。台下鼓掌六年不如上台三分钟。因此，每周星期一早上，都会有一个班的孩子为大家做每周一课——国旗下讲话。或是让我们虚心聆听古圣贤的谆谆教诲；或是带我们走进国学，品味经典；或是顺应时事，发出倡议。如"奥运冠军回母校""母亲节的祝福""赞美春天的诗""走进中国字""低碳生活"……每一次国旗下讲话都成为了一次集体智慧的展示，也是整个班级一次重要的亮相。慢慢地，这样的国旗下讲话也成为了校园文化重要的一部分，它成为了学校公共生活的一种重要形式。

公民活动课案例 1

遵法守法，做合格公民
——五年级四班国旗下讲话主持词

国旗下讲话

（A、B、C、D、E、F、G 七位同学主持）。

亲爱的同学们、老师们，大家早上好！

A：同学们都知道 9 月 10 日是教师节，10 月 1 日是国庆节，那么，大家知道 12 月 4 日又有什么特殊含义吗？

B：2001 年，我国将 12 月 4 日现行宪法实施日定为了全国法制宣传日，在之后每年的这一天，都将开展丰富多彩的法制宣传教育活动，向大家传播法律知识，弘扬法治精神。

C：宣传日的主题从 2001 年"增强宪法观念，推进依法治国"到 2015 年的"弘扬宪法精神，推动创新、协调、绿色、开放、共享发展"，每年都不同，同学们，你们认为今年的主题又将是什么呢？

D：早在 1900 年前，东汉政治家、文学家王符就在他的著作《潜夫论·述赦》中写道："法令行则国治，法令弛则国乱"。

E：这句话的意思是：法令能够执行，国家就能得到治理；法令废弛，国家就会出现动乱。强调了法治对国家长治久安的重要作用。

F：经过绵延数千年的法治实践，党的十八届四中全会上审议通过《中

共中央关于全面推进依法治国若干重大问题的决定》，同时提出把法治教育纳入各阶段国民教育中。

G：遵纪守法指严格恪守法律规范，这是大人们的事儿，与我们无关。是这样么？

C：在学校里，也有"法律"，其中包括了国家的各种法律法规，也包括学校的各项规章制度、纪律条令，等等。

A：假设有个同学对校纪校规视而不见，不爱护公物、乱扔垃圾、旷课、为一点小事结伙打架……这些不文明行为会破坏我们美好的校园，更严重的是，这个同学却没有认识到事态的严重性。

B：当他的行为成为一种习惯，等他长大，终将积小恶成大恶，最后也只有自食恶果了。

G：所以，我们说诚实可靠，就会获得大家的信任；关爱他人，容易得到别人的关心……

D：从生活点滴做起，树立正确的荣辱观，做遵纪守法的模范公民和合格学生。

A、B、C、D、E、F、G：同学们，一个国家，一个社会，一个集体，如果人人都做到自觉地遵纪守法，我们不就能够在文明美好的环境里快乐地学习、健康地成长吗？

B：A，你知道去年有一首风靡大江南北的歌曲叫什么名字吗？

A：嗯，让我想想。

B：提醒你一下，是三个字哟！

A：哦，我知道了，是《小苹果》吧！

C：对，那你们看过法制版的小苹果吗？

A、B、C、D、E、F、G：法制内容？

A：接下来，请跟随五年级四班的新版《小苹果》，大家动起来吧！

普法版《小苹果》

法律知识要学习　　　　　　明辨是非不偏不倚法律帮助你
法治观念要树立　　　　　　惩恶扬善伸张正义法律保护你
每天都是普法日子　　　　　困惑彷徨迷茫之际心中要牢记
违法怎么去惩治　　　　　　法律始终在你左右
侵权如何来处理　　　　　　不！离！不！弃！
要记得拿起法律武器　　　　（快板）

法律知识要学习　　　　　　　　法治信仰在心窝
法治观念要树立　　　　　　　　点亮法律的火
每天都是普法日子
违法怎么去惩治　　　　　　　　大家一起来学法
侵权如何来处理　　　　　　　　守法用法获益多
要记得拿起法律武器　　　　　　法治阳光照亮角落
明辨是非不偏不倚法律帮助你　　种下希望会收获
惩恶扬善伸张正义法律保护你
困惑彷徨迷茫之际心中要牢记　　大家一起来学法
法律始终在你左右　　　　　　　尊法学法天天说
不！离！不！弃！　　　　　　　法治信仰在心窝
法律始终在你左右　　　　　　　点亮法律的火
不！离！不！弃！
（演唱）　　　　　　　　　　　大家一起来学法
人生之路多漫长　　　　　　　　守法用法获益多
偶尔会迷失方向　　　　　　　　法治阳光照亮角落
法律为你保驾护航　　　　　　　种下希望会收获
捍卫权益要气壮　　　　　　　　（演唱）
公民权利莫要忘　　　　　　　　大家一起来呀来学法
法律为你撑起希望　　　　　　　尊法学法天天在说
人在旅途与法同行长路向远方　　让法治信仰在每个人心窝
追逐梦想法律保障更加有力量　　点亮那法律的火
公平正义光辉放射耀眼的光芒　　火火火火火
洒下一地灿烂阳光
更！加！温！暖！　　　　　　　大家一起来呀来学法
（快板）　　　　　　　　　　　守法用法获益良多
大家一起来学法　　　　　　　　看法治的阳光照亮每个角落
尊法学法天天说　　　　　　　　种下希望就会收获

G：今天和我们一同参加活动的还有来自武警总队、检察院、法院、公安局的叔叔阿姨们。

A、B、C、D、E、F、G：让我们用热烈的掌声欢迎他们的到来。

A：让我们认真倾听他们想对我们说些什么。

武警总队代表、检察院代表、法院代表、公安局代表发言。

E：让我们再次用热烈的掌声感谢叔叔阿姨们寄予我们的期望。

A：今天，我们开展法制主题活动，是为进一步增强同学们的法制意识，接受法制教育，自觉遵纪守法。

G：在这里，我们五年级四班全体同学，向全校师生做出我们的"守法承诺"！

C：请大家跟我宣誓：

守法承诺书

一、遵守《宪法》，模范遵守国家各项法律、法规和规章制度。

二、遵守《中小学生守则》，遵守校纪校规，服从学校管理，听从老师教导。

三、树立法治意识，弘扬法治精神，以遵纪守法为荣，以违法乱纪为耻。

四、坚守社会公德，关心爱护他人，保护环境。

五、关爱班集体，爱护公共财物。

六、孝敬父母，尊重师长，团结同学。

七、勤思好问，严于律己，文明有礼。

宣誓人：

结束语：

A：同学们，爱国守法是对公民的基本要求，是每位小学生必备的基本素质。

全班：让我们成为社会主义法治的忠实崇尚者、自觉遵守者、坚定捍卫者，使尊法、学法、守法、用法成为我们共同的追求吧！（杨 栩）

公民活动课案例 2

我们在成长

——二年级一班国旗下讲话活动纪实

听说这学期要进行国旗下讲话，小朋友们很兴奋。高年级哥哥姐姐的表演看得小家伙们眼馋，他们掰着手指头计算着哪一周轮到自己上台秀一秀。

依据学校开学给出的公民成长主题，细数孩子们这一年多来的变化，我和孩子们商量，把国旗下活动的主题定位为"我的成长"。

这一年多来，我们都有哪些变化和成长呢？我和孩子们一起在班会课上讨论。"我长高了""我跑得更快了""我能帮爸爸妈妈做一些事情了""我学到了更多的知识""我更勇敢了""我更懂得体谅小伙伴了"……孩子们讨论得十分热烈。最后，每个孩子都在回忆中发现自己的进步，在发现中有了更多的自信。

让每一个孩子在活动中获得平等参与的机会和权利，也让每一个孩子在展示中感受到责任与快乐。我们的国旗下讲话活动就这样开始排练了。每个孩子，每个孩子背后的家长，还有我们的科任老师，都开心地参与进来，朗诵的声调，动作的统一，现场的协调，一切都紧锣密鼓地进行着。

"台上一分钟，台下十年功"。经过辛苦的排练，我们的国旗下讲话活动精彩呈现，圆满结束，每个小小的心灵，都充盈着快乐和满足。他们知道，自己作为班集体的一员，一直为这最后的圆满在努力，在付出。

学生感言：

这是我们第一次参加国旗下讲话，已经辛苦地排练了很久，大家充满信心地站在台下，等着主持人宣布："请二一班为大家做国旗下讲话。"当我们站在台上时，大家注视着前方，仔细地听着前排朗诵。轮到大家一起说的时候，我们的声音比任何时候都洪亮，动作比任何时候都整齐漂亮。最后，大家齐心协力地完成了第一次国旗下讲话，我感觉自己真正地长大了。（欧阳欣悦）

第一次排练时，老师让大家单膝跪立，我膝盖都跪酸痛了。侧眼看见其他同学都单脚跪立坚持着！"原来不只是我一个人疼痛啊"。心里念着，明白了这一点，我也咬牙坚持着。经过多日的排练，我们终于达到很好的状态了！（周彦君）

③ 每月一课——社区活动。

"每月一课"的开展主要以培养学生的合作、交往的社会技能为主，以综合实践活动为主要形式，全面培养现代文雅小公民。

"每月一课"主要以社区活动形式进行。学校将学校六个年级38个班的孩子划分为六个"社区"。六个年级的一班合起来为"和雅社区"，二班合起来为"艺雅社区"，三班合起来为"绘雅社区"，四班合起来为"心雅社区"，五班合起来为"博雅社区"，六班合起来为"乐雅社区"。"每月一课"主要由各个社区的大朋友和班主任一起来实施。它的具体目标为：依托社区的组织形式活动育人，培养学生的社会交往能力，提高学生的合作能力，增强团体归属感。

开学第一个月，同一社区的高年级哥哥姐姐会迎接低年级的弟弟妹妹，带他们熟悉学校环境。然后，同一社区的高年级哥哥姐姐们会带着弟弟妹妹一起玩耍、一起科创、一起阅读、一起运动、一起看 A 城电影，等等。哥哥姐姐们还会组织自己的社团、成立自己的工作室，招募低年级的弟弟妹妹们一起参加。从言行影响，到榜样示范，哥哥姐姐们就是孩子们心中的偶像与榜样，孩子们的校园公共生活也在这样的异龄交往中得到了进一步的丰富与拓展。

公民活动课案例 3

孟子鸣学长工作室开课了

获得全国青少年科技创新大赛一等奖的孟子鸣是雅园的科创小达人，是学弟学妹们心目中的"科创小男神"。为了让更多的同学能像他一样热爱科创，他在 A 城社区成立了孟子鸣科创工作室，推出了自己的学长课程。课程实行网上抢课，1 分钟之内 30 个名额被一抢而空。

课上，孟子鸣首先和学弟学妹们分享了他从小爱动脑、平日勤动手的科创经历。为了向更多的同学普及科学知识，拉近他们和科创的距离，孟子鸣真可谓做足了准备：在课上，他将自己设想并成功制作的宝贝都带到了现场，并一一做了展示和介绍。他先后讲述了"第四代"飞行机器人的制作要领，全息投影仪的设计思路和磁悬浮装置的原理，这些平时被大众认定为"高精尖"的知识，由孟子鸣细细道来，竟变得通俗易懂，易于上手了。学弟学妹们听得津津有味。

接下来孟子鸣将自己用 3D 打印技术制作而成的专利发明除油勺带到了课堂，他以故事的形式，为听课同学们讲述了发明除油勺的初衷和研究制作过程中的思路与心得。其实发明创造并没有我们想象中那么困难，只要热爱生活，善于观察和改善生活，就能激发出创意创想的原动力。而主动思考，敢于试验，坚持不懈，终能收获成功的果实。

之后，孟子鸣以现场实验的方式，示范了除油勺的使用，学弟学妹们争先恐后地去亲手体验一下这实用的小发明，课堂氛围被推向了高潮。

最后,孟子鸣简单介绍了一下大多数同学们都很感兴趣的火箭发射问题。助推器、火箭分级、卫星入轨、空间站组合等领域的知识,均成为课堂互动的新颖话题。如此高大上的话题学弟学妹们不一定能完全听懂,但是学长哥哥的风采迷倒了一众学弟学妹,他们都想成为像哥哥一样厉害的小小发明者。下课后,他们仍把学长团团围住,问这问那。

案例解读:

学长课程的魅力是教师课程不可替代的。身边同龄人的榜样影响是不可估量的。A城社区的建立正是为孩子们寻找身边的伙伴,树立身边的榜样。

④ 每期一课——开学典礼。

文雅小公民要有胸怀祖国的"国家意识",有明确的"权利与义务意识",有悲天悯人的"关怀意识"。于是,每学期的开学典礼,大队部都结合时事,围绕特定的主题举行活动,引导孩子们心怀天下,从小做起,从自身做起,修炼文雅。

开学典礼

公民活动课案例 4

四好小公民　　A 城大舞台
——成都市实验小学 2009—2010 学年度(下期)开学典礼

新学期的一天,成都市实验小学开展了以"四好小公民,A 城大舞台"为主题的开学典礼。将胡锦涛总书记对少年儿童的殷切期望,争当"四好少年"的要求,传达到全体 A 城小公民之中。将"四好少年"的标准作为全体 A 城市民的标准,号召大家在新的一学期里,做四好小公民,主动参与到以实际行动承担责任、超越自我的实践中,在新学期争当四好小公民,在新学期快乐进步每一天。

开学典礼上,同学们用自己精彩的歌舞表演、深情的诗歌朗诵表达了自己在新学期不断努力,做四好少年的新目标。每个同学都写下自己的新年目标和愿望,粘贴在"春天的绿叶"上,随着歌声、顺着春风,在新学期的第一天崭新起航。

为了更好地落实胡锦涛总书记"四好少年"的要求,让每一个同学得到锻炼与成长,新学期 A 城推出了第二代"身份证"。每一个同学都将用自己的实际行动,努力争取拥有自己的小公民名片。"身份证"不仅仅是小公民的名片,还将从班级、学校、家庭、社会各方面反映小公民的成长足迹。

千里之行始于足下,同学们牢记胡锦涛总书记提出的"四好少年"要求,在 A 城的大舞台上自主锻炼,幸福成长,用自己的快乐成长和祖国共同发展。

公民活动课案例 5

"为了同一片蓝天下的每一个童年"
——成都市实验小学 2012—2013 学年度(上期)开学典礼

2012 年 8 月 31 日清晨,"为了同一片蓝天下的每一个童年——成都市实验小学 2012—2013 学年度开学典礼暨成都市实验小学东方闻道网校开学典礼"在成都市实验小学的操场上温馨进行。本次活动作为实小东方闻道网校的开学典礼向全川 52 所远端学校同步直播。

开学典礼上,紧紧围绕"为了同一片蓝天下的每一个童年"的主题,远端学校的 10 位学生代表和 5 位教师代表也来到现场,共同参与。通过"共同的梦想""共同的成长"和"共同的幸福"三个板块的活动,共同抒发蓝天下幸福成长的梦想,共同憧憬在优质教育资源下的茁壮成长,共同感受均衡教育给童年带来的幸福。

开学典礼上,一年级小朋友作为 A 城的新公民,第一次感受和哥哥姐姐们一起的城市生活,和哥哥姐姐们一同投递自己的梦想卡片。远端 65 所学校师生也与现场师生共同体验全程活动,共同走进"小学校 大雅堂",一起铿锵有力地朗诵:少年强则国强。

开学典礼上,实小全体师生感受着回到 A 城温暖大家庭的快乐,通过陆枋校长的介绍全面认识和了解了网校的产生和运行,并与远端学校的师生通过网络手拉手,一起展望均衡教育的美好明天,展望民族地区学子幸福成长的未来。

案例解读:

成都市实验小学东方闻道网校是成都市实验小学秉承"实验研究,辅导地方"的建校使命,为提高与提升民族地区小学教育质量,响应《四川省民族地区教育发展十年行动计划》,主动帮助民族地区的小学提高教育教学质量,帮助民族地区的孩子接受高质量的小学教育和先进文化熏陶的主动担当。学校将自己的优质教育资源无私地传输到远端学校,帮助他们实现教育质量的提升。学校这样的大爱选择,老师们无私的付出,是对孩子们最好的公民教育启蒙。教育不仅仅是为了让自己变得更好,而是让更多的人和我们一起变得更好。

5. 形成了培养小学生公民意识的环境合力

(1)教师实践反思,建立起培养学生公民意识的意识和方法。

教师群体承担了社会文化传承的重要责任,也凝聚了人们对道德典范的期望,因此,教师首先应是一个积极公民,然后才是一名公民教育者。学校通过各种学习培训,不断唤醒教师公民意识。民主与法制、校园安全、绿色环保、多元文化等各种主题都成为教师培训的重要内容。而且,学校通过各种有意识的体验活动,不断强化教师公民意识。如参与贫困地区支教、社会公益活动、社区服务等。慢慢地,老师们自己的教育教学中开始有意识地将公民意识的培养作为育人的目标,有意识地改变学生们惯常的学校生活,通过各种内隐或外显的活动,让学生进行各种公共生活体验,培养各种公民意识。

公民课程 1

体验创业　学法用法
——记成都市实验小学 2016 雅园"易物会"

课程是学校教育的核心与灵魂。A 城又一大课程——"i 公益课程"正式上线！"i"，"爱"的谐音，英文中"我"的意思。"i 公益课程"以体验式课程聚焦学生公民意识及公益精神培养。

课程缘起

2014 年，雅园的首届"易物会"正式拉开帷幕。孩子们通过对"旧物交换"活动的切身实践和体验，从易物中体会到创造价值的乐趣和工作的艰辛，并且锻炼了孩子们的人际交往、团结协作和责任担当、社会适应等公民能力。

自此，每一年度的雅园"易物会"成了雅园的传统，从"爱心义卖"到"双创义卖"，再到今天的"i 公益课程"，背后是实小对课程设计的深入思考。在"未来学校"建设背景下的 2016 年度雅园"易物会"，开启了雅园"i 公益课程"的序幕。

课程设计

◆ 融合课程——准备创业

思品课上，老师组织孩子们认识"金钱""商品""交易""纳税"等，对如何正当地赚钱、合理地花钱进行了深入的探讨，树立孩子们正确的金钱观，从小培养孩子们遵法守法的意识。

数学课上，孩子们从"易物会"上应该准备什么样的"商品"入手，详细地列出自己的销售清单，详细记录每样物品的名称、成本价、售价，统计销售数量，计算利润、税费等。

美术课上各色广告海报的设计制作，音乐课中吸人眼球的推销节目排练，英语课上流行时尚标语与口号的融入……义卖成为了一个学科整合课程。

◆ 财商课程——学习营销

怎样的商品容易卖出，什么样的人适合推销，要采取什么样的销售策略，这可是财商课程要让孩子们认真思考的问题。抽奖转盘的设计、买一赠一的搭配都让孩子们煞费苦心。

◆ 体验课程——体验买卖

现场的勇敢叫卖、讨价还价、获得利润的过程是孩子们宝贵的生活体验。依法纳税，亲手领到纳税证明的过程也让孩子们知道遵法守法是每一个公民都应尽的义务。

◆ 爱心课程——助人为乐

孩子们将自己的劳动所得主动捐赠用于帮助需要帮助的人，他们的内心充满自豪和成就感。

活动现场直播：

2016年12月26日中午，踏入成都市实验小学的风雨操场，冬日的寒冷瞬间消逝，每个人感受到的都是有如夏日一般的火热，由成都市实验小学党总支和团支部、A城共同精心策划的"雅园五年级易物会"开展得如火如荼。

孩子们个个都是早有准备，他们赶紧来到各自的摊位前，把自己带来的"货品"依次铺开，可谓琳琅满目，令人目不暇接。

这边各色文具一字排开，那边旧书交易已经成交；DIY的发饰个性十足，自制的美食香飘四方……孩子们也使出了浑身解数；自制的宣传海报醒目地张贴在墙上或是摊位旁，稚嫩的童声召唤着过往的"买家"，还有使出了看家本领的——或是怀抱吉他，动情弹唱；或是拨动琴弦，余音绕梁，只为了吸引更多的"客人"。

看着孩子们如此地投入，准备的货品如此精美，老师们也忍不住慷慨解囊，频频"下手"，参与到了热烈的活动当中，充当起了"买家"的角色。

在学校党总支部的精心筹备和安排下，整个活动现场热闹非凡而又秩序井然，孩子们在活动中展现了自己的创意，体验了一把"自主创业"的苦与乐。为了进一步培养孩子们的公民意识和法制意识，让孩子们更加关注公益事业，活动现场还设置了"纳税区""捐赠区"和"服务区"，小小摊主们手执销售单，到担任纳税员的老师处主动缴纳营业税；有的摊主将营业额全部或部分捐献了出来。活动最终还评选出了最佳广告奖、文明经营奖、营销达人奖和诚信纳税奖，并进行了颁奖仪式。

后记：《教育导报》 2017年1月4日报道

岁末年初，这群孩子用爱心温暖了我们

2016年11月22日，本报刊登了巴中通江县松溪乡石缸坪村教师何明杰的感人事迹。她独自守着有15名学生的村小，每天翻山越岭地往返于学校和家之间。何老师的大儿子患有先天疾病，已经五年级了，个子却还没有一年级的孩子高。并且最近，因为支付不起高昂的药费，何老师不得不给儿子停药了。

成都市实验小学五年级的孩子们听到何老师的故事后，决定把2016年"雅园易物会"义卖活动筹得的1551元善款捐给何老师，帮助她医治自己的孩子。"用这些钱给小哥哥买药吧！希望他能恢复健康。"孩子们说。

对孩子们纯真的爱心，我们特意表示感谢。

感谢信

成都市实验小学五年级的孩子们：

2016年的最后一个工作日，你们用满满的爱心温暖了这个冬天！

这天，你们将"雅园易物会"所交税款和捐款1551元郑重地交给了我们，希望转交巴中市通江县松溪乡石缸坪村小学的何明杰老师，"用于帮助她医治患病的孩子"。

当天，我们便将这笔钱连同本报编辑部及社会其他爱心人士的捐款，一起转账给了何明杰老师。收到钱的何老师非常感动，特别委托我们向你们及所有好心人表达感激之情。她说，"谢谢你们的帮助，我会怀着感恩的心，更加努力地工作，用实际行动来回报这份爱心！"

亲爱的孩子们，你们的善举，体现了成都市实验小学"以雅育雅"办学理念的成功，体现出老师们日常对你们的爱心教育、感恩教育的成功，也展现了你们从小就关心社会、关爱他人的优秀品质。

孩子是明天的希望，世界的未来。亲爱的孩子们，你们这次的温暖善举，定会播下一颗希望的种子，收获一片光明的未来！

祝学习进步，健康成长！

《教育导报》编辑部
2017年1月3日
（夏英）

案例解读：

"雅园易物会"原本只是为拓展学生公共生活，培养学生的法律意识、公益意识而创设的一个传统活动，每一学期开展一次。但是随着几年活动的开展，老师们的公民教育意识越来越强，各学科老师配合活动进行课程整合开发，形成了现在的"i 公益课程"，课程设计更精心，孩子们在课程中收获也更丰富。

公民课程 2

一年级始业课程："我是新生"

（课题开发小组成员：李蓓、刘晓虹、赵晓、钟键、任萍、张晓瀛、方慧敏、严利蓉、黄敏、袁林娜、王威威）

一年级的孩子刚进入小学，对学校新的学习生活，新的环境，以及新的老师和同学，充满了好奇与憧憬。但是由于陌生，恐惧与排斥也会随之而来。如何帮助孩子把对小学生活的向往变为现实，克服心理上的畏惧情绪，使之积极适应小学的学习生活，实现从幼儿园小朋友到小学生角色的顺利转变，是一年级教育教学工作的第一关。因此，全体一年级教师首先需要关注的是新生对小学生活的适应性，以遵循儿童身心发展规律为本，通过实施"我是新生"综合实践活动课程，旨在促进学生尽快在知行上都为正式开展的小学学习生活打好基础、做好准备。

一、基本理念

（一）一个也不能少：关注全体学生，全体教师都要在教育教学中设计、实施、渗透幼小衔接。

（二）先抑后扬：给学生一个心理调适期、心理准备期，有利于呵护学生应对小学生活的积极状态。

（三）以活动为载体：符合儿童的年龄特点和认知规律，突出课程中的活动性、参与性、趣味性、激励性。

二、课程目标

（一）学生初步适应小学学习生活状态，愿意到学校上学。

（二）学生初步了解小学学习生活的基本行为规范，愿意努力做到。

（三）学生对学校中的各种学习活动产生一定兴趣，愿意积极参与。

（四）学生初步认识与自己相关的老师、同学，愿意与人交往。

三、课程内容

（一）板块一：我爱"雅园"——了解集体，熟悉环境、认识新朋友

1. 板块目标

（1）熟悉学校环境，了解学校中各种学习生活场所的功能以及使用

要求。

（2）知道自己的学校和班级，能准确找到班级教室位置和自己的座位，以及路队中自己的位置。

（3）认识新老师、新伙伴，积极主动友好地与同学相处。

（4）以班级为自己的新家，爱自己的老师、同学、班级、学校，以雅园为荣。

2. 板块主题及具体内容

板块主题	具体内容
雅园，我来了	1.说出自己的学校名称和所在班级； 2.准确找到班级教室、教师办公室、洗手间、卫生室、专用教室等场所，并知道这些场所的功能以及使用要求； 3.向学生形象生动地介绍雅园的历史、校训、校友等学校文化，让学生初步感受雅园悠久历史、深厚文化积淀以及不断追求卓越的精神
嗨，我的新朋友	1.用自己喜爱的方式向老师和同学介绍自己； 2.认识老师和同学，能说出各学科老师以及集体中的部分同学的名字
我爱"雅园"	1.垃圾扔进垃圾桶里； 2.桌椅摆放整齐； 3.只在指定的地方涂画； 4.离开教室随后关灯

（二）板块二：我爱"学习"——了解小学生学习规范，养成好习惯

1. 板块目标

（1）知道在校内的作息时间安排，能听懂音乐铃声，遵守学校的作息制度。

（2）了解自己的课程安排，会按照课程表准备好学习用具。

（3）初步养成上课专心听讲、积极举手发言的习惯。

（4）初步掌握规范、正确的读写姿势。

（5）知道"学习是自己的事情"，合理安排好放学时间。

2. 板块主题及具体内容

板块主题	具体内容
上课了，下课啦	1.读读作息时间表，知道上学时间、午餐时间、放学时间以及接送地点； 2.听上课铃声和下课铃声，学会分清楚听到铃声后做什么
我会学什么	1.读读课程表，了解所学习的科目以及相关的学习资料； 2.学会依据课程表的安排，整理好自己书包里面的物品； 3.每一门学科上课前所需要的物品的准备与摆放，文具袋、教材、学具袋、本子等学习用具按照老师的要求放好
认真学习，我能行	1.坐姿：双腿并拢、腿放平、手放平、人坐正； 2.听讲：眼睛看老师或发言的同学，仔细倾听，不打扰别人讲话，做到耳到、眼到、心到； 3.发言：坐在座位上举手，发言时声音洪亮，身站直，敢于说出自己的想法； 4.掌握并长期保持正确的读书、握笔、写字姿势
我爱"学习"	1.按时完成学习任务，建立良好的家庭作息时间； 2.主动整理书包，带齐学习用具，整理书桌； 3.喜爱阅读，喜爱户外运动，观看电视或电子产品适度

（三）板块三：我爱"玩耍"——了解课间文明休息要求，确保安全

1. 板块目标

（1）知道课间文明休息的要求，注意活动安全，不玩危险游戏。

（2）合理安排好学习、娱乐、休息的时间与内容。

2. 板块主题及具体内容

板块主题	具体内容
下课五件事	下课先做到五件事：①换书本；②对桌椅；③喝温水；④捡垃圾；⑤洗洗手。然后再玩耍
文明休息最安全	1.课间玩有益的、安全的游戏，相互学习哪些游戏最安全、最有趣； 2.教学楼内轻语慢行，礼让三分。玩耍时注意避让其他来往同学； 3.上下楼道靠左行，知道并按要求使用自己年级通行的楼道
我爱"玩耍"	1.对待伙伴大气包容，以理服人，学会控制情绪； 2.合理安排课余生活； 3.主动与父母交流学校生活

（四）板块四：我爱"文雅"——了解校园生活基本规范，争当文雅星

1. 板块目标

（1）了解队列中的行为要求以及学校集会活动的要求，形成规范的

行为习惯。

（2）主动问好，养成文明礼貌的良好素养。

（3）知道用餐礼仪，形成爱惜劳动成果、珍惜粮食的意识与习惯。

（4）知道个人卫生对健康的重要性，养成良好的卫生习惯。

2．板块主题及具体内容

板块主题	具体内容
我很重要	1.知道每一名孩子对全班来讲都很重要，排队时才能做到快、静、齐； 2.能迅速找到自己在队伍中的位置； 3.队列中，抬头挺胸，两眼平视前方，前后保持半臂距离，左右同学对齐
好好吃饭，身体棒棒	1.养成饭前便后要洗手的卫生习惯； 2.吃饭时正确使用餐具，不说话、不挑食、不剩饭； 3.饭后轻放饭盒，将桌面、地面整理干净
干干净净，整整洁洁	1.勤洗澡、勤洗头，及时修理指甲和头发； 2.带好纸巾、水杯、汗巾等个人用品； 3.知道用完物品后应及时整理
我爱"文雅"	1.勤用五个词——"你好、请、谢谢、对不起、没关系"； 2.见到老师或客人，主动问好； 3.进办公室时，得到允许再进入。离开时说"再见"； 4.离校时，经得老师的允许后，与老师告别，再跟父母一起离开，不得擅自离开队伍； 5.在家中会使用正确礼貌用语主动与家人或客人问好、交流

四、课程实施

（一）阶段安排

序号	阶段名称	工作时间	阶段目标	阶段任务
一	准备阶段	8月25日至8月31日	做好"我是新生"综合实践活动课程开展相关的准备工作	1.按照各个板块的具体内容，明确学科教师课程板块的分工（分工表为附件一）； 2.根据自己的课程板块以及课时，做好第一周教学设计（教学设计表为附件二）； 3.做好第一学月"我是新生"综合实践活动课程与学科教学融合的准备工作，形成融合课程实施计划（课程实施计划表为附件三）

续表

序号	阶段名称	工作时间	阶段目标	阶段任务
二	入校阶段	9月1日至9月2日	实施"我是新生"综合实践活动课程，初步达成课程目标	1.教师在本阶段中不教学学科具体知识点，而是通过绘本、游戏、儿歌、活动等多种形式，实施"我是新生"综合实践活动课程； 2.进行教学反思，修改教学设计，为下一阶段的教学实施提供进一步的思考； 3.修改并完善课程评价表
三	融合阶段	9月6日至9月23日	将"我是新生"综合实践活动课程与学科课程融合，促进学生更好地适应小学生活，达成知行合一	1.有意识地在学科教学过程中融合"我是新生"综合实践活动课程的课程目标与内容； 2.收集并整理融合课程的典型案例； 3.修改并完善课程评价表
四	评价阶段	9月24日至9月30日	充分使用app的功能，开展"我是新生"课程的教师评价、同学互评、亲子合作评价的活动，激励孩子向着"文雅学生"的目标不断努力	1.完成"我是新生"综合实践活动课程的评价活动； 2.依据评价活动中所得各种数据分析，调整下一步教育教学工作； 3.收集并整理"我是新生"综合实践活动课程资料

（二）部门安排以及人员分工

1. 课程管理小组

组长：李蓓

组员：刘晓虹、赵晓、钟键、任萍、张晓瀛、方慧敏、严利蓉、黄敏、袁林娜、王威威

职责分工	负责人
负责全面指导	李蓓
负责牵头课程构架、设计、实施、评价	刘晓虹
负责课程设计与实施的具体落实，以及课程的集体备课和课程资源的共建共享	赵晓、黄敏

续表

职责分工	负责人
负责各学科与"我是新生"综合实践活动课程的融合课程	钟键、任萍、张晓瀛
负责课程评价的设计与实施	赵晓、方慧敏、袁林娜、严利蓉
负责课程资源的收集与整理	王威威

2. 课程实施小组

组长：袁林娜、黄敏

组员：全体一年级教师

职责分工	负责人
负责全组教师的协调、组织、安排	袁林娜
负责课程的实施与跟进	黄敏

课程实施要求：

（1）每位教师于8月30日之前完成第一周"我是新生"综合实践活动课程的教学设计，并于8月30日将电子版交教导主任处。

（2）各教研组利用教研活动时间进行专题研讨，加强集体备课和资源共建共享，确保课程的各项要求顺利实施，课程目标达成。

（3）教师应根据儿童的身心特点设计教学内容与活动形式，在课堂上营造"民主、平等、尊重"的教学氛围，让学生获得愉悦的学习情感体验。

（4）各科教师加强联系与沟通，发现问题及时调整。

附件一："我是新生"综合实践活动课程

第一周（9月1日、9月2日）各学科分工表

序号	板块名称	负责人
一	我爱"雅园"	语文、品德与生活老师
二	我爱"学习"	数学、英语老师
三	我爱"玩耍"	音乐、美术、心理团体辅导老师
四	我爱"文雅"	班主任、体育、信息技术老师

附件二："我是新生"综合实践活动课程教学设计表

执教教师		执教学科	
课程板块	板块（　）：我爱"　　　"			
课题名称			
教学背景			
教学目标			
教学资源			
教学环节			
活动任务	活动流程		学生达成目标
教学反思			

附件三："我是新生"综合实践活动课程实施计划表

执教教师		执教学科	
"我是新生"综合实践活动课程与学科教学融合的切入点			
典型案例（教学片段或具体事件）			
评价表中应涉及哪些具体内容			

案例解读：

因为有了培养学生的公民意识这一目标，"我是新生"入学课程的设计初衷就是将儿童当成一个个即将学习步入社会的公民看待，而不仅仅是到学校单纯学习知识的学生。因此，小学与孩子们的衔接不是学科知识上的衔接，而是将学校当成一个小社会，与学生进行角色、情绪、认知等多方面适应性的衔接。这样的衔接让学生在一开始就能感知到学校不仅仅是学习知识的地方，更是学习做人做事的地方，是学习成为社会公民的地方。

公民课程 3

"蜗牛班"的小岛课程

（课程开发团队：刘晓虹、白雪、蒋雨琪、王春华、赵克保、孙婷、邓音、郑琳子、雷萌、刘雯雯、张兰）

小岛学校，一座没有围墙的学校。这是蜗牛班的自然课堂，是以班主任为纽带组织的一场跨学科的课程尝试，从孩子的需求出发，整合全科资源，组建跨界团队，以地为座，以天为灯，湖水清唱是下课铃声，纷繁自然是老师。

一、小岛课程课程表

	上午	下午	晚上
Day1	——	从学校出发到营地 开营仪式	小岛工作坊
Day2	小岛参观课： 寻找麓湖设计中体现人与自然的地方	小岛科学课： （1）小岛植物探秘 （2）小岛水生态研究	小岛工作坊
Day3	小岛音乐课： 《小岛的歌声》	小岛艺术课（分组）： （1）小岛写生（美术） （2）小岛的故事（戏剧文学）	小岛工作坊
Day4	小岛设计课： 为小岛做个温暖的设计	小岛艺术展 结营仪式	——

二、课程设计的核心理念

1. 主题：人与自然。
2. 用艺术与体育，培养孩子的人格。
3. 实践生活的教育。

三、课程设计的简述

1. 小岛参观课：麓湖设计师给孩子们上课。室内课，结合"人与自然"的主题，介绍麓湖在设计上如何体现"人与自然的和谐相处"，发布

"了解小岛"的任务。室外课，带着孩子们参观小岛，完成任务单——寻找岛上体现了"人与自然"的地方。

2. 小岛科学课：室内课，麓湖园林师给孩子们介绍麓湖的植物和水生态系统。室外课，孩子们在岛上实地观察"麓湖生态"，完成"麓湖生态"任务考察。

3. 小岛音乐会：听音乐《小岛的歌声》，在岛上寻找大自然的声音并融入乐曲，在岛上取材自制乐器伴奏。

4. 小岛写生：美术老师带着孩子们以写生的方式，选择孩子们眼中小岛的小景进行绘画。（室外）

5. 小岛故事课：以戏剧的方式，共同创作小岛故事。（室内）

6. 小岛设计课：基于前两天的小岛生活，你觉得小岛上还有哪些不尽如人意的地方？结合主题"人与自然"，为小岛做一份温暖的设计。

7. 小岛艺术展：孩子们参与布展，展出三天的作品。

8. 结营仪式：回顾三天的生活+小岛艺术展+颁发奖状+合影。

四、课程跨界支持

德拉学院（科学）、大地设计师（自然景观设计）、探图（森林童子军）、自由戏剧、百特教育（财商）、一公斤盒子（设计）、zoe服装设计、微笑书库、麓湖建筑设计师、麓湖园林团队、麓湖A4艺术馆、麓学堂

五、"小岛课程"作息时间表

时间	内容
7:00	起床
7:00—7:30	洗漱时间
7:30—8:00	晨读时间（分组分享最美诗歌）
8:00—8:30	早饭时间
8:30—9:00	留白时间
9:00—12:00	主课时间（有茶歇）
12:00—12:45	午餐时间
12:45—14:00	留白时间
14:00—16:00	课程时间（有茶歇）

续表

时间	内容
16:00—17:30	运动时间
17:30—18:00	换衣服时间
18:00—19:00	晚餐时间
19:00—19:30	分组分享时间（写日记）
19:30—20:30	小岛工作坊时间
20:30—21:00	洗漱时间
21:30	熄灯

◇ 晨读时间：分组进行，在大自然中读书。或大树下，或草坪上，或湖边……主题为"我为你读诗"。孩子们在来小岛学校前，在学校已经读了不少诗歌，每一天，孩子们读一首自己最喜欢的诗歌，并分享理由。最后，可以收集一本《最美的诗集》。

◇ 运动时间：每天保证一个半小时的体育运动。希望把运动时间当作一个非常重要的课题研究，有几个角度可以来架构：（1）随时随地地运动，就地取材地运动；（2）团队运动的体验；（3）学校里没有的运动项目的体验（跨界合作）。

◇ 小岛工作坊时间：期待每天晚上，孩子们都有半个小时的微电影时间、半个小时的桌游时间。我们会精心为孩子们挑选微电影和桌游。

◇ 分享时间：写日记，记录一天的收获和思考。

◇ 留白时间：不影响其他人的休息，在规定区域自由活动。

◇ 就餐时间：长桌餐会是一种让孩子们习得礼貌用餐习惯的形式。我们会让孩子们轮流给大家分餐，通过照顾和服务他人用餐，懂得礼让和节制，在集体用餐中培养他我意识和公共领域意识。

课程实施摘录：

2016年11月13日，蜗牛班的孩子们登陆麓客岛，小岛课程开始了。准确地说，在上岛之前，小岛课程就已经在学校的教室里开始了。在上岛的前几日，孩子们已经做了很多准备。在大自然中散步，为大自然写可爱的小诗。在爸爸妈妈的陪同下，看纪录片《河流与潮汐》，了解大地艺术。

◇ 自然是什么？

【小岛学校】请来麓湖专业建筑设计师，和孩子讲述人与自然与建筑之间的关系，如何从大自然中提取材料和运用材料。要问学到了什么？看孩子们的眼神吧。只有崇敬自然，才能更自由地运用自然。相信孩子已经懂得这个道理。

和自然接触的第一步——亲近它。孩子们在麓客岛最高的丘陵顶上，踏着柔软的草叶奔跑、翻滚，并发明了"滚草"另外一个神奇玩法。自然就在彼此的亲近中带给我们神奇的力量。

◇ 如果你是鸟儿……

"如果你成为一只鸟，你会怎么设计居住环境？以小组为队别，用一天的时间设计建造鸟窝。"周六，科学老师把当天的任务布置下来。6个小组各自在营地上围出地盘，开始讨论如何建造共同的家。

圆顶尖顶？有无篱笆阳台？孩子们在大自然中取材，扛木头、编树枝，用工具。在搭建的过程中，孩子们发现这是一个很有难度的任务，思考、尝试、争吵、推倒、建设、寻求帮助，孩子们在这样的过程中获得试误的勇气，学会沟通、交流、妥协、合作。这是团队第一次完成的大型作品，是团队精神的体现。

在搭建鸟巢的过程中，有一个小组内部发生了争执，小组长被小组其他全体成员罢免，小组长收拾东西回家，老师要求集团活动时小组成员不允许单独离开，整个小组需要共同来解决问题，要不整个小组都各自回家，或者全部留下，完成老师布置的任务。最后小组成员哭成一团，找小组长商量，最后一起留下。

鸟巢倒塌很多次，孩子们的手都磨破了，哭着说要放弃，但最后，他们的鸟巢成功地屹立在初冬墨色草地上。

◇ 他们唱起了森林的歌。

音乐老师郑琳子和雷萌的《森林狂想曲》将孩子们化为一只只小鸟，他们不仅模仿途经森林、河流、田野时遇见的动物发声，还将其汇成了一首歌。

在老师指导下，孩子们利用碗、水、玻璃杯、报纸等，还原出风声、雨声和雷声，从中我们看到孩子们细致的观察力与丰富的想象力，欣喜无比。

小岛课程

✧ 小岛居民不仅仅有人类

"麓客岛上有哪些小岛居民呢?"科学老师赵克保抛出了科学课的第一个问题。

孩子们背上博物学家的口袋,带上放大镜、望远镜和自然笔记本,在小岛中寻找小岛居民。孩子们在树上发现了小鸟,在草丛里发现了蚂蚁和蜘蛛,在池塘里发现了蟾蜍、鱼和螃蟹,在花丛中发现了蝴蝶和蜜蜂,在隐秘的土地里发现了蚯蚓和小蛇……

每个小组选择其中一个"小岛居民",以"动物海报"的方式为"小岛居民代言",并设计"小岛居民的家",以此感知建筑设计的核心在于这个建筑所在的土地和需要的"人群"。

✧ 小岛慈善艺术展

"小岛学校"的最后一天,孩子们在小岛上举办了"第二届蜗牛慈善艺术展",把在小岛上创作的艺术作品进行展出。其中有"小岛写生课"里的绘画作品,有"小岛艺术工作坊"里的石头画、木头画、布袋拓印、自然明信片、自然书签等。

大自然在孩子们的手中变成了创作的作品,这些还带着清风花香的艺术作品,又以善良友好的方式传递到了大凉山,我们牵手的友好学校里。

作为自然课程的开端,也是学校与社会教育力量合作的开端。与麓学堂牵手,各自利用自身优势与跨界资源,邀请一公斤盒子的安猪、PLUS+团队中的KK、自由戏剧的蔡洁、阿福童的卞淑美、做阅读的淡化老师、德拉学院的李芳老师、爱弹吉他的王翔老师、色粉画魔术师石头老师加入"小岛学校"方案的设计中,也得到了"早点环保"的大力支持，让自然和环保住进了孩子的心里。

而在此次"小岛课程"中，我们看到了孩子无数可能性。他们可爱、有担当、努力、坚韧、认真……

正因为他们，我们看到教育无数的可能性。是的，我们愿意建一个村庄，抓住每一个改变教育的可能。

我们的学校只有窄窄的 18 亩地，这大概是很多公立小学的现状。可是，我们提出了"18 亩+"的概念，让世界变成我们的校园，让校园成为我们的世界。我们的班级不仅仅是小小的一间教室，因为 50 个孩子的存在，50 个家庭的陪伴，因为一扇窗连接着热爱教育的太多人，这个班级便变成了一个村庄，让孩子们在兄弟姐妹间成长。

未来，孩子的学习一定是多种样态的，在大自然中，在博物馆中，在真实的生活情境中。学习是广泛存在的、流动的，学习无处不在：在风中，在河流间，在食物里，在传统仪式上，在家庭和朋友的爱之中。教育，就是找到一个人的"生命方式"，就是帮助每一个孩子，去找到自己的生命价值。愿每个从这里走出去的孩子，都活成自己喜爱的模样。愿每个从这里走出去的孩子，都永远灵动美好。（白雪）

案例解读：

小白老师不仅整合各种资源，为他们班创设了小岛课程，更为这个班的孩子量身定制了一系列的班本课程，如开学课程、石头课程、蜀都课程、月亮课程、匠人课程、田园课程等。蜗牛班的孩子们就在这样的课程中渐渐成长为一个个对社会充满无限好奇，渴望参与的公民。小白老师说："我们不需要一个'万事通'的老师，而是需要一个能让我们认识到自己内心，对学习有渴望的人。我们不需要去征服学生、征服家长、征服世界，我们只需要去开一扇小小的窗，推开一扇小小的门，告诉彼此，这里往来自如，世界很大，我很小。好奇，让孩子们希望与人互动，与世界互动。好奇，也让老师希望与人互动，与世界互动。"正是教师这样的好奇，才催生了一个又一个的公民综合课程出现。

（2）家校共育，拓展学生公民意识培养内容途径。

家长和教师是学生成长的重要他人，家庭和学校是孩子成长的重要环境，共同的责任决定了孩子的培养必然的模式是"家校共育"。在课题开题期间，学校成立了"家长发展学校"。"家长发展学校"不再是家长被动地配合学校，而是家长主动地参与到学校的发展、学生发展的策划、学校规划发展等活动中来。家长在此过程中提升自身的公民意识，为学生在家庭环境中的公民意识养成营造良好氛围。

家长发展学校分别设立亲子活动中心、学习培训中心、课题研究中心、家校交流中心、宣传策划中心5个核心机构。学校相关部门、街道办事处、社区单位负责协助。会长与各中心主任制定了家校管理部门功能与职责，以学习、交流、分享、提升为原则，依据家校发展需求，制定长期规划及具体行动计划。他们广泛发挥家长资源优势、信息优势，协助开展各种社会实践活动，走进奶牛场参观，走进银行了解理财服务，走进美术馆启蒙美术书法鉴赏，走进自然组织孩子外出旅行……，为学生的公民意识培养拓展了更多的内容途径。

家校共育案例1

学生家庭担任班级活动"轮值主席"

◇ 产生："轮值主席"的诞生

在谢东云老师的班上，一共有56孩子，他们背后的56个家庭，从一年级到现在六年级，11个学期，每个学期的班集体重大活动，都由当届的"轮值主席"家庭一手策划，组织实施。

从一年级入校开始，家长对孩子在集体中的生活就高度关注。他们担心孩子到了一个全新的环境，对于一切都不熟悉，老师和同学也不了解他们。他们的个性如何，他们喜好怎样，他们有何特长……这一切的一切，都只有自己了然于胸。而且，新的起点，每个家长都对孩子的发展寄予了很高的期望，他们迫切想找到最适合自己孩子发展的途径，促进孩子的拔节生长。

班集体活动，是孩子展现才能、自我发展的平台，家长们都高度重视。可是，对于什么样的活动最适合自己的孩子，什么样的活动最能让孩子得到锻炼和成长，家长们各持想法。

既然是集体活动，那么就要适合大多数孩子。可是，又怎样照顾到每个孩子的个性特点呢？入校之初，家长最了解自己的孩子，那么，就让家长来掌握主动权。

为了孩子，每个家庭都跃跃欲试，那么，就来个轮流负责，班集体活动"轮值主席"就这样应运而生了。

◇ 运作："轮值主席"机构的工作流程

"轮值主席"不是单一的个体，而是一个机构，由5个家庭组成，其中，一个家庭作为总负责，他们作为班级活动的幕后策划，而他们的孩子则成为本期班集体活动的前台导演和主持。在每个学期开始，邀请班主任参加他们的工作会议，谢老师会对前期班级活动的开展情况和班集体成员的发展状况提供一个全面而细致的陈述，针对班集体成员的情况，提出亟待解决的问题。

在问题指引下，轮值主席机构开始商讨，因为他们自己的孩子要担任活动的导演和主持，他们最清楚自己的孩子擅长什么，哪方面的能力最需要开发，因此，轮值主席机构的家长们，就会结合班集体的问题和自己孩子的特点来商议：本期开展什么样的活动来有针对性地解决班集体发展的问题，促进孩子们个性的发展，形成活动草案。草案确定，立即发至班级博客，请全班孩子和家长仔细阅读，提出合理化建议和意见，最后，由轮值主席机构进行梳理和调整，形成最后的班集体活动方案，公布在博客上。

接下来，轮值主席机构就严格按照方案，开展活动的筹备、组织和实施，每次活动的具体要求和信息，均通过班级博客公布。活动结束之后，全班家长和学生通过博客反馈活动心得和意见，由轮值主席机构进行整理，形成反馈意见成文，发于班级博客。

◇ 调整：班级活动"顾问团"

全班56个家庭，不是每个家庭的家长都擅长组织活动，也不是每个家庭都有足够的时间和精力来开展组织工作。相对地，有一些家长则非常善于创意和策划，对学生活动和教育很有心得，他们不可能每一届都入选"轮值主席"机构，因此，班级活动顾问团就成了他们发挥才能的有效平台，他们可以被邀请到每期的轮值主席工作会，大家集思广益，群策群力，让每一个孩子都能在活动中得到发展和成长。

家校合作，家校合力，是我们一致倡导的思想，也是我们一直以来不断探索的途径。班集体活动"轮值主席"的尝试，让家校合作不再停留于表面的联系和沟通，而是让家庭完整地、深度地融入活动中来。孩子在前台，家长有动力；家长在幕后，孩子有后劲。这样既开发了家庭的资源，也针对了孩子的特点，为发展孩子的个性创建了一个非常立体和完善的培育系统。（严利蓉）

案例解读：

班集体由一个个孩子组成，在他们背后，是一个个家庭。孩子的个性，孩子的成长，每一点，每一滴，都凝结着家庭的心血。因此，把家庭的力量集合起来，在班集体建设的过程中，让集体的活动考量到每个孩子的特点，为每一个孩子提供适合的有价值的班级活动，促进孩子的个性发展和健康成长。深度家校合作，创新班级公共生活。

家校共育案例 2

劳动最光荣，关爱身边的环卫工人
——二年级年级活动家长感言

2015 年 1 月 16 日上午，"劳动最光荣、关爱身边的环卫工人"大型义卖捐赠仪式在实小学术厅举行慰问，所获善款 5 万余元，定向捐赠给西御河街道的环卫工人。现场舞台表演《诺言》和《感恩的心》，使全体实小师生的爱心种子再次生根发芽，生生不息。

本次活动是在以前个别班级的爱心义卖活动探索经验的基础上升级为全年级活动，得到了广大师生和家长朋友们的大力支持。活动从组织筹划到启动仪式和整个营销知识的培训，每一个细节都做得有条不紊，这得益于年级老师们和家委会的成员们的辛苦付出，活动的成功离不开所有人的辛劳。最重要的是实验小学"小学校，大雅堂"的理念引领。学校一直倡导：以雅育雅，以活动促发展，培养学生公民意识。因为有了理念，促使我们家长一起思考为孩子们创设更多更丰富的活动，让孩子们在社会成长中得到全方位的历练，付出与收获着属于他们的财富。

对于年级层面的家校共育活动开展，我作为活动的参与者有几点体会：

1. 关注社会，找准活动切入点

时下各界都发起了对环卫工人的关注。确实，环卫工人目前生活在社会的较底层，属于弱势群体，需要社会大众的关心和支持。组织活动容易引起各界的共鸣,有利于活动的组织实施并成功举行。

2. 三方联动,紧密活动团队

作为家长,虽然我们已离开校园多年,但在这次活动中,我们却和孩子一起成长着。学校、家长、社会三级联动,密切配合,积极发挥家长团队的力量,团结各班的家长朋友。在我们庞大的家长队伍中,愿意为学校相关活动付出并且有相关经验的不在少数,如义卖活动的整体策划方案,宣传工作,启动仪式,动员令发布及相关物品的采购,义卖时的外宣及吸引工作;如有的小朋友背上天使的翅膀等,还有书面的整体活动介绍,作为小朋友在与爱心人士交流时不完整的补充,都是在年级老师的带领下整个家长团队的精心设计和付出,从而确保本次活动的顺利开展。本次爱心义卖活动是以福字为载体,区别定价,并附荣誉证书,整体设计非常完整细致,为活动顺利开展打下了坚实基础。

3. 重在体验,享受活动过程

锻炼小学生的动口能力和社交能力,使他们能够经受挫折,享受成功。在整个义卖过程中,或多或少会遇到买卖不成功的情况,这给了小朋友锻炼的机会,让他们从小知道任何事情都不是一帆风顺的。在面对陌生人时,他们的动口和表述能力得到极大提高,当成功销售以后这种喜悦感是发自内心的,同时提升了小朋友的自信。

4. 把握契机,挖掘活动意义

从实际出发,让小学生真实感受并关爱环卫工人,保护环境,真正从小事做起,从我做起,从不乱扔瓜果纸屑、不乱吐痰、不车窗抛物等做起,激发小朋友爱护环境的意识。本次活动从开展以来,小朋友们开始知道环卫工人这个岗位及其工作内容,在大街上见到他们时也会有更多的敬意,义卖结束以后,这种爱护环境的意识对其产生的影响会一直伴随他们。

5. 搭建平台,深化活动价值

参与这种大型活动,打造积极向上的平台,在学生学习生活过程中嵌入实小的文化教育,真正地在"小学校,大雅堂"的理念引领下涵养儒雅教师,培养文雅学生,润养高雅学校,使学生参加丰富的校园实践活动,解放学生的头脑、双手、眼睛、嘴巴,使他们能想、能干、能看、能谈,也是教会他们担当社会责任从小做起的一种体现。(杨兴林)

案例解读：

这个活动前后持续了一个月，让二年级三百多名孩子，无一例外，全程参与其中。活动不仅让孩子们体验了售卖福字、募集爱心的过程，更让孩子为了募得更多的爱心款而使出浑身解数去努力争取。当最后，饱含着自己爱心和汗水的爱心款投进捐款箱的时刻，每位孩子都感到无比骄傲和快乐。而活动的价值远不止于此，体验活动，让孩子们以社会小公民的视角，去关注社会上的劳动者，关心身边默默为大家服务的环卫工人，这是引导小学生主动关注社会、关心他人，并以自己的行动去感谢社会劳动者们的辛勤劳动，激发小学生作为社会公民这一社会角色的责任感和使命感。在实践中，他们觉悟并尝试通过适合的途径和方法承担自己身为社会公民的责任与义务。

同时，这次活动也是家校共育小公民的一次有益尝试。

家校共育案例3

泛在课程——"花"样世界

泛在课程是一门"为成长奠基　为未来准备"的校本课程。它以拓宽学生视野为课程取向，以五花八门的种类为特色，由教师、家长和学生根据本班资源和学生需求共同研发，一般围绕一个主题展开，无课程内容限制，无时空局限，无考试束缚，无拘无束，形成自然人文的教育形态，让师生探索并享受课程，共同成长。"花"样世界的泛在课程由一年级教师、家长团队共同研发。

一年级上学期，一年级六个班每周星期五下午，围绕主题展开系列课程。

一年级一班的花样课程

序号	时间	课程名称	课程内容	授课人
1	10月9日	纸花盛开	听绘本故事；喜欢故事里的花；制作手工花	田震宇妈妈
2	10月22日	倾听花语	了解不同花朵的花语；选择喜欢的花，做卡片	骆知言（行）爸爸

续表

序号	时间	课程名称	课程内容	授课人
3	10月23日	花样气球	小手动起来，气球扎成花	廖若余妈妈
4	10月30日	城市的标识	了解不同城市市花；走进芙蓉花；芙蓉花绘画或涂色	王梓丞妈妈
5	11月6日	美从手来	了解插花；现场观摩插花；动手试一试插花	曹菂夜妈妈
6	11月13日	舌尖上的花蕾（一）	看一看：干花制作；闻一闻，摸一摸：干花（玫瑰、茉莉、桂花、菊花）；品一品：现泡花茶	蒋甫辰妈妈
7	11月20日	舌尖上的花蕾（二）	了解特产：鲜花饼/桂花糕；品尝：鲜花饼/桂花糕；美食儿歌唱一唱	陈姝妤妈妈
8	11月27日	快乐木偶剧	一年级一起看木偶剧	年级教师
9	12月4日	灵巧小手剪起来	剪纸艺术，花蝴蝶飞上墙	罗弘皓妈妈
10	12月11日	识"蜜"	蜜需要通过采集得到；不同花，不同蜜；品不一样的蜜；蜜的其他功用/服用时要注意的地方	帅辰辰爸爸
11	12月18日	花开有果	手工沙拉美食汇	李栩昊昕妈妈
12	12月25日	圣诞树"开花"啦	圣诞节分享活动	罗天麒（麟）妈妈

泛在课程实现了学生、家长、学校的"三赢"：

1. 对于学生：通过泛在课程这种轻松愉快的学习形式，消除刚入学孩子对学校的陌生感，使他们更快地适应新的学习生活，动手动脑，在学习中生活，在生活中学习。我们是快乐的花朵，乐享"花"样世界！

2. 对于家长：通过家校互动，让家长亲身体验课程选题、课件制作、材料准备、课堂授课等教学环节，体会到老师们工作的不容易；家长也能更深入地了解孩子在学校、在课堂的情况。

3. 对于学校：丰富的家长资源是学校校外教育的延伸。家长资源的广泛性、多样性、可选择性，既丰富了学校课堂，又培养了孩子的学习兴趣、开拓了视野。以"花"为媒，以泛在课程为载体，让孩子在赏花、品花、插花等活动中，收获了快乐，家长也理解了学校的教育理念，促进孩子、老师和家长之间的亲密连接，实现了家校融合。（黄敏）

家长与学生反馈：

我们生活在一个泛在的时代，网络化、数字化、无线化、移动化、全球化的发展，让我们时刻感受着"泛在"。

进入到实小的泛在学习课堂，我真正感受到了泛在学习的魅力。每次家长们的热情感染着我，孩子们对知识的渴求打动了我，这种未来教育的科学实践方式深深折服了我。我不得不惊叹于学校和老师们超前的教育智慧。

相信泛在学习对我们的孩子而言不单是一个时期，一个概念。它将伴随着我们的孩子一生的学习和生活。让我们和孩子共同享受泛在学习的美好时光。（一年级一班徐可劼妈妈）

爸爸妈妈进课堂给我们带来好多新奇好玩的知识，还带我们做手工、做游戏，超棒！（一年级二班学生段兮悦）

泛在课堂引领孩子更好地认识和进入现实世界，引发孩子对更多领域的兴趣和爱好，帮助寻找每个孩子天赋中独特的潜质，用他们的爱和梦想去推动他们，让他们自觉主动地学习和成长。（段兮悦妈妈）

"爸爸妈妈讲师团"力图改变"讲授型"课程形式，精心设计了很多形式多样、内容新颖的手工制作环节，让孩子们在体验中学习，在参与中收获。"魔法气球""寻找树叶""城市标识""美从手来""树叶剪纸""一齐动手制作圣诞树""线条描绘春天"……每一次课程都凝聚着老师、家长们的心血和关爱，每一次手工都见证了孩子们的成长和进步，每一幅作品都展现了孩子们的奇妙构思和丰富想象。（一年级三班李天睿妈妈）

我好喜欢每周五下午的大课程！在课堂上，我们创意无限，动手又动脑。我们能用小手把气球扎出树叶的形状；能用心画出代表自己的树叶图案，制作出独一无二的"班树"；能在爸爸妈妈的帮助下，用酒精和化学试剂制作出别致唯美的叶脉书签。我们学会了制作奶茶和抹茶蛋糕的方法，还回家同爸爸妈妈一起分享劳动的果实。大课程真有趣，我喜欢！（一年级三班学生李天睿）

案例解读：

以多种方式认识这个世界是孩子们作为一个社会公民首先要具备的

能力和素养。在传统的教材学习之外，泛在课程大大地拓展了学生的学习内容，在学习形式上也以动手操作体验为主，学生从单一的向教师学拓展为向具有各种各样职业背景的家长学，教学资源明显扩大，学生的眼界、视野得到很大的拓展，对世界的认识也更加丰富、立体。这样的联手开发课程也让教师与家长之间的联系变得更加紧密，而且联系的纽带不仅仅是学生的学业，而是学生作为人的成长，作为公民的成长。

（3）校工变革服务，协助学生公民意识培养环境创设。

学校后勤通过创新常规工作，挖掘后勤工作中蕴含的丰富的公民意识教育资源，为学生创建适宜公民意识养成的公共生活。

① 变革常规，创设公民养成新路径。

改变日常工作的方式，为学生提供参与公共生活的机会和平台，培养学生的责任意识。

校工育人案例 1

新学期班级公共财物交接启动仪式
——"我爱我家"主题班会

一个集体一个家，每个孩子都是"家"中的重要因子，只有这些因子充满活力，饱含营养，才能推动整个集体不断向前发展。

有家，就要爱家！如何去爱？从身边的小事做起！

在学校"如何培养学生小公民意识"课题的引领下，结合班级实际情况，我和孩子们特别邀请在学校后勤工作的老师，开展了一次主题为"我爱我家"的班会活动。

孩子们对后勤工作人员小李叔叔的到来表示热烈欢迎。大家认真聆听小李叔叔一一介绍班级现已配备的各项公共财物及使用说明。班级服务生在叔叔的引导下逐一核对班级财产并确定状态良好，可以正常使用。

接着，小李叔叔认真向同学们宣读、明确财产正确使用方法。孩子们纷纷点头，表示一定用心记住学校的各项要求。

如果不小心造成公共财产损害或自然损耗影响了使用，该怎么办呢？在活动中，孩子们的疑问也得到了叔叔的真诚解答。小李叔叔细致讲解了公共财产申报制度：

1. 到总务处领取报修申请表，认真填写。
2. 班级负责人确认签字后及时交回总务处。
3. 工作人员根据情况会进行调配，并来到班级及时处理。

科学的制度使工作更有实效。孩子们了解了程序，做事更规范。在这一环节的小结中，孩子们自觉提出：努力爱护班级财产，不给别人添麻烦！既关爱自己，又体谅他人！这应该是合格小公民的重要表现！

随后，中队长代表全班同学在班级财产公示单上确认签字。

同学们利用十五分钟时间，集体和议，制定出相应的爱护班级公共财产公约。约定如下：

◆ 爱护桌椅，不随意乱涂乱画。

◆ 爱护教室清洁，劳动用具使用完毕及时清理，保持洁净并有序搁放至规定地方。

◆ 电教管理员每日清理电视柜、讲台，保持整洁，方便使用。

◆ 不在教室内打球、疯跑，避免同学受伤，也保护教室的灯、风扇。

◆ 课间不随意开关前后门，正确使用门锁。

◆ 如果不在教室上课，值日生记住关灯、关门。节约用水。

◆ 不在小木屋的水池里乱扔垃圾，保持下水道通畅。

中队长当场宣读，全班通过。

四十分钟的活动结束了，但我们的行动开始了，并将继续坚持做下去。班级是孩子们的，把活动的主动权交给孩子，才会激发出他们的参与热情，使他们真情管理，从而使每个人在集体中都充实而快乐！

孩子如是说：敬爱的老师，我们需要集体，温暖向上的集体就是我们校园里的家！

老师如是说：亲爱的孩子，这个家需要你我一起爱！积极生活，遵守约定，人人都是班级的主人！（李红）

案例解读：

原来的校产管理更多是在学期初，校工负责与班主任交接班级校产，学期末校工再负责进行校产清理，各班做出相应赔偿。在课题研究过程中，我们改变思路，让校工参与班级主题班会，正式向全班学生交接班级校产，期末让学生干部代表与校工一起清理校产，了解学校校产损耗、破坏情况。

从最初的清点校产，到学期中同学们的使用、班级相关负责同学的管理，再到期末的校产清理，学生们全程参与。在处理问题的过程中，学生们不仅增强了爱护公物的责任意识，而且在校产管理上向校工们请教，形成了更适合班级特点的有效管理方式。校工们也树立了同为学校教育者的观念，由原来单一的全方位服务保障转而与育人相结合。

② 校工进课堂，传授公民生活基本技能。

校工们有着非常丰富的生活实践经验，他们充分发挥自身的优势，对各年段的小公民们进行打扫、种植、厨艺等生活技能的培训。

校工育人案例 2

炊事班长进课堂

我们发现，学生中存在着对粮食的浪费和对劳动的不尊重现象，通过班委的讨论，决定就午餐环节设计一个倡导节约型课堂。我们特别邀请了学校炊事班的班长进课堂与学生互动，让学生通过了解身边的工人叔叔阿姨的工作，体会他们的艰辛和不易，懂得尊重普通劳动者以及他们的劳动成果。

课堂上，孩子们就感兴趣的问题与炊事班班长进行了深入的交流：
- ◇ 如果有油溅起来，你们怎么对付？
- ◇ 你们是怎样去油烟的？
- ◇ 全校有很多碗和勺子，你们是怎样清洗和消毒的呢？
- ◇ 鸡翅是自己做，还是……？
- ◇ 叔叔阿姨，你们是怎样把食堂打扫干净的呢？
- ◇ 万一厨房的工具坏了，怎么办？
- ◇ 你们是怎样分工合作的呢？
- ◇ 如果学校停水、停电，你们怎样做饭呢？

- ◆ 每天如果剩菜多了，怎样处理呢？
- ◆ 食堂什么时候有新菜品呢？
- ◆ 每个年级的饭菜一样吗？
- ◆ 为什么我们吃的菜这么新鲜？
- ◆ 做一次饭要多久呢？为什么每次都这么准时呢？

通过观看尹叔叔带来的食堂图片以及工人叔叔阿姨工作的视频，以及和他的深度交流，揭开了食堂神秘的面纱，孩子们心中的谜团也少了许多。他们对每日午餐背后工人叔叔阿姨的辛苦有了更多的了解与尊重，珍惜粮食、尊重劳动、厉行节约的意识自然更强了。（钟乐艳）

案例解读：

校工与学生日常生活密切接触，学生的公民意识直接影响到他们的工作，因此，充分利用校工这一资源，让他们也成为学生公民意识培养的有效力量，才能为学生构建一个和谐统一的成长环境，让他们的公民意识真正在心中生根发芽。

③校工也评价，构建积极参与的公共氛围。

校工育人还表现在他们参与学校教育评价。孩子们是否爱护学校清洁卫生、午餐是否节约食物、餐具是否归还到位、上厕所是否冲水、对校产是否爱护有加……孩子们的这些表现校工们都看在眼里，记在纸上，通过数据记录给每个班级进行反馈和评价，联合班主任向学生渗透公民意识。

④社区主动合作，支持学生公民意识培养。

在学校公民课题研究背景下，社区的许多活动开展都主动约请学校参与，不管是社区的五年发展规划制定，还是社区的民主选举、述职以及社区演出、居民活动等，社区都与学校合作，在开展工作的同时为学校提供社区公共生活，为学生公民意识培养提供良好的土壤。

社区邀请孩子们去画壁画、表演节目、陪孤寡老人聊天、参与亲子游戏、参加模拟法庭等，有了社区的支持与合作，学生们有了更真实的社会公共情境，公民意识得到了更好的锻炼。

六、研究成效

（一）实现了学生公民意识的真实变化

1. 我与自己——主体意识的强化

（1）主体意识定位。

在小学阶段，学生主体意识的形成是培养学生公民意识的出发点。我们认为，在小学阶段所培养的主体意识是学生对于自己在公共生活中主体角色的明确认识，以及对自我依法民主参与公共生活能力的不断学习，并对自身在公共活动中实现的价值有正向判断。

学生形成主体意识就能够有意识地掌握自己在学校甚至社会中的权利、责任和义务；能够主动参与校园公共生活，形成了自我规范的良好习惯；明确自己在学习活动中的主体地位；并能在社会生活中以公民身份发挥积极的作用。

（2）主体意识培养效果。

①"你帮我做"到"我自己做"的主动——以自主的态度成就主体地位。

小学阶段公民主体意识的培养首先是学生对自身角色的重新定位——从"客体"到"主体"，即从事事由老师、家长包办到从小事开始学习"我自己做"的自主态度的形成。

小学生履行公民义务要从培养基本的自理能力开始。日常校园生活中，捡拾垃圾、收拾抽屉、对齐桌椅等现实问题的解决，无一不与自理能力紧密相关。在研究的过程中，我们着重使学生在活动中认识到自我管理的重要性和乐趣所在，也体现着作为公民社会主体的主动性特征。

主体意识案例 1

我有一双小巧手
——一年级特色活动

一、设计意图

"做家务是很没出息的事。""你只需要搞好学习就行，其他的都不用管。"我们常听到家长这样教育孩子。而作为教育者，我们中也有老师是在这样的教育理念中长大的。当我们为人师、为人母以后，我们渐渐发现这种教育的缺陷，并尽力地弥补它给教育带来的缺失。孩子应该在幼年就逐步树立自理自立的意识，而家庭、学校应该给他们提供学习实践的机会。孩子能自理自立，才会产生对家庭的责任感，最终培养对社会的责任感。所谓"一屋不扫，何以扫天下"。孩子们在学知识的同时还应该做自己应该做、能够做的事。我们对一年级小朋友进行观察，发现以下现象：

（1）入校一学期多的孩子，对自我管理有初步的觉醒，但自理能力却相对很弱，我校学生较同龄群体更甚，亟待科学引导和培育。

（2）学生自理能力弱，对家长和老师过分依赖，缺少独立探索、解决问题的信心和方法。这样的孩子也容易表现出缺乏协作能力。

我们想，在新生中进行生活自理能力的培养，锻炼孩子的小手，活动小朋友的小指肌肉，锻炼协调性。在一件件小事中去培养孩子对生活的把握，建立生活的自信。同时还有以下期望：

（1）在培养自理能力的实践活动中，让学生充分地体验挑战，在协作能力、团队精神、自立自理能力等方面得到充分的磨炼和提高。

（2）学生良好的自我管理能力对班集体良好的班风班貌和常规常态的建设产生良好的影响。

于是，我们确定了以整理书包、系鞋带、系红领巾等贴近一年级小朋友生活的几件小事为训练内容，开展自理能力的锻炼和比拼。

二、活动过程

活动分为三个阶段。

第一阶段——"巧手大操练"。小朋友要邀请一位家庭成员担任自己的自理能力指导。练习红领巾的折叠（由三角形叠成长方形。学习保管红领巾，放在一个固定的地方）；练习在固定的地点根据课表整理课本、书本、文具，系红领巾。

第二阶段——"秀秀我的小巧手"。小朋友在班级里展示练习结果，相互取长补短。我们用班会课时间，让孩子们进行系红领巾、整理书包、系鞋带比赛。给动作麻利的孩子发"小巧手"章。请优秀的同学介绍自己的小窍门。在这个阶段好些孩子学会了系鞋带，系红领巾，课间更换好书本，课前准备井然有序。

第三阶段——年级展示。

这一天，我们选取系红领巾为主要展示活动。

"亲爱的同学们，亲爱的老师们，亲爱的叔叔阿姨，大家好！我们都有一双小巧手……"小小主持人台上可爱的讲话，拉开了活动的序幕。当天活动现场充满紧张和热烈的气氛。一个个小同学认真地系着红领巾，那翻飞的小手打出了一个个漂亮的结子。每一个都是那么投入。随着各班级展示比赛的结束，系红领巾接力赛紧接着准备开始了，每个班级出列10名同学并列站成一排，孩子们展开了认真、激烈的比赛。接着家长代表为获奖班级颁发了奖状。

三、活动反思

"我有一双小巧手"系列活动让孩子们收获了生活的本领，初步感受有条理的生活会给自己带来便捷。活动让我们感受到培养孩子的自理自立能力，是一个长期的工作，它需要学校、家庭共同配合，步调一致地对学生进行浸润和教导。首先要转变观念，动手劳动不但不是"没出息"，反而是一个人生活中必不可少的一部分。手的灵活程度还对学习起到很好的促进作用。劳动中手眼协调能力的锻炼，能促进孩子学习中观察能力、思考能力的发展。所以生活的自理和学习是相得益彰的。其次，要有意识地为孩子提供学习和练习的机会。在成人眼中整理书包这样的小事，对于一年级的小朋友来说是需要反复练习的。我们把它设计成小游戏，让孩子在玩耍中学到本领，并且在日常生活中不经意地检查落实，让它逐步融入孩子的生活。作为孩子生活的引领者，看到孩子们手指灵巧地翻动，能给自己的红领巾打一个漂亮的结，能将文具书本摆放整齐，我们由衷地为孩子们感到高兴。

四、家长感受

今天的舞台不是拥有炫目灯光的演播厅，而是有"大雅堂"之称的实小主席台；今天的主角不是我，而是三百多名一年级的樱桃宝贝。手持话筒，声音发紧、双手微颤，那全都是因为——感动。

"我有一双小巧手"一年级同学生活自理能力比赛正在实小的操场上进行。"领巾披上肩，左边压右边……"他们念着口诀，小手不停地翻转，将鲜艳的红领巾熟练地佩戴好，完成后那股激动劲儿就别提了。这种喜悦感染了我，也感动了我。走进实小也才两百多天，樱桃小宝贝们的成长真是飞速。起床后，穿衣洗漱自理了；吃饭时，排队盛饭自理了；放学后，完成作业自理了……在这"小学校、大雅堂"，小樱桃们慢慢成长起来了……

站在主席台上的我，目光不经意停在了左边的樱桃树上。又是一年，樱桃红了……（一年级三班家长）

实验小学一年级开展了"我有一双小巧手系红领巾比赛"的活动。作为一名一年级四班的家长评委，我感触颇深。

在比赛场上，孩子们个个精神饱满，跃跃欲试。比赛的哨声响了，孩子们用自己的小手努力地系着红领巾。动作敏捷的孩子，脸上洋溢着自豪的笑容；动作慢一点的孩子，鼓着腮帮，认真坚持完成一个个规范动作。他们认真的动作，规范的佩戴，引得全场老师和家长们啧啧称赞。

看着孩子们的努力，看着他们的专注，我发现：他们正在成长。孩子们在用自己实际的行动践行"自己的事情自己做"的诺言；他们在用自己的行动告诉爸爸妈妈：我有一双小巧手。（一年级四班家长）

放学回家的儿子一进门就急不可耐地甩掉脚上的鞋子，一把拉住我的衣服兴奋地对我宣布："妈妈，我要代表我的班级参加系红领巾主题队日活动的比赛，证明我有一双灵巧的手！"一瞬间觉得儿子长大了，是个小男人了。为了掩饰内心的激动，我平静地对儿子说："我可拭目以待喔！"主题队日活动那天，我有幸全程参与并进行观摩。平日里叽叽喳喳、丢三落四的孩子们居然做到了快、静、齐，一双双灵巧的小手上下翻飞，一丝不苟的表情与专注让我激动着、感动着。我想上前用力拥抱他们，想告诉他们："你们的幸福从拥有那双灵巧的手到来！"（一年级一班家长肖晓玲）

5月16日，2017届小朋友在学校操场举行了"我有一双小巧手"特色活动，作为一名家长志愿者，我有幸参加了这次盛会。看着孩子们用小手快速地将红领巾打出一个个漂亮的结子，那么认真、那么执着、那么团结，让我深有感触。这种活动内涵丰富、意义重大，既是学校和家庭交流、孩子和家长互动的平台，更是孩子锻炼自我、展示自我、提升自我的机会，能有效增进父母与孩子间的亲情，老师与同学间的感情，以及同学之间的友情，让孩子明白自立、学会团结、懂得拼搏。感谢学校举办这样好的活动，也希望能多举办类似活动，促进孩子全面发展。作为家长我们一定全力支持、积极配合。（一年级五班蒋欣睿家长　蒋成林）

（杨华）

案例解读：

　　自理能力是学生公民意识的基础。"我有一双小巧手"系列活动让孩子们收获了生活的本领，初步感受有条理的生活会给自己带来便捷。培养孩子的自理自立能力是一个长期的工作，它需要学校、家庭共同配合，步调一致地对学生进行浸润和教导。孩子们也在这一过程中感受到了成长的喜悦，建立了生活的自信。如郑怡薇同学说："我参加了活动，学会了折衣服，我很高兴，以后我要自己的事情自己做。"孙铭泽同学说："自己把衣服折好的感觉真好！"

　　②"你决定"到"我参与"的转变——以主动的行为锻炼主体的能力。

　　学生是否具备主体意识还要看他们是否了解并具备自身的主体能力。我们衡量学生是否具有公民意识不仅仅是以语言描述为指标，更重要的是学生是否将想法付诸实践。研究过程中我们逐步培养学生参与公共事务的能力，学生在学校各层次活动中不再仅仅是听从"安排"，而是更多地参与到公共决策中来。

　　学生积极的意识观念会外化为对公共事务积极主动的"有作为"，无论是学生个体还是学生团体，他们已经初步具备参与和主导公共生活的能力。

主体意识案例 2

冬日暖阳　爱满雅园
——二年级三班摄影绘画展及爱心义卖活动

　　前段时间，四川电视台的《联播四川》"公共帮帮团"的一则新闻，打动了实验小学二年级三班全体家长和同学们的心：一位在乐山夹江生活的普通家庭，因为家中妈妈突患白血病而陷入困境。正在上二年级的现年8岁的马昱瑜从5岁开始学国画，他突然有了一个想法，想卖画救他的妈妈。他的想法通过媒体得到了社会各界的关注，大家都想帮帮他！

2015年1月28日13:00，成都市实验小学二年级三班"爱暖冬日，情满雅园"摄影绘画展暨爱心义卖活动如期举行。马昱瑜和他的爸爸也被我们邀请到现场，义卖自己的画作。这次活动从策划到执行只有短短二十几天的时间，在学校的大力支持，老师、家长、同学的积极参与下，活动终于成形。每一个人都有一颗火热的心，是爱将大家凝聚在了一起。尤其是二年级三班的孩子们，他们利用周末休息时间，和爸爸妈妈一起，端起自家的照相机，照出心中最美雅园的一角。又用画笔将这雅园的美景一一呈现。最后经过设计、印刷，把这些作品制作成700本精美的台历，在现场以20元一本义卖。

今天现场献爱心的除了二年级三班的家长和孩子们，学校的领导，各班级的老师和同学也很踊跃，大家纷纷慷慨解囊，一本、五本、几十本地认购，瞬间我们的日历抢购一空。大家都想用爱心帮助这个可怜的孩子，帮他的妈妈早日康复，让他重回妈妈温暖的怀抱！有些一年级的小朋友一块、两块地献爱心，有些高年级的同学来回跑几趟，日历卖完了，也捐出他们的爱心！

最终，在短短两小时，我们共募得18 380元善款，第一时间在现场交给了马昱瑜。他们父子都很感动，连连说谢谢！马昱瑜说："尊敬的老师、同学们，我是马昱瑜，来自乐山夹江的一名在校二年级学生。原本我有一个简单而温馨的家，爸爸妈妈都很疼爱我，可这种幸福因妈妈生了病而被打破了。今年十月妈妈被确诊为急性白血病且严重感染了。虽然我不知有多严重，爸爸说要花很多很多的钱，可我们没有那么多钱，就在陷入困境时，你们伸出了援助之手，让我们感受到了人间的真情，谢谢你们的关爱与帮助，我一定要好好学习，努力做个有用的人，来回报你们，来帮助那些有困难、需要帮助的人，感恩有你！"孩子和爸爸的话语不多，但激动之情溢于言表，而我们现场的家长和同学们也掌声连连，以鼓励他们以一颗乐观积极的心去面对生活。我们募得的这些钱不多，但就如我们的义卖主题一样，"爱暖冬日，情满雅园"。（蔡雨）

案例解读：

A城经常举行这样的义卖活动，有时是"580"的孩子，有时是一个班级的孩子，有时是整个年级。孩子们坚持用自己的劳动来帮助需要帮助的人，他们也在这个过程中享受着一个公民的成长。

③"你教我学"到"共研共学"——以主体的智慧实现个人价值。

引导学生实现个人价值,应该是学校公共生活所追求的最高目标。在小学阶段的公共生活构建中,学习活动是重要的组成部分。在对学习活动的研究中,我们一方面拓展课堂教学的内容,将现实生活引入课堂,作为不断更新的现实教材,引导学生关注身边事,学会信息选择、加工与运用。另一方面,我们通过课堂教学改革课堂师生关系、生生关系。无论是"教中学""单元主题模块教学",还是"无"指导作文研究、"任务型"教学,每一种模式的研究,都是将学生真正放在了课堂的中心位置。老师通过课堂组织为学生提供分享、交流、讨论的机会,让学生在这样的课堂上实现自我的知识建构以及公民平等意识、民主意识的养成。

在学校分层作业的研究中,发生了一个有意思的故事。

主体意识案例 3

"老师,我有个建议"

女儿最近自主做了一件事。老师分 A 组和 B 组作业,女儿心里有感,于是在联系本上给老师写了一段话(有史以来最长的自主写话):"张老师,我有个建议,就是不要 A 组和 B 组。因为我们班上有些人自尊心特别强,他们会特别害羞的,所以,我觉得我们有什么错您就直接说,我们改了就好了,就不要分 A 组和 B 组了。如果我们的一个方面做得不好,我们多加练习就好了。希望您能同意我这个建议,谢谢。"

第二天,我留心老师的答复,翻开联系本,张老师写了一页半的纸。问兮可看了,她说有些字不认识,没怎么看懂,于是我读给她听:

"谢谢宝贝,你的提议很好。老师没有因为分组而歧视大家的意思哈。分层教学、自主选择、自主服务、自主负责,首先体现在对自己学习任务的完成上哦。A 和 B 只是一个符号,也许这个符号被赋予了太多意义。但对于我而言,只是区别而已。首先我们承认,人与人之间是不同的,面对不同,有时候,老师也无法做到全然正确……这个过程中,你的善意提醒让老师很温暖。"

听完后,我和小兮相视而笑。我问兮:"老师说服你了吗?"兮说:"说服了一部分,但没有完全说服,但我可以理解。"我问她:"如果不是因为自己在 B 档作业,看到其他同学在 B 档,你也会仗义执言,给老师提出意见吗?"女儿很干脆地回答:"我还是会呀!"看来,人与人之间是平等的,这在她心中是扎了根的。这着实令人欣慰。

后来,我和张老师沟通,她说:"这件事情,小兮给我提了一个醒,就是我们即使读再多的书,知道再多的道理,有时候习惯的力量是强大的。虽然出发点没有任何歧视的意思,但是孩子的心,会有他们自己的感受。我们对孩子的小心呵护是要随时反省的。面对孩子,我们是强势的。我最近也一直在想,我这样对孩子,到底是出于孩子自身的需要,还是我的需要。"(二年级三班 王佑兮妈妈)

案例解读:

如果没有足够的主体意识和平等意识,二年级的学生不可能意识到分层作业背后的不平等,更不可能有胆量对老师的作业布置提出质疑。学校一贯自主的课堂氛围以及平等的师生关系,让孩子心中的公民意识萌芽得到很好的保护与张扬。

2. 我与他人——责任意识的形成

(1)责任意识定位。

我们认为,培养学生的责任意识即是通过公共生活实践让学生明确自己在班级、学校各个部门、环节所担当的责任是什么,并为学生开辟履行责任的机会,使学生具备履行职责的能力,并将责任内化为个人品格。

课题通过让学生参与公共岗位的设置、公共岗位的竞选、志愿者服务、公共活动体验等为学生提供为自己、为集体、为他人负责的机会。学生在这些真实的活动体验中,逐渐明白:每个个体都是集体的一员,每个人都对自己、他人和集体承担责任,我们为他人和集体负责的同时也就是对自己负责。近四年,学生自主管理岗位数量逐年上升。

	2009.09—2010.06	2010.09—2011.06	2011.09—2012.06	2012.09—2013.06
A 城岗位数	82	160	458	745
占总人数比例	4%	8%	23%	37%

学校 100%的学生都参加过校内外各种公益活动,每年约 36%的学生经常主动参加学校或社区的公益活动。

（2）责任意识的培养。

① 明确岗位竞选责任。

学校 A 城实施学生自主管理，学校众多的公共岗位都由民主选举产生。真实的选举体验是培养学生民主意识、责任意识和服务意识的很好途径。学校 A 城及班级选举通过自主报名、笔试考核、演讲拉票、最后民主投票等环节不断引导学生关注公共生活，关心 A 城和班级发展，参与 A 城和班级管理。从而逐步帮助学生树立起对公共生活的责任意识。

责任意识案例 1

特别的第九张选票

昨天，我和一群候选人来到了五年级五班拉票。刚走到门前，就听到这句话——"我们班已经没有选票啦！"其他人失望地转身离开，放弃了他们的拉票演说。我迟疑了一会儿，决定还是留下来。虽然没有选票了，但是我可以让同学们认识我，并了解我的 A 城构想。所以，我昂首挺胸走进他们班，自信地开始了我的演说。

当我在他们"哇、哇"的赞叹声中，在他们热烈的掌声中走下讲台时，我得到了一张意想不到的选票。因为我的演讲打动了同学们和老师，他们班特别到大队部专门为我申请了一张选票。这真应了那句话："过程美好了，结果也一定美好。"这哪儿是一张普普通通的选票？分明是老师和同学对我最大的鼓励和支持。（谭博今）

（谭博今在这次民主选举中脱颖而出，当选为 2012—2013 年 A 城市长。）

案例解读：

真实的体验才能生成真正的意识。学生的竞选观念和意识在体验中一点点接受挑战，一点点辨析得更清晰。从关注竞选结果到关注竞选过程的参与，功利色彩慢慢褪去，学生开始真正明白选举的责任，是对自己负责，也对选民负责。

② 乐于履行社会服务义务。

服务社会是每一位公民应尽的责任。学校 A 城专门成立"580"志愿者小队进行 A 城及社区服务，培养学生的集体意识和社会责任意识。

"580"是"我帮你"的谐音,"小红帽"是他们的标志,他们希望用自己的双手带给别人更多的帮助,用自己的智慧为他人排忧解难,用自己的爱心为大家提供更多的服务。学校"580"小队从40多人逐渐发展壮大到260多人,越来越多的学生爱上了这项助人的工作,并在其中找到了真正的快乐。有学生说:"虽然当'580'占用了不少我的课间休息时间,但是看到别人因我的帮助而感到快乐,我也很快乐。我觉得很光荣,也很值得。"

A城还将每月的19号定为爱心日。组织全校同学将家里收集的废旧报纸拿到学校卖,得到的资金作为公益基金帮助那些需要帮助的人。

责任意识案例2

我和捐报纸

从2012年4月19日开始,我们的A城爱心日就诞生了。

4月19日,我捐出了外公给我的2斤报纸。那天,我得到了一颗樱桃印章。看着那些得到2、3颗印章的同学,我羡慕极了。我给妈妈说:"下个月,我要多捐一点,多得几颗印章!"妈妈说:"你捐报纸,就为了得印章吗?"我想了想,说:"得印章是好,但是报纸卖了钱,可以帮助人呀!"妈妈笑了。

为了在9月份多捐报纸,在这年的暑假,我到处收集报纸。超市发的宣传单,我把它带回家收集起来。小区楼道里,经常有人把广告单塞在门缝上,我就从1楼到7楼,把所有的广告单全收集了。外出旅行,看到别人丢掉的垫座用的报纸,我也把它提回家。妈妈说:"只有2两!"但我还是很高兴,这个2两还是可以为需要帮助的人出点力嘛!而且,我还给外公、爷爷布置了收集工作。

我期待每个月的19日……(三年级三班 魏义峰)

案例解读:

学校的公共生活对学生有着深远的影响。哪怕微薄的参与都能让他们感受到自己是集体的一分子,他们有力量帮助别人。这些将从小在学生心中播下"善"的种子,鼓励学生参与各种公共事务,承担各种社会责任。

责任意识案例 3

"守财奴"的公益生活

正如小鱼自己所言,她就是一个小小"守财奴"。小鱼同学对自己的压岁钱和零花钱看管得比保险柜还严实,绝不乱花一分。她一旦有什么非分的购物念头,只要说让她自己出钱,她基本立马打消此念头。不仅如此,她还经常游说我和鱼爸爸以高于银行的利息从她手里贷款,这样她可以赚到更多。

但奇怪的是,这样一个"守财奴"在一类事情上却表现很例外,那就是做公益。

小鱼每见一次红十字捐款箱就捐一次款,她毫不犹疑地把自己三年的零花钱全部捐给地震灾区。她用自己在下雪天辛辛苦苦卖 100 份报纸赚的钱帮助素不相识的贫困姐姐买羽绒服。她用自己都舍不得花的零花钱给云南山区的小朋友买文具和故事书……一次次的公益生活体验让她明白金钱来之不易,开始思考金钱的意义,也知道了学会花钱比学会挣钱更难。

在学校和家庭的共同引导下,她的公益生活也越来越丰富。在家里,她会随我去做一些亲子公益讲座,去帮助一些需要帮助的孩子。在学校,她是快乐的"580",常常帮助同学和老师。她经常到社区看望孤寡老人,陪老人聊天、表演节目等。她还不时到餐厅、商场通过各种表演、义卖宣传公益。

因为参加公益活动,她拥有了更多了解不同人生的机会,懂得尊重每个人的尊严;因为做公益,她结识了各种各样的大朋友、小朋友,学会了自如地和他们打交道;因为做公益,她学会了推销、打非洲鼓、手绘 T 恤、做月饼、演音乐剧等。看到她帮助别人后由衷自豪的样子,我相信此刻的她一定觉得自己非常有力量。"赠人玫瑰,手留余香"的快乐也让她的童年更加丰富多彩。(四年级五班 鱼妈妈)

案例解读:

学校与家庭育人观念的统一,为孩子明确了价值观,同时为孩子创设了和谐一致的公民成长环境。孩子在这样的教育合力中能得到最好的公民成长。

③ 传递有担当、负责任的现代公民精神。

学生的公民责任意识形成还表现在知晓自己在维护公共环境中的责任。我们能够看到学生在体验中责任意识的变化——由"不知不觉"到"自我约束",学生也将这种有担当、负责任的约束力传递给其他的同伴。

责任意识案例 4

走进食堂 走近大厨

一、设计意图

午餐时,很多同学很不珍惜粮食,剩饭倒饭现象严重,胡乱摆放餐具,不讲究卫生,这给食堂管理增添了很多工作。虽然进行了无数次说教,但是效果不大。于是,我们年级组织一些学生参加了"走进食堂、走近大厨"的一日跟厨活动。让孩子们认识到一粥一饭来之不易,对食堂的叔叔阿姨的辛苦工作更加理解。

二、活动过程

1. 采取"学生自荐、演讲拉票、全班公投"的形式推选出六名跟厨同学。

2. 一天的跟厨活动。

两周前,四年级六班和四班的六名同学们参加了由学校后勤组织的"走进食堂、走近大厨"的跟厨活动。通过跟厨,同学们切身体会到了食堂的叔叔阿姨们工作的辛劳,深刻理解了"谁知盘中餐,粒粒皆辛苦"的深刻含义。

3. 参加了跟厨活动的同学们把所见所闻以报告的形式和全班同学交流;跟厨活动结束后,同学们希望能有更多的伙伴们了解食堂、了解大厨叔叔阿姨们、明白"一粥一饭,当思来之不易"的意思。

4. 同学们将所见、所思记录下来,汇总成国旗下讲话稿。

5. 排练以"跟厨活动"为主要内容的国旗下讲话。

跟厨活动结束后,同学们希望能有更多的伙伴们了解食堂、了解大厨叔叔阿姨们、明白"一粥一饭,当思来之不易"的意思。所以,四年级六班的同学们决定借助国旗下讲话的机会向全校同学们宣传跟厨活动的所见所闻,并提出倡议。在准备国旗下讲话的过程中,四年级六班的同学们特意成立了编剧组、音乐组等小组承担国旗下讲话的文字、音乐等准备工作。

6. 国旗下讲话——向全校同学进行宣传，并向全校同学发出倡议。

经过一周的精心准备，成都市实验小学四年级六班的同学们戴着厨师帽、围着围裙、手拿快板上场了。他们以快板的形式介绍了一顿午餐来之不易，用诗歌表达了对大厨叔叔阿姨的感谢。他们还现场采访了食堂的大厨叔叔，了解到珍惜粮食的重要性，明白了应该养成良好的就餐习惯。最后，四年级六班的同学们——A城小公民、小主人们向全校同学们发出倡议：

（1）食勿言、卧勿语。就餐有序，保持安静。

（2）盛饭适量，不剩饭、不挑食。节约光荣，浪费可耻。

（3）碗里的饭菜吃干净，用过的碗勺放盒里，一一点数送食堂。

四年级六班同学们在国旗下讲话中提到的一系列具有说服力和震撼力的数据，以及厨师叔叔的现场讲解，让全校同学们认识到应该珍惜粮食、节约粮食、养成良好的就餐习惯，并应立刻体现在实际行动中。

经过班会宣传分享这次活动，班级倒饭现象大幅减少。同学们还利用国旗下讲话对全校进行宣传，并将凝聚自己真诚理解与感激的诗歌献给食堂的校工们。

在事后访谈中，有孩子说道："以前我们没觉得倒饭有什么了不起，不喜欢吃就倒了呗。但是自己帮厨以后，才知道做一顿饭这么辛苦，现在，谁要是倒饭，我们全班都会一致谴责他，班上没人敢倒饭了。"

（活动后的一周，全校的倒饭数量减少了四分之一。）（贺蓓）

体验帮厨

学生感受：

跟厨活动

  为什么围裙是白色，不是黑色的呢？不是说黑色很耐脏吗？那做饭为什么不用黑色的围裙呢？从小我心里就有这个小小的疑问。可就在我小学第四年的下学期，解答我疑问的时候来了。学校举行了跟厨活动，就是跟着学校食堂的厨师过一天，一个班只有3名同学能参加，第一轮是我们六班和四班。因为我积极活跃，所以幸运地被选上了，这使我高兴不已。

  跟厨的一天终于来到，那一天春光明媚，我自然也神采飞扬。我早早地来到了学校，一切在我眼中都焕然一新。

  我、唐子琳、粟小舟和四班的两位同学跟着贺老师、白老师一起走进了食堂。我边走边想，食堂会是什么样的呢？一阵牛奶似的白烟打乱了我的思路——啊，那是厨师们做饭的菜烟啊！他们8点钟就开始炒菜了。天呀，学校用的锅好大，足足有家里锅的四倍。他们还拿着锄头干什么？走进一看才发现那是他们炒菜用的大铲子，他们整天拿着那么大的铲子，就像拿着一个巨大的网球拍，可真够累的啊！一位师傅负责两口锅，一口锅要用3桶5升油，想想在家里，一天连半桶油都用不到吧！只见厨师叔叔们不停地翻着油，这样油才不会被点燃。放菜啰！几位叔叔"嘿呦嘿呦"地把一大篮胡萝卜倒入了锅中，煮了一会儿，菜的香味扑鼻而来，真让人垂涎欲滴。

  突然，在我耳边响起了"啪、啪、啪"的声音，回头一看，原来是在敲鸡蛋。我指着那堆成小山的鸡蛋问师傅："叔叔，您要把所有的鸡蛋都敲完吗？"师傅盯着鸡蛋，点着头说："嗯。"哇，那么多，我走到鸡蛋边数了又数，在纸上一算，一天要敲一千八百七十二个鸡蛋！而我家里一天就两个，照食堂的用量，我家要吃两年半。慢慢地，蛋壳越来越多，蛋清和蛋黄也越来越满，一口大锅里装满了金黄的"小太阳"。

  "唔——唔"，饭煮好了。一位阿姨把蒸饭器打开了，热浪淹没了每一个人。呵呵，我们都成了雾中的魔法师。被打开的蒸饭器内是白米做成的高楼大厦。阿姨们把米饭一层一层地端到单独的房间里，把米饭分成了8份和12份，而且1~6年级的米饭量不一样的。我们试了试把米桶提到桌子上，啊，还真沉呀！幸好我们六班的个个都是大力士。

分完了米饭，开始炒肉了。肉分成了红白两种，倒入了不同的锅里，不到一会儿，肉就炒好了。我们学着师傅的样子，左手拿着大勺，右手在做好的菜上一抹，锅底沾满油沫，把油沫刮在左手的大勺里，还真有点架势。师傅们再把所有的菜舀了起来，他们用一把竹签似的东西把灶台上的水都扫进一个摆在桌子上的盛水器。接着，他们把地也给洗刷和清洗了。

我们在阿姨的帮助下把一车车的饭菜送到每一个班中，走着走着，我问那位送饭的阿姨："阿姨，为什么围裙是白色的，不是黑色的呢？"阿姨笑眯眯地回答道："因为白色脏起来很明显，好清洗啊！"原来是这样啊！我们几个跟厨的小厨师在师傅们切菜的台子上吃了饭，看见那个菜板大的好像要塌下来一样，还真有点恐怖！最后我们当起了洗碗工，洗碗水真烫，还把我的袖子和裤子打湿了。因为洗碗台很窄很窄，所以我们不得不传递着洗，洗完的感觉真累！

跟厨是件不容易的事呀，真有点辛苦！不过我也知道了围裙为什么是白色的啦！因为厨师必须爱干净，这样做出的饭菜才卫生，才能保证我们的身体健康。（钟圣淋）

案例解读：

当学生一开始听说可以不上课，参加跟厨活动时，异常兴奋。因为跟厨对他们而言就是一个好玩的游戏。但是等他们从早上 7:30 开始跟到 9:00，就有孩子想逃回去上课了。对他们而言，实在太累了。但是最后他们都坚持了下来，并且得到了宝贵的成长体验。只有体验才会促进真正的公民成长。

3. 我与社会——民主意识的深化

（1）民主意识定位。

我们认为，学校公共生活中学生民主意识的培养主要侧重于公民民主价值观的培养、学生参与民主生活能力的形成，使公民具备基本的参与民主生活的判断力和独立思考能力。

民主意识是公民意识建立的基石。民主知识的学习让学生的民主意识更加科学。明辨是非的思维能力为学生参与民主生活提供源源不断的动力。培养民主意识让我们的公民将理性与情感相融合,公共生活更合理、有序,有助于形成一个开放和自由的公民生长环境。

我们的民主意识培养实践主要通过在公民教育校本课程和学科教学进行民主选举专题研究及进行民主精神渗透;通过活动课程让学生参与各类民主活动;通过选举实践让学生实现民主精神的内化。

经过一些研究实践,学生民主意识发生了一系列明显的变化,真正将这种民主精神内化为自己公民意识一个重要的组成部分,渗透到学校公共生活的环境中去。

(2)民主意识的培养。

① 民主价值观的养成。

"多元化社会里的新生公民需要许多机会来审视并努力解决价值观冲突,因为他们都是民主生活不可缺少的一部分。"①

在我们的公民教育课堂教学中,教师并没有直接告知学生民主的概念,学生通过确定问题——讨论问题——提出观点——进一步讨论问题——做出决策这样的课堂实践活动体验民主价值观的由来,通过讨论和做出决策学会了如何将不同的价值观协调、融合。我们经常听到"A 城是大家的,我有权参与""我不赞同你的观点,但我尊重你表达的权利""大家举手表决"这样的话语,"少数服从多数""公平、公正、公开"已经成为学生中的热词。A 城信箱的建议越来越多,勇于表达自己真实想法的学生越来越多。

我们可以从下面的实践案例中看出学生民主知识的丰富和民主意识的形成。

民主意识案例 1

小学生民主意识的培养

在最近两年的 A 城民选中,出现了这样的一种现象:有的孩子为了能在民选中胜出,动了些小心思,在竞选的时候给 A 城小选民们发糖果,

---

① [美]沃尔特·C. 帕克著,谢竹艳译:《美国小学社会与公民教育》,江苏教育出版社 2006 年版。

以此获得选票。这样的行为引起了很多 A 城市民的不满,怎么办呢?A 城议事会选择此议题与各位大队干部们讨论,征集意见,寻求改革办法。A、B 两位小演员将民选场景再现,A 演讲精彩但不发礼物,B 演讲平平但之后发糖给大家,然后让选民们选择各自的支持者。没想到投票的结果竟然势均力敌。支持 A 的说实力取胜,B 是在贿选,不公平。支持 B 的说他很为选民着想。一时间,"何为公平竞争"的辩论激烈展开。双方争执不下。有的老师也支持演讲之后分发糖果的候选人,说:"贿选是很严重的词,分发糖果没有这么严重的后果。我把糖果视作甜蜜的象征,她在选举中能做这么细致的准备,我相信她一定能成为一个工作仔细的好干部。"一席话,说得另一阵营的几个孩子改变主意,端着板凳挪了位置。民主就是"发声"——发出自己的声音,并努力获得他人认同和接受。

更多的孩子端坐在自己的位置上坚持己见,并纷纷举手示意自己有话要讲。同学们并没有因为老师发表自己的观点而受到影响,反而更大胆地从不同方面各抒己见。民主就是坚持自己,敢于对权威产生怀疑,不盲从、不妥协。

当然,有了民主的意识,更多需要制度和行动来让民主真正落地。因此,A 城议事会接下来的环节就是议一议:"怎样才能让小礼物、糖果在民主选举中消失?"讨论的结果将汇成提案,交给 A 城市长召集大家审议,然后在下一届的 A 城选举中真正实施改革。结果,刚刚才争得面红耳赤的同学们,共同为 A 城提出了很多建设性、颇接地气的建议:贿选者实行一票否决制、A 城成立监督委员会、开展关于"公平竞争"的每年一课……这些建议被正式写成提案交到了大队部老师的手中。(贺蓓)

A 城议事会

案例解读：

民主既是公平的参与，也是自由合理的表达；民主既有对他人权利的尊重，也有对自己意见的有理坚持。只有亲身经历了，民主的意识才能扎根。

② 民主活动的参与。

学生的民主意识是在公民实践活动中逐渐建立起来的，从感知到体验再到提升形成意识，这是小学生公民学习的重要方式。学生通过多种形式的民主参与来积累民主经验，提升民主意识。学校成立民主管理委员会，吸纳学生旁听参与学校民主管理。学校重大决策"'十二五'发展规划"制定，让全体学生参与问卷调查，学生代表整理反馈学生意愿，参与规划讨论。教师鼓励学生学写提案，为学校发展建言献策。A 城组织学生参与 A 城议事会，参与社区代表大会，学习民主生活程序，了解社区工作，体验民主生活。A 城还设立 A 城信箱，畅通民主渠道等。

民主意识案例 2

没有樱桃的樱桃节

每年 4 月下旬，是全校师生最期盼的一年一度的樱桃节，届时，大家共同分享学校的樱桃。可是这个周一早上，成都市实验小学的同学们一来到学校就呆住了：上周都还挂满了的樱桃今日一颗不见。樱桃都去哪儿了？孩子们炸开了锅。大家翘首期盼的樱桃节怎么过？是去市场上买些樱桃回来凑个数，还是咱们想办法换个法子过个不一样的樱桃节？

成都市实验小学 A 城公民们就这个议题紧急召开 A 城议事会热烈讨论。最后，A 城议事会向 A 城提交了提案：通过 A 城公民的探索与创新，以"樱桃去哪儿了"为主题，重新设计 2016 特别的樱桃节课程。

在 A 城大朋友们的指导下，原来摘樱桃——送樱桃——分享樱桃的传统活动形式今年就发生了大变化，变成了调查樱桃——设计樱桃——创新樱桃的新课程。

课程一：爱探索

你可以通过仔细观察了解学校樱桃都去哪里了，你可以通过比较发现雅园之外的樱桃树上的樱桃还挂在枝头吗？你可以进行多方面的采访，了解樱桃树的生长周期，了解是什么力量让樱桃树上不再硕果累累。你也可以上网查询，了解樱桃挂果期间我们可以为之后的丰收做些什么。你还可以开动脑筋，为明年的樱桃节建言献策。

课程内容：

1. 参加一次观鸟讲座；
2. 完成一份调查报告。

课程二：爱设计

你们可以把樱桃核淘洗干净，设计完成以樱桃核为主要材料的种子画、卡片或书签……，参加雅园展览。

课程内容：设计种子画。

课程三：爱创想

喜欢编程的你可以自己提出设计意图，通过 scratch 编程设计小游戏，并附上文字，说明游戏控制方式及游戏操作说明。你要让游戏为同学们带来阳光与快乐。

课程内容：设计一款以樱桃宝贝为主角的小游戏。

这样的设计引发了同学们的极大兴趣，在接下来的两个星期里，孩子们就忙开了。

2016 年 5 月 9 日上午 9 点，成都市实验小学行政早课迎来了几位特殊的演讲者——大队长、A 城市长带领 A 城公民代表走进行政会，向学校汇报樱桃节活动开展情况，并提出建议。

首先，大队长伍羿寰对议事会的召开及樱桃节活动的开展进行了总体介绍。樱桃节是成都市实验小学的传统节日，距今已经有近 20 年的历史了。但今年，学校的樱桃却在快成熟的时候从枝头消失了。樱桃去哪儿了？同学们找到大队部，要求召开 A 城议事会，商讨 2016 年樱桃节的活动。从议事会的召开到活动的组织开展，整个过程中，A 城公民们都非常积极。

接下来，分别由 A 城市长张宇月、副大队长王安琦及 A 城公民代表凌晟尧、周旭衡从"爱探索""爱设计""爱创想"三个方面介绍樱桃节的活动开展情况。"爱探索"这个板块的调查报告用事实和数据这样极有说服力的方式向老师们展示了同学们的自主性和探究能力。通过观察与调查，孩子们了解到学校的生态环境非常好，众多的树木吸引了太多的鸟儿在这里生活，原来是众多的画眉鸟和麻雀偷吃了我们的樱桃。为此，同学们建议在校园里设置专门的喂鸟区域，给小鸟提供食物，以免它们再偷吃樱桃。此外，还建议给我们的樱桃树罩上防护网，让小鸟偷吃不到，等等。

在"爱设计"这个板块的活动中，同学们的创意樱桃种子画作品让老师们赞叹不已。在"爱创想"这个板块，老师们对于同学们用软件设计的樱桃主题小游戏十分感兴趣，上台试玩时也是兴致盎然，不得不感叹：兴趣真是最好的老师，现在的孩子太能干了。

樱桃籽画

最后，大队长伍羿寰代表大家向学校提出了建议："我们喜欢这样动脑动手、自主发展的活动，我们希望有更多的时间参与到这样的活动中，希望老师能减轻我们的学业负担，也希望老师能多跟家长沟通，让我们少做额外的练习、少上补习班。我们希望自己的童年能够自己做主。"

孩子们提出的减轻学业负担的建议，受到了成都市实验小学李蓓校长的关注，她重点和孩子们就这个问题进行了交流，并请孩子们作为 A 城公民代表接下来在高段同学中进行调查，用事实和数据说话，引起更多老师和家长的关注。李蓓校长也邀请孩子们和学校老师一起挑选好的种子画作品美化我们的校园。

A 城公民代表上行政早课，是深入培养孩子们公民意识的一次有意义的尝试。这次汇报和建议带给在座的老师们很多启发和震动。在孩子们的自主意识、学习能力和创新能力都越来越强的时候，我们应该给孩子们创造更多更深入的机会参与更多的公共生活，才能让他们不仅具有公民意识，还能培养成为一个合格公民的各种能力。（严利蓉 贺蓓）

案例解读：

A城公共生活，由孩子们自己做主，他们民主参与公共事务的讨论、建议和决策。他们自主管理，真正成为A城的主人。只有在真正的公共生活体验中，孩子们的公民意识和能力才能得到真正的提升。

③民主精神的内化。

随着民主知识的自主学习以及各种民主活动的开展，"公开、公正、公平"成为了学生民主意识的核心要素，学校不断通过民主机构的建立、民主程序的规范、民主活动的保障，让学生的民主精神不断内化。A城每年的民主选举是这一精神的集中体现。A城民主选举让A城每一位公民参与其中，通过选举、被选举，充分行使自己的权利，感受公民的责任，所有的小公民更在这样的过程中通过自主体验、感受、反思获得进步和发展。

4. 我与世界——国际理解意识的萌芽

（1）国际理解意识的定位。

培养学生的国际意识即是以培养学生对外国文化的宽容、尊重、平等、开放的态度为目标，让学生学会接受中外生活与学习习惯的差异性，认同外国文化与中国文化都应该受到尊重和理解，并具备主动向外国友人传播中国传统文化的意识。

学生国际意识的形成为未来学生步入多元化的国际社会做准备，对于促进学生形成开放、宽容的心态尤为重要，同时也是培养学生的国际竞争力的有效途径。

我们通过在校内外公共生活设置中加入相关的国际理解活动和课程，与国外学校和教育机构进行高频度的学习交流，使学生浸润在国际文化的氛围中，视野更加开阔，思维更加活跃。

（2）国际意识的培养效果。

① 开阔眼界，理解多元文化。

生活环境是影响儿童心理发展的重要因素，实小的绿荫长廊上常常挂满了各国的国旗，风雨操场上的"小眼看世界"总是频繁地更新着世界各地的资讯。国际友人越来越频繁地出现在学校里。每年有近十分之一的学生到世界各国游学。国际理解课程的开发和实施,以及诸多活动的开展,让外国友人在与实小的教育交流中了解中国,让学生在与他们的交流中更全面地认识世界,对世界文化有更多的理解和包容。

国际理解意识案例 1

成都 10 岁小姑娘 12 幅作品画家乡　主角全是大熊猫

画成都　满满都是萌点

文殊院、武侯祠、华西坝、熊猫基地、太古里等 12 个成都地标景点,每个地方都有一群憨态可掬的大熊猫在玩游戏,跳拱、放风筝、老鹰捉小鸡、滚铁环、弹玻璃球……

走世界　主角还是大熊猫

从成都到欧洲,走到哪,画到哪,果果把大熊猫"带"到了法国、瑞士、意大利等 7 个国度,开房车的游客、米兰达广场的流浪艺人、威尼斯水城的小船,还吃了斯图加特的冰激凌……

憨态可掬的大熊猫,在锦里、宽窄巷子、杜甫草堂等地方,变脸吐火、转陀螺、吃火锅串串……满满都是萌点。而这些古灵精怪的画儿,全部出自成都 10 岁小女孩姚果果之手。她用一支签字笔绘成《果宝熊猫带你玩转成都》,迅速走红网络,网友纷纷称赞"别人家的小孩"。

从毫无基础到 4 年"画龄",姚果果从成都画到欧洲,从民俗到三国人物,唯一不变的是,主角都是家乡的大熊猫。

果果眼中的成都　果果笔下的成都

借着春节长假,罗女士陪着 10 岁女儿姚果果又把宽窄巷子、锦里、文殊院、武侯祠这些成都的标志性建筑(景点)玩了个遍。每到一个地方,好吃嘴果果仍然直奔各种成都名小吃,吃饱喝足玩好之后,她将这些地标景点一一画了下来,取名《果宝熊猫带你玩转成都》。这套作品迅速在网络上走红。

《果宝熊猫带你玩转成都》一套共 12 张,画了文殊院、武侯祠、华西坝、熊猫基地、太古里等 12 个成都地标,每一个地标景点前都有一群憨态可掬的大熊猫在玩游戏,跳拱、放风筝、老鹰捉小鸡、滚铁环、弹玻璃球……这些属于70后、80后的童年游戏，在果果笔下，生动有趣。

"这些游戏妈妈都会带我玩。"跟其他小朋友爱玩手机、游戏机等电子产品不一样，果果妈妈平时爱带着孩子玩自己小时候的游戏。大年三十晚上，为了让果果更直观地画出"跳拱"，果果爸妈做起示范，兴致高涨的果果也要尝试，却怎么也没跳成功，但恰恰因为没学会，"太古里跳拱"成为果果最爱的一张画。

静态的风景建筑、动态的大熊猫游戏，相得益彰，但果果仍然有些不满意。在妈妈的指点下，果果在画里寥寥数笔添上小猫小狗的身影，顿时就多了成都人闲适生活的味道，满满都是萌点。

小画家 萌萌哒

她 家里长辈颇爱丹青

第一次画大熊猫 巨型脑袋斗鸡眼配上大长腿

果果妈是学美术的，家里长辈也颇爱丹青，从小果果就爱在家里的墙壁上乱画一气。

果果二年级时，就读的成都市实验小学与美国布利斯学校作为友好学校交流，果果尝试画大熊猫，向外国小朋友介绍家乡成都。第一次下笔，果果说，有些"惨不忍睹"，因为她先给大熊猫画了一个大大的脑袋，两个黑圈凑成一对斗鸡眼，头大身子小，被妈妈纠正说身子要画大些，果果大笔一挥，添上两条大长腿……回忆起来，原本有些怕生的果果笑得露出了小门牙。

让果果"不满意"的，还有自己6岁时的第一个绘本。"这是画得最丑的。"果果翻开《熊猫带你游成都》，几条线勾出成都景点位置的简易地图打头阵，吃火锅、泡温泉、三大炮、人民公园转糖人、青城山舞剑，甚至把打麻将的妈妈作为原型也画进了画里。这些画都是果果一次画成的，图画上的英文解释，来自漂洋过海的美国小朋友的翻译。

"妈妈不让我用铅笔，直接画。"果果也喜欢这种握一支签字笔画得随心所欲的感觉。"就跟她说不要打草稿，自己想怎么画就怎么画。"罗女士说，孩子喜欢画画家长就支持，不喜欢的不强迫。

她 笔下的主角只有一个

画的三国人物有点怪

骑着大马长着大熊猫的脸

拿起笔，就一发不可收拾。果果先后完成了6本绘本，都是以大熊猫、成都等作为主体，其中《熊猫带你游成都》和《姚记家传小吃菜谱》，被一款知名的英语学习手机软件收录，点击量过万。去年，成都市实验小学和邮局联合发行了大熊猫主题明信片，就采用了果果的大熊猫美食菜谱。

走到哪，画到哪，是果果的创作风格。去年暑假，果果妈和朋友带着孩子们欧洲自驾游，果果把大熊猫"带"到了法国、瑞士、意大利等7个国度，开房车的游客、米兰达广场的流浪艺人、威尼斯水城的小船……于是，有了《熊猫西游记》，贪吃的果果特意把斯图加特的冰激凌画下来，感觉每天都是甜的。休息的时候，同行的小朋友不是做奥数就是学语文，只有果果拖过画板，刷刷刷画起来，速度还不慢，常常是妈妈做饭的工夫，果果就能画上两三幅。

短短的寒假，果果创作了走红网络的《果宝熊猫带你玩转成都》，还有两套没来得及拓落款的《熊猫吹三国》和《成都老匠人》。果果对三国人物情有独钟，爸爸给她买了一套三国小人书，《熊猫吹三国》的灵感就来自于此，张飞、赵云、刘备、曹操，12个三国人物骑着大马手持武器，形态各异，生猛的形象搭配憨态大熊猫，童趣跃然纸上。熊猫老匠人黑白分明，杀猪匠、弹棉花、打更人、木匠锁匠铜匠补鞋匠，笔画精细，落笔有神，甚至细化到大熊猫匠人额头的一缕皱纹，功底可见一斑。

熊猫漫画

她 是有爱心的小姑娘
把画做成文创产品
为山区小朋友义卖筹款

去年儿童节，学校在宽窄巷子组织募捐活动，义卖熊猫主题明信片等产品，为四川美姑城关小学的同学募集到2万多元现金，还捐赠了价值 3 万多元的儿童图书。在成都启幕的 PANDA SHOW 全球作品巡回展出，果果的熊猫系列绘本漂洋过海到了许多国家，果果还作为百名四川代言人之一，与著名漫画家、熊猫摄影家等艺术大家共同出镜，为四川、为成都代言。

去年圣诞节，罗女士联系商家，将果果的画做成了手机壳、鼠标垫等创意文化产品，在学校的义卖活动上颇受欢迎，罗女士顺带又开了个微店，短短时间，就筹到了 1 300 多元的义卖款，也让果果成为义卖筹款王。

"有几个手机壳，他们说都成了爆款。"开业不久的微店，已然有了不错的业绩，8 日，罗女士刚刚取回定制的文创产品，打包给客户发出去，"打算每隔半年、一年，就帮她把钱捐给山区的小朋友。"罗女士说。

（《成都商报》编辑：陈乐　记者：于遵素）

② 共同研究，聚焦世界话题。

除了多元文化的相互传播，国际理解的另一个重要议题就是对人类共有的一些话题进行深度的交流与合作，共同寻找解决的办法。使大家都能够学会与这个世界一起和平生活。因此，学校的国际理解课程就不仅仅局限于书本的学习，而开始寻找一些世界性的话题，与国外合作，真正让孩子们在体验中把自己当成世界公民，进行学习和研究。

国际理解意识案例 2

中外合作研究：让熊猫回家

2011 年的暑假，一个平常的日子，却因为憨态可掬的熊猫宝宝，我们和致力于环境保护和研究的科思基金牵手成功，拉开了跨国教学科研合作——保护大熊猫。这次合作，围绕通过科学研究和公众教育等手段，努力寻找应对全球变暖等各种不利因素对大熊猫等珍稀濒危野生动物长期生存发展带来的威胁，以此拓宽成都教育的国际化视野，培养学生作为地球公民的责任感和创新意识。成都市实验小学作为中美多方协议中唯一的一所小学，参与到这一国际性的环境保护活动中。

"熊猫回家"计划是卧龙熊猫保护中心一个长期的科研项目，主要目标是遏制大熊猫种群数量的下降，保护它们生存的森林并使其恢复活力，建立起使当地社区可以从保护活动中受益的机制，以及促进当地政府的政策创新，从而为当地保护的发展和激励提供更好的规划。熊猫中心李主任说，选定成都市实验小学作为合作方，就是赞同实小公民教育的理念，想借用实小这所成都的品牌学校的社会影响力、优质公益形象，向社会辐射环境保护意识。

2011年10月13日，全球科思基金会会长Dr. John Spotila、基金会执行副会长Sheri Yi、美国布利斯学校校长Wanny Hersey和斯坦福大学D School（创意学校）的三名教授到访成都市实验小学，受到盛情接待。

在参与了孩子们的"快乐晨练"后，中外孩子们随机分成了四组，在实小孩子的带领下，畅游雅园。小导游们自信地用熟练的英语向外国小朋友们介绍雅园的风景。在了解学校文化的同时，孩子们也逐渐成为亲密的伙伴。

在参加了"2012熊猫回家万名中外儿童绘画大赛"的活动后，四个小组的孩子们来到各组的活动地点，开展了孩子们之间的关于大熊猫的交流和互动活动。布利斯学校的孩子们向实验小学的孩子们介绍了前期他们收集的关于大熊猫的观察和研究成果，实小的孩子们听完外国哥哥姐姐的介绍，也提出了自己的看法和问题与他们交流。孩子们还共同完成了一幅熊猫的拼图。

2012年5月25日，来自全球科思基金的专家和美国硅谷布利斯学校的老师、学生、家长一行近三十人，再次走进实小课堂，携手"熊猫"，开始了面对面的合作交流。

这一次，卧龙大熊猫保护中心副主任李德生博士带来了一组难得一见的熊猫生活视频，开始和中外孩子一起走入"熊猫回家"课堂。

讲座结束，中外小朋友纷纷拿起画笔，画下自己最喜爱的熊猫形象。没有老师辅导，没有模型参考，孩子们笔下的熊猫却各具特色。为了表达对熊猫淘淘的喜爱，大家更是在画纸上用自己的母语写下对它的祝福。来自美国洛杉矶的 Kalene 在自己画板上用毛笔绘制了一只可爱的大熊猫，他乐呵呵地说："大熊猫在美国是友谊的象征，保护它就是保护一段历史。"短短的接触，已经让两国的孩子建立了真挚的情谊。孩子们在自己的画作上写下名字，当作礼物，互相交换，互为收藏。艺术是没有国界的，也许因为语言的关系，孩子们交流受限，可捧起自己动手绘制的礼物，他们脸上的笑容却是如此相同。

国际理解之熊猫课程

这次国际合作，中外孩子有机会亲临碧峰峡熊猫保护基地照顾大熊猫，为大熊猫打扫圈舍，给大熊猫喂食，陪大熊猫玩乐，照顾大熊猫的饮食起居，以近距离的方式全面了解大熊猫的生活习性。

"熊猫回家"系列活动正式启动了实验小学与多方合作，共同开展研究，培养学生环保意识的教育探索。

后来，我们的孩子绘制了熊猫绘本，与友好学校的孩子一起将熊猫的故事通过知名 App 英语趣配音合作，使熊猫的故事让更多的人知道，让大家一起来保护我们的熊猫，保护我们的传统文化。（蔡慧莉）

案例解读：

学生在国际交流中通过自己的画笔和富有中国特色的技能向世界展示自己的才能和祖国文化，孩子们在与外国友人的交流中所流露出来的民族自豪感，以及对外国文化的理解和欣赏，让我们看到了国际交流对公民国际理解意识形成的重要促进作用。孩子们在解决问题时体现出的强烈责任心及付诸行动的实干、合作、创新等精神，将帮助他们成长为一个合格的世界公民。

③ 拓展思维，形成国际视野。

在我们多年的国际理解教育课程探索过程中，学生爱上了具有丰富文化内涵、新颖的教学模式和轻松的课堂氛围。西方的自由戏剧等形式也出现在了我们的课堂。我们常常让学生在中外文化的对比中，去发现世界的不同，辨析不同的文化，思考现实的问题。

随着教学方式和教学内容的改变，我们看到孩子们的身上有了更多世界公民的影子：公共场合中学生的行为举止更加文雅；思考问题视角更加多元；对世界性的话题有了更多的了解，对英语也有了更浓厚的学习兴趣，等等。

国际理解意识案例3

欧洲那只铁手

一天，我们正在公交车上欣赏窗外伦敦的风景，一座雕塑把我们的眼球吸引了过去。一只巨大的铁手从天而降，牢牢抓住了一辆全身黝黑的小轿车，仿佛要把它扔出我们的地球村。

这座雕塑，引发了我深深的思考。

随着社会的发展以及科技的进步，汽车已经成为人们生活中不可缺少的一部分。大街上那飞驰的汽车，见证了我们当今生活的快节奏：上班时，它代替着我们匆忙的脚步；郊游时，它满载我们欢快的笑语。然而，我们只看到了汽车带给我们的便捷，却忽视了最贴近我们生命的存在。汽车的二氧化碳排放量巨大，每一天成千上万的新车走进我们生活，对我们的生存环境造成负面影响

可喜的是，越来越多的国家意识到保护环境的迫切性，采取了许多措施：出行尽量选择公共交通；去野外郊游，可以选择单车。这样不仅可以留给我们更多看风光的时间和机会，缓解日常工作的疲劳，同时也可以减少二氧化碳的排放，这可是一举多得的呀！

这一次欧洲之行，那只巨大的铁手让我记忆犹新，时刻提醒着我：倡导低碳生活，人人有责！（六年级五班　颉虹麟）

（二）带动了教师和学校全面和谐的发展

1. 教师变化

（1）促进了教师公民意识的成长。

课题研究使教师的公民意识也在潜移默化中成长。学校通过氛围营

造、制度建设、开展培训,多层次、多视角培训唤醒教师的公民意识。民主与法制、校园安全、绿色环保、多元文化、国际化等各种主题成为教师公民意识的增长点。公民意识的觉醒,促使教师行为发生着许多改变:教师主动参与学校民主管理,为学校发展出谋划策。他们热心社会公益活动,担任各种志愿者,到社区帮助居民学习信息技术,教他们书法、打太极,进行家庭教育咨询、心理咨询等,参加支教、与薄弱地区结对帮扶等,充分利用自己的所长回馈社会。截至 2017 年 12 月,学校有 50 多位老师担任了网班教学或指导教师。每年有近 50 位老师接待超过一周以上的长期跟岗,每年老师举办公益讲座或活动近 100 场。这些活动强化了教师内心民主、平等、尊重、法制等公民意识,也让实小的老师们在社会上获得了非常高的赞誉。

教师公民意识案例 1

一堂尴尬的音乐课

音乐课上,一位年轻的音乐教师问学生:"你们可以用身体的动作来模仿马蹄声,为歌曲伴奏吗?"孩子们个个都把小手举得高高的。站起来回答问题的孩子声音清晰而嘹亮:"我可以,就像老师昨天教我们的那样,可以用拍手,还有跺脚,还可以——"孩子们余下的声音都被听课老师的议论声给掩盖了。

"难怪上得这么顺,原来排练过的——"

"娃娃太天真了,真是童言无忌啊!"

"老师年轻没有经验。"

"这不是教孩子们作假吗?"

"情有可原,新老师。"

……

这一次尴尬的课堂观察引发了一场教师大讨论:"一节公开课是效果重要还是真实更重要?"学科教学目标与公民教学目标如何取舍?通过教师的集体讨论,教师们意识到,教学生做人比教学生知识更重要,也更需要教育的智慧。

这位老师在第二次再上这节课的时候,抛弃了既定的引导,充分信任孩子们，结果，当她问出同样的问题时，孩子们的回答十分丰富，甚至超出老师的预期。有一个小女孩居然想到了用"弹舌"的方法来模仿马蹄声。所有的孩子都举手赞成，积极性很高，"弹舌"声音效果好极了。课堂的气氛感染了所有在场的人。（郑琳子）

案例解读：

原来的课堂更多是老师预设的演绎，特别是在面对公开课时，老师为了完美的课堂呈现，会精准地设计每一个教学环节，每一句过渡语，甚至将一些关键环节进行提前演练。一切教学过程尽在老师的掌控之中。但是在培养小学生公民意识的研究过程中，对真实课堂的追求，对学生的尊重，让教师不得不反思，不得不改变原有的教学观念。学生的公民意识成长倒逼了教师的公民意识觉醒。

（2）促进了教师公民教育意识发展。

各学科开展各种研究，针对课堂教学如何体现民主、教学内容如何进行公民意识的渗透，各学科结合自己的学科特色进行了自主探索。这些探索创新教学方式、改变师生关系、革新学习方式，促使教师发觉公民教育契机，从而建立学生公民意识培养的意识与方法。如公民主题班会课探索，科学、美术等学科通过开展"小学生科学前概念的调查研究""儿童漫画中文雅小公民渗透研究"等小课题来研究"尊重""民主""责任""规则"等公民价值观；思品等学科根据课程内容，结合时事，开展"关心两会，学写提案"等研究性学习活动；数学学科开展"作业的布置与批改"研究活动等。

① 教师教育理念和实践发生变化。

教师从重点关注教学到有意识地关注"育人"，从关注教育教学的结果开始关注教育教学的过程。

教师公民教育意识案例 1

财富论坛，我能做什么

某天上午，教室不时传出阵阵笑声。原来，该班孩子正在模拟进行成都财富论坛投标竞标活动。一部分孩子各自组成团队，提前设计方案、制定标书，其他孩子扮演投资方，负责考核审查，选出最优的竞标团队。为了博得投资方的青睐，各团队使出浑身解数，提前请教家长，通过 PPT 精心展示方案的优势。而展示过程中，出现了一个小插曲，有一个组在展示结束时，向投资方派发了可口的糖果，这一举动为他们组博得了不少人心，在投票环节，不少同学投了他们一票。他们最后成为本次活动的第一名。

尽管这样的结果有些让人意外，但我发现这是一个很好的公民教育契机。我在点评环节问孩子们：你们吃了别人发的糖，觉得有没有什么不妥？一些孩子意识到：这个组采用了不正当的手段，应该属于贿选。老师接着追问：既然是贿选，为什么还要吃糖？怎样避免贿选，保证公平？这一系列问题引发孩子们热烈的议论，他们对"公平公正"有了更深入的思考。（蔡雨）

案例解读：

模拟"财富论坛投标"活动，其主旨本来是希望孩子通过角色扮演活动，更加深入地了解财富论坛对于成都、对于我们的意义。在活动过程中，蔡老师表现出良好的公民教育意识，她尊重孩子们的真实行为，并敏锐地从中发现公民教育的契机，对孩子进行引导，从而帮助孩子们形成公民意识。

② 教师课程开发能力提升。

培养公民意识打开了教师的育人视野与思路，教师们不再满足于传统的国家课程与校本课程，开始主动开发适合学生公民意识养成的公民教育课程。

教师公民教育意识案例 2

梦想启程

早在几年前，我校就率先开设了校本课程。英语国际理解课的特色英语课，这对初涉这个新的教学模式的我是一个挑战，也是一个学习的机会。可是，这样的校本课程是和我们平时的英文课有着很大的区别的。在第一次接触到《青羊区中小学国际理解教育系列学本》这个由青羊区教研员和一批一线优秀老师编著的国际理解教材时，我的第一感觉就是，我将会和我的学生们携手开始一段美妙的环球之旅，也将会和我的学生们一起展开一段别样的英语学习之旅。其实我早已开始接触校本课程——国际理解课，但那时没有系统的教材，也没有教参，对于怎样开展这样的课，大家都是在不断尝试，摸着石头过河。在一次校内国际理解英语展示课中，我承担了"money in different countries"这一课的展示课任务。这是一次非常宝贵的学习机会，也是我一次珍贵的教学成长经历。

在细细读完教材内容后，我的第一感觉就是，这是一个看起来很好掌控，却包含太多信息知识的课题，货币对学生来说其实既熟悉又陌生。熟悉的是，我们都会常常使用它；陌生的是，货币里所蕴含的丰富文化背景，是时常被我们所忽略，也是我们很少关注的。而货币所包含的巨大的信息量在短短 40 分钟里是不可能面面俱到的，那我们先着重从货币的哪个面来向学生介绍呢？我和我们英语组所有老师开始一起投入到思考、研究、讨论的火热行动中。是介绍货币的历史，还是让学生理解不同国家货币之间的汇率转换？专科组的晓瀛主任和我们英语组的所有老师常常在学生放学后利用下班时间和我一起开始充满智慧和热情的研究讨论，英语组组长方文杰老师更是给予我们最前沿、最具国际化视野的教学理念。在一次又一次的试讲、说课、研究、讨论、再试讲的"痛苦"过程中，我在我们组老师们的引领下不断地在体会，在感受，在提炼，在进步。可是，在一次次的试讲后总觉得有所欠缺，不尽人意。在试讲中，这一课最先设计的是一个 free talk 的引入环节：让学生们自由讨论自己上一个周末的活动，并谈论到老师的周末是去购物，引出钱这个话题。同时设计了一个学生购买巧克力的活动，从而引出这节课需要学习了解的四种不同货币——人民币、美元、英镑和欧元。虽然环节上勉强连贯，可这一课的重点——文化的理解却还是不突出，老师的讲授太多，学生的参与性不高。可是问题到底出在哪了，该怎样修改，我们又都梳理不出来。带着问题，我们向李校长求救。

李校长在听完说课流程后给予了我们最为宝贵的建议。校长首先梳理清楚了我们的思路：国际理解英语课是一门让学生了解西方国家的社会文化、生活习惯，拓展视野、提高英语交际能力的特色英语课，学生重在对国外文化的学习和理解。校长建议：我们的 free talk 环节可以去掉，直接由用相同面额不同种类货币购买巧克力这个活动开课，引出货币这个课题。校长的这个珍贵建议在后来的试讲实践中果然奏效，整堂课一开课就吸引了学生的注意，直接切入主题，简单有趣。学生分四组从老师准备好的"money box"中随意抽出一种货币来购买巧克力，抽到哪种货币，学生所代表的大组就研究这种货币，引入环节直接把学生带到了对钱的认识当中，学生分小组阅读自己手中需要观察的货币文字资料，观察货币的各个细节，和同学一起讨论并合作填写观察货币的结果表格。学生的观察与填写是对货币文化学习的初步了解，小组讨论则让学生能有更多机会自主学习、研究。而老师则把课堂交给学生，只是在学生汇报研讨后的结果时做讲解与总结。货币上所隐含的文化，把学生们一次次带入了环球文化之旅，学生们透过一张张小小的纸币，看到了一个大大的世界，一个充满了丰富历史，美丽而让人向往能更多去了解的世界。最巧妙的环节是，学生在了解了货币文化知识后，又回到开课最初所呈现的买巧克力的一幕，让学生拿出自己刚才所购买的巧克力，并告诉大家他们组是用哪一种货币购买的，同样都是 100 的面额，买到的数量是多少？学生们非常兴奋，在统计到英镑大组时，所有的学生都发出了欢呼声："哇！同样是 100 元，英镑可以买到这么多！"老师在这时问学生："Why? 为什么相同的面额 100 元买不到相同数量的物品呢？"就这样很自然地引入到下一个环节。让学生简单了解 exchange rate，即汇率这个概念。在学习货币之后肯定不会缺少体验货币最重要的职能：购买物品，流通职能。在最后一个环节中做设计的 "Welcome to Coco's International Mall"（欢迎光临 Coco 老师的世商城）就是让学生自己身临其境地体验使用货币的感受。看着学生们手中高举着"货币"奔向"购物商城"，拿着自己买到的东西和小伙伴们一起分享，他们的笑脸和投入让我感到，在这节课里，他们是快乐的，是有收获的，这节课是成功的。

40 分钟很快就过去了，可这样的 40 分钟带给我和孩子们怎样的经历呢？我想，我和他们一样，都经历了一次丰富而美妙的珍贵体验。国际理解课似乎就像一艘带领我们环游世界的轮船，把我们引向这多姿多彩的奇妙世界，感受世界多元文化，体会与世界各地的人和谐相处的温馨时光。能够环游世界是我和孩子们共同的梦想，就让我们一起，搭乘这艘梦想之船开始我们的梦想之旅。（王颖）

案例解读：

在课程开发中，老师从关注货币本身，逐渐意识到货币背后的不同文化理解才是课程的最终目的。因此，采用对比观察、活动体验等方式让学生真正感受到多元文化，培养包容的国际理解意识，老师的课程观和课程实施都有了可喜变化。

（3）促进教师家校共育意识的增强。

实验小学一直非常注重家校共育，早在20世纪80年代就开办了家长学校，培训家长、整合家长资源为学校教育提供支持等，教师也通过定期的家长会、家长开放日、家校练习本与家长建立各种联系。但是，沟通的内容主要聚焦在学业上，这让一些孩子在学校和家庭中，成了不同表现的"双面人"。随着公民意识培养的研究，联系学校与家庭的不仅仅有学业，更有学生作为公民的成长。一方面，学校更加开放课堂，邀请孩子们的爸爸妈妈进课堂，进学校，深入了解，深层互动，共同变革对孩子的评价。比如，有时候，家长是课堂某个环节的观察员，或者是某个环节的大众评审，有时候是某个片段的主讲。家长以各种形式参与课堂及学校活动，从各个方面了解自己孩子的全面成长。在这一过程中，教师有意识地引导家庭对孩子进行公民意识的培养。另一方面，家校携手共同开发公民课程，拓宽孩子公民成长的路径，为孩子成长营造更好的公民成长环境。

教师家校共育意识案例

家长进课堂，因为我最棒

对于广泛接触社会和各类媒体的孩子来说，简单的物质奖励，已经不能触动他们的心灵，对他们形成可持续的刺激和推动。因此，我们在思考，怎么样让评价成为一个统一的"场"，为学生的个性发展和成长提供立体的一致的触动和推进。"家校合一"的评价由此产生了。

在我的班上，每个月的第一周，都有那么一天，班集体里会迎来多位手持"课堂金钥匙"的家长，他们被邀请到课堂里，他们每个人的脸上都洋溢着欣慰的笑容，因为只有在上个月，在班集体中有突出表现和长足进步的孩子的家长，才能得到这把"课堂金钥匙"。有了这把钥匙，家长就可以走进课堂，走近自己的孩子，陪她（他）一起听一节他们都感兴趣的课，在整堂课上，家长就那样静静地陪伴着孩子，静静地聆听这节课。

这就是我班上实施的一项全新的评价方法——"家长进课堂，因为我最棒",以一个学月为评价周期,对周期内表现突出和有长足进步的孩子予以嘉奖,嘉奖的方式不是发奖品,也不是发奖状,而是一把"课堂金钥匙"。这把金钥匙奖励给学生,使用权却在家长,有了这把金钥匙,家长可以在下月的第一周,选择一节自己感兴趣的课,走进课堂,陪孩子静静聆听。虽然只是一节课的时间,但被邀请进课堂的家长因为孩子的优异表现而来,因此,他们的内心和举止,充满着喜悦和欣慰,他们与孩子的沟通和交流,哪怕是一个眼神,对孩子来说,都是无言的褒奖。这样的褒奖会从拿到金钥匙的那一刻开始,直到家长听完那节课之后,久久地延续,孩子在老师、家长和同伴的一致首肯中,他们内心积极向上的动力会如泉水涌动,不息不竭。

一位家长在参加了走进课堂之后,这样写道:从那一天进门,儿子欢呼雀跃地把"课堂金钥匙"递给我的那一刻起,我的心就随着孩子的心一起飞扬。随着时间一天天地临近,5月12日我走进了杉杉的课堂。让我没想到的是,孩子在课堂上的变化会这样大。以前,课堂上的他,那么腼腆,举手都是怯怯的,而现在,他那专注的眼神,笔直的身板,还有高高举起的小手,流利的回答,天哪,这是我心中那只怯生生的小白兔吗?不是了,不是了,他那么自信和积极,这份自信像一股强大的电流,传递给了我,我难道不该为我的儿子骄傲吗?有了这份自信,在儿子的成长道路上,我们还会畏缩吗,还会胆怯吗?不,不会!(李红)

家长进课堂

案例解读:

对孩子来说,他生活和学习的环境中,老师和同学很重要,家长更重要。孩子总是渴望,当自己得到老师和同伴的表扬之后,爸爸妈妈也能对自己的进步表示肯定,这种肯定的一致,会打动孩子的心灵,成为他不断努力上进的不竭动力，让他们铭记心中，终生难忘。

2. 学校的变化

（1）学校文化的变化。

学校在雅教育思想的引领下，一直秉持"为学生的终身幸福奠定坚实的基础"的办学理念。我们一直在追问"究竟什么是学生终身幸福的基础？"曾经我们提倡培养文雅学生，即："品正业勤，文质彬彬，心灵手巧，生气勃勃，情有所爱，志有所远，体有所健、行有所美、达于可能之最高"。但是在课题研究中，我们对这一问题有了更深刻的理解。人不是独立于社会之外的，我们除了为学生奠定"个人发展"的基础外，还应该通过公民教育为其将来能顺利、和谐地走向社会生活奠定基础。学校教育的核心目标就是培养合格的未来社会公民。在课题研究中，我们提出了"充分享受权利、积极履行义务，做文雅小公民"的公民培养目标，通过学校公共生活平台实施权责统一的积极公民教育，培养自主、敢于担当、具有独立思考能力和国际视野的世界公民，为学生将来能顺利、和谐地走向社会生活奠定基础。

学校用实际的言行践行着"实验研究，辅导地方"的建校使命，也践行着一所学校的社会担当。为响应四川省委省政府《四川省民族地区教育发展十年行动计划》，学校于 2012 年与东方闻道公司成立成都实验小学东方闻道网校，将自己在教学和文化上的积累无私地与薄弱地区、薄弱学校分享，为均衡教育和精准扶贫做出自己的努力和贡献。每天，学校的 22 名教师面对镜头，将自己的教育教学智慧无私地通过卫星传输到远端。学校也将学校的文化建设、学校管理、学术研究等活动都传输到远端，供他们学习借鉴。截至 2017 年 12 月，成都实验小学网校已经录制教学活动 273 次，录课 12 595 节，直播备课 611 次。目前，学校拥有 128 所远端学校，惠及 900 多个班级，3 500 多名老师，60 000 多名学生。学校这一勇敢的社会担当受到社会的高度认可，全国、省市平面及电视、网络媒体报道网校 30 余次。学校的这一举动多次受到国家、省市教育主管部门的高度肯定。网校研究的成果《以"植入式教育"为核心的全日制小学网校实践研究》获得四川省第六届教学成果一等奖。每年到网校参观学习逾千人次，受到好评无数。

（2）课题研究促进学校教育的全面转型。

檀传宝教授曾经说过"公民教育是学校教育的全部转型"。这也就意味着学校教育的所有工作应该为学生的公民意识培养服务。要培养具有公民意识的学生，需要具有公民意识的教师，具有民主氛围的校园，还需要挖掘和整合所有可以利用的资源。通过近八年的课题研究，无论是教师管理、课程设置、教学管理、校园公共生活、班级公共生活上，还是后勤服务、家校社合作上，在理念与方式上都发生了巨大的改变。学校从培养人才转变为培养公民，学校德育从学科德育走向"共育"德育，从传授德育走向体验德育，从知识德育走向价值德育，学校也变得更加民主、开放、有活力。这些变化也为学校的公民教育带来更多的资源、更多的参与者与合作者。

学校提出"18+"的概念，开放校园，充分利用周围的博物馆、科技馆、美术馆等，开发各种泡馆课程、行走课程，让学校教育不仅仅局限于校园的围墙之内。在纵向上，学校开发了以幼小衔接课程、始业课程、泛在课程、年段课程、毕业课程、小初衔接课程为线的学校课程树。在横向上，学校与家长合作，与越来越多的社会机构合作，为孩子们提供更丰富多彩的选修课程，如博物馆课程、非遗课程、戏剧课程、国际理解、运动技能、科技创新等，充分为孩子提供更广阔丰富的学校生活，全面培养孩子们的公民意识。学校已经开始打破学科界限，进行跨界融合，探索 STEAM 学习方式，等等。越来越多的班级开始开发自己班级特色鲜明的班本课程等。

（3）形成了一批物化成果。

课题研究促进了一批成果形成。书稿《小学校，大雅堂》在教育科学出版社出版。《中国德育》《校长》《四川教育》《中国教育报》《教育导报》等多家杂志和报纸发表我校"小学生公民意识培养"课题研究成果15篇。提炼了《雅园公民手册》《小学生公民意识培养研究案例及教案集》《小学生公民意识培养研究论文集》等文字成果10余册。《中国人你为什么不生气》《关于选举》等公民课在省、市、区展示获得了好评；学校孩子参加中央电视台环保少年纪录片拍摄，创作了自己的环保宣传片；与四川省检察院创作演绎儿童防欺凌神曲等；孩子的熊猫漫画绘本，获得国家专利的科技小发明……这些都记录着孩子们的公民成长。

（三）形成了广泛的社会影响

经过七年多的课题研究，学校形成了浓厚的公民意识培养氛围，学校从学校管理、目标设立、课程建设、教师发展、活动开展等多个视角对培养学生公民意识进行研究，都有了明显的成效。学校得到学生、家长及社会的广泛认可。一大批学生被评为 A 城积极公民。有的学生获得成都市美德少年称号，有的学生的公益行动被中央电视台、深圳卫视等媒体广泛宣传。四川电视台、成都电视台、《华西都市报》《成都晚报》等多家媒体报道学校培养学生公民意识的活动 40 余次。根据学校志愿者小队改编的音乐剧《580》还登上了四川省六一文艺晚会。

公民意识课题成果获得教育部颁发的 2014 国家级教学成果奖二等奖，获得四川省人民政府颁发的四川省第五届普教教学成果奖一等奖。并先后在全国德育学术委员会第 23 届年会，由中央文献研究室、教育部、四川省人民政府主办的邓小平"三个面向"教育思想暨教育改革发展研讨会等重要学术研讨会上交流，并向全省做专题展示。我校公民培养先进经验还吸引了全国各地乃至新加坡、英国、加拿大等国际友人的关注，学校每学期接待前来参观交流学习的教育同仁 1 000 余人。学生的整体精神面貌，以及在各种活动中表现出的公民素养令人赞叹。

七、课题研究中的问题

经过七年多的课题研究，我们的研究目标越来越明确，在研究途径上从多视角共同聚焦学生公民意识的培养。课题研究有序推进，也推动了学校各方面工作的改革。在此课题中，教师、学生、家长在各种研究活动中逐步提高了公民意识。但是，在研究中发现，还存在以下问题：教师公民意识及公民教育意识有待提高；公民培养行动目标有待在实践检验中不断修订完善并付诸实践；学校公共生活平台的拓展，方法与路径的创新等都有待改善；公民校本课程开发及实施还需加强，学生公民教育活动如何常态化、序列化，并形成相应制度和学校文化；家长对公民课题的理解和配合还有待提高；家庭、学校、社区三结合模式还需深化研究；家长发展学校运行机制和活动还有待深入研究，等等。这些问题促使我们在公民教育这条道路上不断探索。

参考文献

[1] 王红. 美国公民教育的目标、内容、途径与方法综述[J]. 外国教育研究，2004（3）.

[2] 曾琦，单文经. 澳门中小学品德与公民教育成效的评价研究[J]. 比较教育研究，2009（11）.

[3] 袁利平，宋婷婷. 美国学校公民教育：内容、途径与模式[J]. 集美大学学报，2008（4）.

[4] 赵越. 内地与香港公民教育的比较及借鉴[J]. 辽宁教育研究，2004（3）.

[5] 姬振旗. 20世纪80年代以来英国中小学公民教育研究[D]. 石家庄：河北师范大学，2007.

[6] 郑航. 美国社会文化变迁与中小学公民教育[J]. 外国教育研究，2001（2）.

[7] 周承云. 新加坡青少年公民教育的研究和启示[D]. 北京：中央民族大学，2007.

[8] 李庶泉，种媛. 俄罗斯社会民族与公民教育的现状[J]. 外国教育研究，2003（12）.

[9] 孙凤华，段晓霞. 思想品德教科书中公民教育价值取向基本框架[J]. 教育学术月刊，2009（2）.

[10] 刘丹. 全球视野下我国公民教育研究应把握的三个维度[J]. 教育理论与实践，2009（5）.

[11] 张朋燕. 香港学校公民教育的演进透析[D]. 北京：首都师范大学，2009.

[12] 高德胜. 生活德育论[M]. 北京：人民教育出版社，2005.

[13] 梁金霞. 中国德育向公民教育转型研究[M]. 北京：知识产权出版社，2009.

[14] 王啸. 全球化时代的中国公民教育[M]. 福州：福建教育出版社，2006.
[15] 沈明明，等. 中国公民意识调查数据报告[M]. 北京：社会科学文献出版社，2008.
[16] 金生鈜. 保卫教育的公共性[M]. 福州：福建教育出版社，2008.
[17] 陈弱水. 公共意识与中国文化[M]. 北京：新星出版社，2006.
[18] 蓝维，高峰，等. 公民教育：理论、历史与实践探索[M]. 北京：人民教育出版社，2007.
[19] 王文岚. 社会科课程中的公民教育[M]. 北京：中国社会科学出版社，2006.
[20] 邵龙宝，李晓菲. 儒家理论与公民道德教育体系的构建[M]. 上海：同济大学出版社，2005.
[21] 尼克·史蒂文森. 文化与公民身份[M]. 陈志杰，译. 长春：吉林出版集团，2007.
[22] 唐克军. 比较公民教育[M]. 北京：中国社会科学出版社，2008.
[23] 王雄，朱正标. 重建学校公共生活——中小学公民教育的理论与实践探索[J]. 中国德育，2007（8）.
[24] 叶飞. 公民意识的内涵及其养成[J]. 政工研究动态，2007（21）.
[25] 叶飞. 公民教育与公民意识的培养——兼论公民教育在学校德育中的实施[J]. 思想理论教育，2008（3）.
[26] 姜涌. 中国的公民意识问题思考[J]. 山东大学学报，2001（4）.
[27] 吴杏梅. 广州市小学生公民教育的现状调查及对策思考[J]. 小学德育，2008（10）.
[28] 张健. 公民意识内涵研究：国家观念、私权意识、主人意识和公共理念[J]. 公民意识研究，2008（5）.
[29] 李大琨. 论公民意识[J]. 新视野，1998（6）.
[30] 郑航. 美国社会文化变迁与中小学公民教育[J]. 外国中小学教育，2001（2）.
[31] 郑航. 英国中小学公民教育的发展及其特点[J]. 外国中小学教育，2000（4）.
[32] 袁力平. 澳大利亚、日本、泰国和美国中小学公民教育比较[J]. 世界教育信息，2004（12）.

[33] 赵越. 内地与香港公民教育的比较及借鉴[J]. 辽宁教育研究，2004（3）.

[34] 张鹏燕. 香港学校公民教育的演讲透析[D]. 北京：首都师范大学，2009.

[35] 李萍. 日本学校中的公民教育浅议[J]. 道德与文明，2003（1）.

[36] 龚群. 新加坡公民道德教育研究[M]. 北京：首都师范大学出版社，2006.

[37] 石鸥平，张倩苇. 香港学校公民教育的发展与前瞻[J]. 学术研究，1997（6）.

[38] 王世伟，黄崴. 参与式公民学习——香港公民教育政策的新动向[J]. 清华大学教育研究，2010（8）.

[39] 檀传宝. 论公民教育是全部教育的转型——公民教育意义的现代化视角分析[J]. 安徽师范大学学报，2010（9）.

[40] 檀传宝. 论"公民"概念的特殊性与普适性——兼论公民教育概念的基本内涵[J]. 教育研究，2010（5）.

[41] 檀传宝. 民主公民的教育：1995—2005年公民教育的研究、政策与实践述评[J]. 中国德育，2006（12）.

[42] 檀传宝. 当前公民教育应当关切的三个重要命题[J]. 人民教育，2007（15）.

[43] 李帆. 研究与发展中国特色的公民教育——访北京师范大学公民与道德教育研究中心主任檀传宝[J]. 人民教育，2008（18）.

[44] 周承云. 新加坡青少年公民教育的研究和启示[D]. 北京：中央民族大学，2007.

[45] 冯建军. 多元公民身份与公民教育[J]. 南京师范大学学报，2012（11）.

[46] 叶王蓓. 社区公民教育开发：伦敦博物馆为例[J]. 香港教师中心学报，2011（10）.

附 件

附件1 专 题

专题一

校工参与 育文雅公民

刘毅 付涛

近年来,中国社会急剧转型,加强公民意识,加快公民社会建设已成为政府和民间的共识。而基础教育阶段对儿童的公民意识启蒙和养成有着关键的作用。在全国教育规划课题"小学生公民意识培养的实践研究"的引领下,我校开始探索通过整合多方面的教育力量,共同构建适宜儿童公民意识养成的公共生活。本文重点阐述在学校雅文化和公民教育理念的指导下,学校后勤通过更新观念、转变管理方式,发掘校工优势,成为学生公民意识培养的重要助力。

一、理念更新,儒雅校工育人

雅文化是学校的基本理念,其目标是培养具有现代公民基本素养的文雅小公民。儒雅校工是学校雅文化中重要的组成部分。一方面,他们要在学校的雅文化中得到浸润提升,成为儒雅校工,树立公民意识;另一方面,他们要积极为学生创建适宜公民意识养成的公共生活,发挥自身优势,参与到文雅小公民的培养过程中。而校工们在此过程中也将促进自身公民素养的成长。

二、管理变革，让校工成为合格公民

（一）民主参与，共建校园——树立校工公民意识

1. 理解与尊重，营造平等氛围

学校的校工绝大多数是临时工，因为工作性质的关系，很多时候容易被人们忽视，对他们的劳动和付出视而不见。为此，学校非常注重营造良好氛围，增进师生与校工之间的理解与尊重。

为了让校工在学校有家的感觉，感受到尊重，学校将校工的全家福展示在显眼的位置，让他们也成为学校一道亮丽的风景。这也让走进实小的每一个家长、老师、学生都能感受到学校对每一个人平等的尊重。在学校大大小小的讲座、宣传资料中，校工的身影经常出现，他们的风采随着实验小学的雅文化传扬也声名远播，这让校工充满自豪。

有一次，在学校会议上，校长给全校老师念了几段对学生的寄语，让老师们猜是谁写的："成功的快乐在于一次又一次对自己的肯定，而不在长久地满足于某件事情的完成。""让每一缕灿烂的阳光，沐浴着每一个可爱的精灵，让每一滴清润的甘露滋养着每颗纯洁的童心。"学校老师纷纷猜测是学校一位中文系的高才生写的。最后校长揭开谜底：这是学校的校工写的。老师们发出阵阵惊叹：平时身边朴素平凡的校工竟有着这样丰富的内心。由此，老师们对校工更多出一分敬佩之情。

此外，学校也积极为校工创设展示风采的机会。在学校各种集体活动中，校工都作为一个团队积极参与。雅园讲坛是一个进行教职员工专业培训、特长展示、兴趣交流的平台。校工也是雅园讲坛的主讲人之一。他们站上雅园讲坛的讲台，为全校教师现场讲解和制作糖醋脆皮鱼。现场品尝的美味让老师们赞不绝口。他们还不时和老师们分享一些生活中的小诀窍：揉肉丸子的时候要加点白糖，这样做出来的肉丸子不仅不会散，而且还很嫩；有的女老师脸上老长痘痘，可以吃排毒养颜餐，等等。工会组织厨艺大赛，食堂校工不仅担任评委，而且现场展示专业技能，征服了全校教师。集团教师运动会，学校校工专门学鼓到现场助威。在校园歌手大赛上，校工也一展风采。通过共同参与各种活动，教师对校工的刻板印象逐渐改变，对他们展现出的专业技能和职业道德感到钦佩，发自内心地接纳和尊重每一位校工。而校工也逐渐感受到学校的温暖，

产生归属感和认同感。

2. 知情与参与，保障公民权利

校工作为学校主体，应该有平等地参与学校公共生活的资格，应该对学校的公共事务有知情权，且每位校工的意见和建议都应得到关注与倾听，并有机会参与决策。

因此，学校让校工参与各种全校会议、讲座等。一方面，让校工全面了解学校工作，在各种会议中学习、提升、受到感染，不知不觉修炼自己的个人素养；另一方面，学校也想通过这样的方式让校工意识到他们是学校重要的一员，学校重视他们的工作，重视他们的存在，他们的工作直接影响着学生的全面培养，影响着学校的发展。学校的重视让校工有了主人翁的感觉，也更清楚地认识到自己工作的价值，更积极地投入到日常工作中。在长期的熏陶中，校工们也形成了积极参与民主决策的公共态度。凡学校重大事件的决策、行政的履职以及人大选举等，我们都能看见校工们认真参与、神圣投票的一幕。

另外，校工作为平等的校园主体，也享受着与教职员工相同的福利待遇。基本保险的购买、子女免费在校就读、协助解决子女入托等福利，解决了校工的后顾之忧。权利的平等保障，唤醒了校工们的主体意识。他们更愿意投入情感，积极参与到学校建设中。许多校工在学校工作长达二十多年，学校的校工团队也非常稳定。

（二）专业培训，制度保障——提升校工公民素养

1. 交流制度，分享实践智慧

读书工作之余，学校还制定了校工每月交流制度。或是工作空隙，或是周末，校工们聚在一起，交流彼此的工作，给学校提出建议，化解矛盾和误会，创造和谐氛围，不断提升每个人的集体意识与责任感。

校工小李在工作中发挥他的智慧，创作了钥匙夹。以前若是要找钥匙，总是在一大串钥匙里搜寻。教室、实验室、复印室、办公室，那么多钥匙，经常要找很久才能找到需要的那把。他在工作之余动脑动手，制作了两个钥匙夹，轻松地解决了这个问题，还让其他人也都能一目了然地找到需要的钥匙。他的分享让其他校工受到启发，他们纷纷交流自己的实践智慧，如地要怎么拖最干净，餐车要怎么管理最规范，等等。相信只有一个让人感到快乐的团队和轻松和谐的工作氛围才能使校工们在辛苦工作之余迸发出智慧的火花。

学校就是通过这样的方式让校工们体会到工作可以智慧而快乐，生活可以清新而优雅。这样工作和生活着的儒雅的员工们才能让孩子们健康快乐地成长。

2. 专业培训，培养现代公民

儒雅校工的修炼既需要校工的主动参与，也需要学校管理的大力支持。儒雅校工管理重点在于从培训制度建设来促进校工自主发展，适应不断发展的学校需求。如每月为校工组织一次电脑培训，一期组织一次消防现场培训、一次专业技能培训等。

3. "心斋"读书，积淀个人修养

学校有一间宁静的员工书房，名叫"心斋"。每周，老师们都有半天可以放下工作去那里静静地读书，汲取"养料"。校工也同老师们一样有这样的读书日。他们经常在那里阅读、学习，积淀着自身的文化修养。慢慢地，他们在平时工作之余也会拿一本书坐下小读片刻，这样的情景感染着每一个实小的学生，成为高雅校园的一景。

三、工作创新，探索儒雅校工育人路径

（一）变革常规，创设公民养成新方式

校工要通过积极为学生创造和谐成长环境，主动开辟广阔的后勤育人渠道，实施后勤育人。

1. 交接班级校产，更是交予学生一种公民责任

原来的校产管理更多是在学期初，校工负责与班主任交接班级校产，学期末校工再负责进行校产清理，各班做出相应赔偿。在此过程中，发现学生不爱惜公物、损坏校产的事情时有发生。在课题研究过程中，我们改变思路，让校工参与班级主题班会，正式向全班学生交接班级校产，落实校产管理，期末让学生干部代表与校工一起清理校产，了解学校校产损耗、破坏情况，通过使学生参与此过程培养学生爱护公物的意识等。

从最初的清点校产，到学期中同学们的使用、班级相关负责同学的管理、期末的校产清理，学生们全程参与，在此过程中，他们自己所面对的需要处理的问题也层出不穷，在处理问题的同时，学生们不仅自身主动地增强了爱护公物的责任意识，而且在校产管理上向校工们请教，形成了更适合班级特点的有效管理方式。校工们也意识到自己同为学校教育者，在原来的全方位服务保障基础上与育人相结合。

2. 了解背后的过程，更知粒粒皆辛苦

让小公民们参加帮厨活动，共同参与进菜、择菜、烹制、分餐、洗碗、整理等流程。并将参与过程录制 VCR 播放给同学们观看，让学生们通过真实地观摩了解，更进一步了解每一份饭菜的背后，都是劳动的付出。校工们的工作付出使得平面的课本内容变得立体，午餐食物的浪费情况得以更有效地控制，让学生从一个公民的视角积极参与到学校公共生活，从小培养学生们的节俭、秩序意识。

（二）校工进课堂，传授公民生活基本技能

校工们有着非常丰富的生活实践经验，他们充分发挥自身的优势，对各年段的小公民们进行打扫、种植等生活技能的培训。

学校教学楼旁的"雅园农场"是学生的一个科技实践基地，它让学生亲近土地，参与农作物的播种、照料、收获等过程。学校将校工作为这一实践基地的指导老师。因为校工大都来自农村，他们更加熟悉土地和作物的生长；他们的年龄普遍大于现在的年轻老师，生活经验较丰富。在他们的指导下，学生和老师更好地了解生活，尊重劳动。校工们也在这一过程中对学生进行着文雅的渗透。

校工教学生做川菜

在农作物的种植过程中，学生明白一衣一食来之不易，书本中的知识也有了机会付诸实践。走出教室，在小小的农场中，学生们收获的更是劳动付出后收获的快乐！在多种多样的活动中，学生们发现除了每天在教室里、课堂上的老师外，平日里那些身着制服工作在校园不同岗位的叔叔、阿姨们也都是各有绝活的新老师，在氤氲着大雅之气的雅园中，

新的育人源泉也开始浸润每个孩子的心灵！

（三）校工也评价，构建积极参与的公共氛围

校工育人还表现在他们参与学校教育评价。为培养文雅小公民，学校用"樱桃笑脸"来评价、强化学生的良好行为。如学生见人礼貌问好，主动拾起地上的垃圾，主动帮助同学等，都可以获得一个"樱桃笑脸"。校工在校园内有很多机会与学生接触，也能最真实地观察到孩子们的日常行为表现。因此，所有的校工每周都会领到一定数量的"樱桃笑脸"，当他们在校园中观察到孩子的良好行为时，就会发给学生"樱桃笑脸"，强化学生的好行为，促使学生形成好习惯。他们也是文雅小公民的引导者和守护者。

在平等和民主的氛围中，校工们对学校的情感日益浓厚，对教育的理解也日益深刻，他们用自己的劳动和智慧把学校变得格外美好，也把育人作为自己工作的重要内容。他们有自己的追求，他们读书、考取各种技能资格证书。他们在我们的"小学校，大雅堂"智慧而快乐地工作着，清新而优雅地生活着，用勤劳和智慧为社会培养着积极文雅的公民。

专题二

公民教育背景下的教师自主发展探索

陆枋　夏英

改革开放30多年以来，中国社会发生了巨大变化。社会主义市场经济体制建立，政治民主进程有序推进。公民的民主意识、法制观念不断增强，整个社会文明不断进步。但是，社会的深刻变迁和急剧转型，也对人们的道德心理和道德行为形成剧烈的冲击，在道德领域出现了一些令人忧虑的现象。金钱至上、享乐主义、诚信危机、以权谋私等社会问题的出现不仅极大地损害了社会政治、经济的健康发展，也给教育带来极其不利的影响。加之长期以来的德育失效，青少年的道德状况不容乐观。现代年轻人所表现出来对公共事务的冷漠、偏激，对公民权利和义务要求的失衡等，都显示出学校公民教育的严重缺乏。学校德育仅从道

德层面培养学生德行的现状已经远远不能适应时代发展的需要,学校德育急需变革。

一、社会发展需要公民教育

一个国家要实现现代化,只有当它的人民从意识和行为上转变为具有现代公民意识的公民,这样的国家才可真正称为现代化的国家。学校教育承担着为未来社会培养公民的重要职责。这既是社会发展的需要,也是学生个体发展的需要。

小学生是我国公民的一个特殊群体,他们是公民,是未成年公民。因此,对小学生进行公民教育是提高国民公民素质的基础。公民教育成为世界性的研究课题。

二、学校教育目标:培养未来社会公民

叶圣陶先生说:"受教育的目的和意义就是做人,做社会的合格成员,做国家的够格公民。"就学生个体而言,其成长的最终目标是成为社会的合格公民。因此公民教育应是素质教育的重要组成部分。教育是为学生的终身幸福奠定基础,而通过公民教育从小培养学生的公民意识,逐步锻炼学生的公民能力,从而养成良好的公民素养,是学生终身幸福的基石。公民教育将带领学生顺利、和谐地走向社会生活,获得自身的价值感和幸福感。因此,学校教育的核心目标就是培养合格的未来社会公民。而这样的培养主要通过改革学校德育理念和方式,重构学生的校园公共生活,影响、辐射学生的家庭社会公共生活,通过健康的公共生活养成公民意识,培养未来社会公民。"在真实和不断进步的公民生活中成为真正意义上的公民,应当成为中国公民教育的最重要命题。"[①]

三、教师是小学生公民教育之关键影响因素

公民教育绝对不是简单的对公民概念、公民意识内涵的认知、背诵和记忆。他们必须在丰富的公民体验活动中,去体会公民的义务和权利;在具体的实际操作中,去学习合格公民的基本能力。这要求学校教师必须具备良好的公民意识和公民教育意识。教师在学校是教师,在社会上

---

① 檀传宝:《当前公民教育应当关切的三个重要命题》,《人民教育》2007年第 Z3 期。

是公民。学高为师，身正为范。教师的职责不仅是教书，更要育人。只有教师具有了公民意识和公民能力，才能对学生的公民教育起到积极的示范和引导作用。只有教师具有了积极的公民教育意识，才能积极转变教育观念，充分捕捉教育教学契机，有意识地创设各种学生主动参与的公民生活，培养学生的公民意识，对学生进行公民教育。

四、公民教育背景下教师发展的不适应——自主缺失，公民缺位

成都市实验小学作为一所历史悠久的名校，无论在教育管理、教育教学实践还是教师培养上都有丰厚的积淀。这里培养出了数以万计的优秀毕业生，也造就了一批优秀教师。尤其在新课程改革背景下，学校教师教学观、教师观、学生观、评价观等都发生了积极的变化，教育教学也有了许多新的探索。但是，在新时代的发展中，教师队伍的发展水平还远远不能适应培养未来公民的需求。

社会经济以及多元文化的快速发展，使教师关于"奉献"的职业价值观受到巨大的冲击。社会对经济利益的极大追逐，对教育的功利期待——分数、成绩、升学——极大地消解着教育的公共性，也动摇着老师们对理想、梦想的追求。教师对职业的理解也从"教书育人"的公民视角走向"养家糊口"的私民视角。教师群体出现严重的职业倦怠：不求有功但求无过，个人发展被动。

教师如何应对急剧的社会变化，直接关系到他们培养出来的学生如何适应未来社会的发展。因此，教师队伍的发展成为新时期教育最亟待解决的问题。教师缺乏对自身公民身份以及对学生公民身份的理解和认识，更缺乏对学生进行公民教育的意识和能力。对学生知识的教授胜过对学生做人的培养。这样的教育难以培养公民。

"民主、正义、平等、自由、爱国"是公民教育的重要理念。"公民教育应当是以公民的本质特征为基础和核心而建立起来的教育目标体系，它必须以公民的独立人格为前提，以权利与义务的统一为基础，以合法性为底线。"[①]教师要实施这样的公民教育，自身必须具有独立的人格，明确自身的权利和义务。独立的人格来源于自主性。"自主性"是公

---

① 李萍、钟明华：《公民教育——传统德育的历史性转型》，《教育研究》2002年第10期。

民的核心特质。"没有自主性，正义和自由都无从谈起。培养自主性对各个人发展是至关重要的，它是公民履行权利和义务的重要前提。""自主性是现代人应具备的道德心理特征，是联系各种基本公民美德的纽带。"①

目前，学校公民教育的缺失，更多是受制于学校教师自主发展的缺失。教师发展的理念和方式直接影响着教师培养的理念和方式。教师常常会在培养学生的过程中不知不觉地复制、借鉴自己的发展模式。因此，什么样的教师培养什么样的学生。我们要想培养未来社会的自主公民，就要求教师首先必须具有自主意识，能够自主发展。只有自主的教师，才能从容应对社会变革，不断改革教育教学，用智慧培养社会需要的人。只有自主的教师，才能变时代的挑战为机遇，不断关注自身发展，在自主发展过程中实现个人价值和社会价值的双重实现。因此，学校着手"公民教育背景下的教师自主发展研究"，将教师自主发展作为学校实施公民教育的前提和保障。

五、公民教育背景下教师自主发展的思考及实践

自主是个人发展的重要因素，也是公民的一个重要特质。这样的自主是一种积极的自主，一种理性的自主。教师的自主发展是学生公民教育的前提。因此，教师自主发展是学校新时期队伍建设的重要研究课题。

（一）改革学校教师队伍管理，激发教师自主发展意识

教师自主发展与被动发展相对，强调教师不是被动地按照外在的模式去发展，而是以满足自我需求为主要动机，将外在动力或压力转化为内在需要和行动，主动把握或创造各种机遇，主动实现自我潜能开发的积极变化过程。它是实现教师个性化、可持续发展的主要方式。结合新课程的教育理念，结合社会对教师新的要求，学校从改革管理开始，培养教师自主发展意识。

1. 优化制度管理，给老师减负，预留自主发展空间

在学校原有的管理中，学校行政是学校管理的主体。学校行政从保障学校管理效率出发，制定了一系列的制度让教师遵守。这样的管理井井有条，但是却缺乏生机。一些烦琐、重复、无价值的管理给教师无形

---

① 梁金霞：《中国德育向公民教育转型研究》，知识产权出版社 2009 年版，第 128-129 页。

中增加了很大的负担，教师每一学月仅是应付常规考核就要填好几张表，比如每学月末教师都要填师德评价表、学生状况表、班主任工作表、学科教师任教情况表等，各种表格让教师疲于应付，根本谈不上这些表格填写的质量问题，老师们也对这种考核方式提出质疑。针对此，学校将每月表格简化为一张，并加强了教师自主参与评价与管理的力度，每月教师的意见都能得到及时反馈。

学校逐步开发电子管理系统，将一些零碎的管理系统化、有效化。能不开会就不开会，能通过校园网进行的调查、培训就利用校园网，能资源共享的就绝不重复建设，这些举措有效地节约了教师的时间，为教师自主发展预留出了空间。

2. 渗透情感管理，关注教师工作状态，激发自主发展动机

新课程提出师生之间要建立和谐、真诚、温馨的新型情感关系。而这样的情感关系直接受到师工作情感的影响。学校认识到：教师的生活涵盖了教师的工作。让每个教师都在工作中感受到快乐与幸福，他们才能将同样的感受传递给孩子们。尊重每一个老师，如同老师尊重每一个学生。因此，学校管理逐步从刚性的制度管理过渡到柔性的情感管理，给教师提供相对宽松的心理空间，让教师有机会、有时间来关注自身的发展。学校通过温馨早餐、清新办公室、生日假等措施，让教师在浓浓的温情中酝酿自主发展的动机。

3. 加强文化管理，关心教师精神需要，营造自主发展氛围

公民教育要求教师是一个有独立人格的公民。独立精神生长于自由的文化土壤。新课程要求教师是一个有内在人格魅力的教师。而良好的校园文化对教师的魅力形成有一种自觉的引导作用。学校一方面为大家建立共同的愿境——"立人立己，达人达己""智慧而快乐地工作，清新而优雅地生活"。另一方面，学校以"营造文化校园"为突破口，让各种阅读滋润教师疲劳的心田，为教师营造一个公民成长的学习氛围。校园文化的形成离不开读书。学校在对自主发展良好的教师个案分析中也看到，书籍在其中起到了重要的奠基作用。因此，学校开展了形式多样的读书活动。教育报刊、时尚杂志、热点问题、民国教材等都走进教师们的视野。学校通过集体订阅优秀书刊、诵读经典美文、教师推荐好书、读书笔记交流、建立读书积分卡、评选学习型教师等活动，让教师在浓郁的书香中汲取着独立人格形成所需要的营养。

（二）搭建教师自主发展平台，拓展教师自主发展空间

为了培养教师的自主意识，搭建教师自主发展平台，学校在充分学习调查的基础上，借鉴国内外教师发展的先进经验，于2004年11月27日，正式成立"成都市实验小学教师发展学校"，让学校不仅仅是教书育人的地方，也成为教师发展的重要场所。成立后的教师发展学校在充分调查、了解教师的发展需求，尊重教师的发展愿望的基础上，对教师的自主发展进行善意的引导和积极的帮助。

"成都市实验小学教师发展学校"不仅关注教师的专业成长，更关注教师作为"人"的成长。教师发展不只是关注教师的业务状态，更关注教师的生活状态和生命状态。激活教师的价值理想，让教师有创造性地工作，并从中找到人的尊严与快乐是教师发展的最终目标。

"成都市实验小学教师发展学校"是教师自己的学校，由教师根据自己的发展需要自主提出，自主构建，自主管理，自主参与。它鼓励教师根据自身特点，全面而有个性地发展。

"学校教师发展学校"的学习方式倡导个人自主，团队合作，多向互动。让教师在学习团队中，在交流与分享中，最大限度地启迪智慧，挖掘潜力，促进教师自我价值的提升。让每一个教师都能找到学习的成就感与新异感。

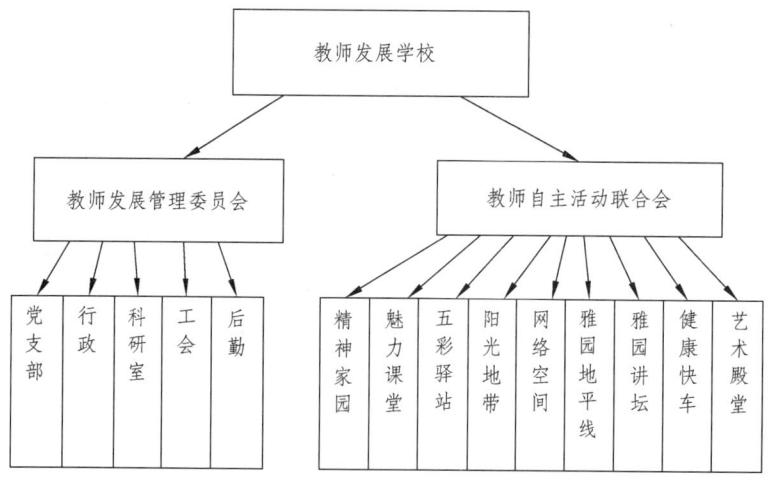

教师发展学校机构图

"学校教师发展学校"下设两个机构。一是服务机构：教师发展管理

委员会。它主要由学校党支部代表、后勤代表、行政代表、科研代表、工会代表五人集合而成。它的主要职责是全面协调、统筹、服务各项教师发展活动的开展。二是核心机构：教师自主活动联合会。下设多个站点。各站点的主持人全是通过一线老师自荐和推荐产生。他们分别负责各个站点活动的组织、策划、设计、实施等工作。

"实小教师发展学校"的校训是：

"一日不学，一日不教。"

"一日不学，一日不长。"

"一日不学，一日不乐。"

"实小教师发展学校"的目标是：

"立人立己，达人达己。"

"智慧而快乐地工作，清新而优雅地生活。"

在全校教师的共同努力下，教师发展学校以菜单形式，以必修与选修结合的发展模式，开展了大量的活动。如五年教龄以下教师赛课活动、老教师与年轻教师结对子活动、每月好书推荐活动、每周专家指导日活动、每周听课日活动、教师暑假全体支教活动、互外拓展训练、"三八"温情红玫瑰、温馨办公室、健康峨眉行、相亲相爱一家人、春天的故事、品读经典、优秀学员申报评选等，这些活动全面关注教师发展，为教师的自主发展提供了多样的平台和机会。教师们在这些活动中智慧而快乐地工作着，清新而优雅地生活着。

这样一个"平民"组织的管理与组织，给了教师们许多公民生活的切身体验。没有权威，只有尊重；没有命令，只有协商；没有服从，只有选择。这样的体验，逐渐唤醒了教师们心中沉睡的公民意识。生活可以有另外一种形式，教育也可以有另外一条道路。

（三）建立教师自主发展制度，激发教师自主发展意愿

教师自主发展制度的建立与学校原有的管理制度大有不同。原有制度建设主体是学校行政，目的是高效管理学校事务。而教师自主发展制度建设主体是全体教师，目的是为教师自主发展服务，并以"人"的发展作为制度的核心价值。在这样的指导思想下，学校构建了一个独特的教师自主发展制度框架。这样的变化，让教师与学校行政处在平等的位置，共同协商发展。教师受到极大的尊重，自主意识进一步加强。

教师自主发展制度框架

制度板块	重点关注	主要内容	制度建设目标
保障制度	自主发展的权利和义务	教师发展学校章程、站点主持人产生制度，站点活动流程、自主发展成长记录册记载制度、学员自主学习积分卡登记制度、菜单生成制度等	通过制度保障组织内成员的基本权利，个体通过对组织义务的承担而取得基本权利的保障。它是教师自主发展制度中的基础，为教师自主发展约定了最基础的发展底线和界限，以制度保障在界限内的发展权利不会受到侵犯。多以基础性的保障、培训制度为主
推进制度	自主发展的能力与过程	教师成长记录册登记制度，自主发展规划制度，读书制度，教师校本研修制度，主题教学月研讨制度，热点问题研讨制度，专家听课日制度，教师专业发展日制度，魅力课堂开放日制度，教师发展学校讲师团外出支教制度，教师校级课题管理制度，教师外出学习培训制度，雅园讲坛交流展示制度	通过跟踪、指导，帮助教师自主发展的过程，以服务性的措施为教师自主发展提供可持续发展的动力，并以制度的形式加以固化。它是教师自主发展制度中的必要条件，也是教师自主发展过程中的必需条件，作为推进制度的主体，教师自主发展过程需要得到外界的帮助和提升，而推进制度中所包含的内容都直接指向了教师自主发展的各个不同阶段，为处于不同发展期的教师个体提供动力、牵引力和互助力。多以指导型、服务型的制度为主
激励制度	自主发展的状态和预期	优秀学员申报评选制度，优秀年级组申报评选制度，优秀教研组申报评选制度，教师学术假申请制度，教师生日假申请制度，教师自主发展学习展示制度，教师自主发展积分制度	通过建立有效的激励机制，为教师自主发展提供稳定的心理预期，为遵守规则的人们在交往上获得空间的扩大和时间的延续，并从中获得自身发展的更大收益。而对于违反规则的人来说，则失去了在交往空间上的扩大和自身发展的收益。达到了自然惩戒的效果。多为各种评比、奖励、评价制度

特别是教师评价对教师的发展具有直接的导向作用。在教师发展学

校中,学校改革了原来一些比较琐碎的、从上而下的评价方式,而换之以教师自主积分、自主记录、自主评价等为核心的教师自主发展成长记录册评价方式,这样的评价鼓励教师从自身出发、多元个性发展,让教师更多关注自身发展的过程,在反思中激励提升自我发展。自主发展的评比也是以自主申报、自主展示的形式来进行的,教师发展学校优秀学员的自主申报、自主展示过程也是对教师自主发展的一次激励。教师的自主发展评价更关注教师自身纵向的评价,让教师清晰地看到自己每一天的进步,逐步提升教师的自我价值成就感,从而激发教师自主发展的意愿。

(四)开展教师自主发展活动,培养教师自主发展能力

教师群体承担了社会文化传承的重要责任,也凝聚了人们对道德典范的期望,因此,教师首先应是一个积极公民。为此,教师发展学校开展大量丰富多彩的教师自主发展活动,以培养教师公民意识。这些活动都来自教师自身的发展需求,由广大教师集体策划,由各站点主持人组织实施。

1. 自主发展活动体验唤醒教师公民意识

本着"促进教师自主发展,提高教师公民意识"的目的,学校通过自下而上的方式,在实践中不断总结、提炼、完善教师发展学校的具体运行程序,让教师们感受在教师发展学校这样一个民主、平等的组织中,如何实现自治。

教师发展学校的运作流程:

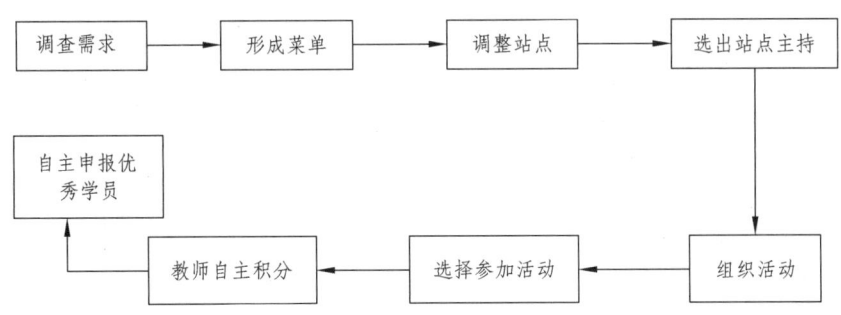

有了这样的流程,教师发展学校逐步从一个教师被动"自主"的教师发展组织,演变成了一个教师完全自主的教师发展组织。

教师自主发展活动体验案例

教师的"抢课走班"

一、课程设计：向学生借鉴"抢课走班"

由学生特别喜欢和期待的"泛在课程"与"选修课程"引发的模式移植：教师也来"抢课走班"，体验兴趣主导下的上课感受。"抢课走班"的之前提是充分尊重老师的兴趣爱好，培训方式不限于简单的讲座说教，而是基于个体定制许多课程，让老师有更多的可选择性，从课程结构到课程参与变被动为主动，变听众为主角，更加重视课程中的动手体验、互动合作及小组学习。"抢"字带来的愉悦体验其实是尊重个性与个体及兴趣的最好输出。

学校与教师发展学校会长协商，在充分听取老师们的意见与建议的基础上推出了学生喜爱与教师喜爱的八大课程，即面点课程、茶艺课程、国际理解、非遗课程、3D打印、插花课程、编织课程及粘土课程，供学校一百多位老师自主选择。

在前一周星期五学校公众号推出了课程介绍、抢课方式，预热周日老师的在线抢课体验。周日很多老师放弃亲爱的懒觉，一大早就守候在电脑前，等待课程上线，以在第一时间抢到心仪的课程，其中的刺激与小兴奋在当天的微信群中一一表达。

二、现场直击：时间太快了，没上够

周一下午全校老师分别跨进八个教室，开始了八门课程的体验。我在茶道课程组，外国人讲中外茶道，最开眼的是我们艺术范儿十足的蔡哥也开口说起了英语，课堂上一阵欢声笑语，时光流逝恍如不知。

偷偷溜出观摩各个课堂的开课情况，奇迹发生了：看手机的没有了，想心事的没有了，做其他的没有了，全都很投入，全都很认真。大家丝毫没有注意到我的出现。因为他们在忙着和面做包子，他们在压制粘土，他们在用心插花，他们在听美国老师教如何制作汉堡，他们在精心编织蝴蝶，他们在打印钱币……课程结束早的老师又跑到另外的教室"蹭课"，整个校园洋溢着浓浓的学习氛围。惊呼声与欢笑声一片片，这才是我想

看到的学习样态啊!

教师抢课之做汉堡

三、课后反馈——"一直开设下去"

这是一个热气腾腾的夜晚。下午培训大家意犹未尽,纷纷在微信群和朋友圈里大秀他们的课程作品,我还在第一时间品尝了老师们亲手制作的包子,第二天收到了插花小组亲手为我制作的花篮,我的幸福感也在瞬间爆棚。

朋友圈里各种赞:有老师说如果每周都是这样的课程培训,他们该有多么期待;有老师说惊喜大过惊吓,没想到这样的课程体验会让自己如此开心快乐;更多的老师则表达了快乐幸福的心理体验。他们说如果还抢课一定比这次更积极主动。有老师还告诉我:这样的课我们都这么喜欢,我想学生也一定会喜欢这种上课方式,我们真该反思下我们的课堂了。这是老师们发自内心的感受,其实就是一种小小改变带来的。(李蓓)

案例解读:

单纯讲授式培训已很难改变老师们轻车熟路的教育理念和教育方式。只有翻转角色的参与和体验,才能触发老师们的真切体悟,引发思考,从而改变自己。对教师主体性的尊重,对教师个性化自主发展需求的尊重让教师发展学校的培训取得了不一样的效果,逐渐影响教师们的教育教学设计与实施。

教师公民意识培养案例

全员制定学校"十二五"发展规划

进入"十二五",按照区教育局要求,每个学校都要制定"十二五"发展规划。学校以往每五年也制定这样的五年发展规划。但是那样的规划更多是学校管理者关于学校办学的思考和做法的体现。学校老师对学校发展规划整体了解得比较少,学校老师参与规划制定就更少。教师更多只是被动地实施规划。在公民教育背景下,学校进行反思:学校不是校长的私人财产,学校是公共机构。学校的发展不仅仅是学校几个行政的职责,更是与学校利益相关的人群的共同职责。尤其是学校全体老师,是学校发展的重要推动者。他们对规划的前期参与直接影响着以后他们在工作中去推动规划的实施与达成。学校是社会的一个缩影。教师对学校事务的参与意识与能力直接影响着教师参与社会事务的意识与能力。为了唤醒教师的公民教育意识,学校将"十二五"发展规划的制定过程当作教师公民意识培养的一个典型案例。让教师在这一事件中充分调动自主性,体验参与学校公共事务,形成主动参与意识。

在规划制定之初,学校面向全校教师宣传规划的制定的目的、意义与方法。然后,开展深入细致的调查访谈工作,全面征集全校教师关于学校发展的意见和建议。召开意见征集会,广泛听取学生、家长、社区及教师代表对学校发展的意见,逐步找准学校定位,形成发展规划草案。学校通过多种渠道讨论规划草案,不断修改完善,最终经过全体教代会正式通过,形成全体教师共同的价值追求。受此事件的启发,各个学科教研组也借用同样的自上而下的民主程序形成了各个教研组的发展规划。

成都市实验小学"十二五"发展规划制定时间安排表

工作流程	时间安排
行政会议培训规划制定	2011年3月14日
成立规划制定小组	2011年3月21日
全校培训规划要求	2011年4月6日
民主选举,成立规划制定民主委员会	2011年4月11日
专家指导,诊断问题	2011年4月11日

续表

征集代表，召开代表会议	2011年4月11日
民主调研，各方代表征集意见	2011年4月18日—4月26日
召开学校发展规划相关会议	2011年5月4日—5月6日
专家会诊，确定目标	2011年5月6日
起草规划草案	2011年5月4日—5月13日
召开全体教职工会议草案征集意见	2011年5月16日
专家指导，修改初稿	2011年5月13日—5月20日
民主表决，全体教代会讨论通过规划	2011年5月23日

成都市实验小学五年发展规划访谈提纲（教师）

1. 您认为成都市实验小学应该培养出什么样的孩子？
2. 您认为成都市实验小学哪些方面做得好？
3. 哪些工作需要进一步改进和优化？您觉得学校急需优先解决的发展问题是什么？
4. 您在专业发展上遇到了哪些困难？还需要成都市实验小学提供哪些方面的支持和帮助？
5. 您对于教师发展、师资队伍建设有什么建议？（团队凝聚力）
6. 日常班级管理工作有哪些好的经验？还存在哪些问题？如何改进？
7. 如何有效开展家校协作？
8. 您对目前的教师工作绩效评价方式有何评价？（合理的地方？不合理的地方？）您认为可以如何改进？
9. 您认为成都市实验小学93年的历史里，哪些积淀和文化值得继续传承？
10. 您期待成都市实验小学在未来5年发展成一个什么样的学校？
11. 您对学校还有其他建议吗？

成都市实验小学五年发展规划访谈提纲（学生）

1. 你喜欢成都市实验小学吗？喜欢成都市实验小学的什么？
2. 你喜欢哪一个老师？你喜欢她/他的什么？还喜欢哪些人？（保安、保健医生、食堂的叔叔阿姨、清洁阿姨）
3. 你最喜欢学校的哪些活动，你喜欢这个活动的什么呢？
4. 你在学校学到了哪些本领？你还希望学到什么本领？

5. 你不喜欢学校的什么？老师怎么做你不喜欢？教室里什么地方你不喜欢？哪些活动你不愿意参加？（学校的哪些地方让你害怕？老师做了什么、说了什么让你害怕？）

6. 你认为好的男孩是什么样的？好的女孩是什么样的？

7. 请你来设计，你希望学校是什么样子的？

8. 你在家里最喜欢谁？爸爸（妈妈）和你做些什么事？你最想和谁一起玩？爸爸（妈妈）做什么（说什么）是你喜欢的？爸爸（妈妈）做什么（说什么）是你不喜欢的？你有什么话想对爸爸妈妈说？

9. 你在你住的小区有什么好玩的？都玩些什么？跟谁一起玩？

10. 你喜欢学校的哪些课？还希望开设什么课？

11. 你对学校还有其他建议吗？

成都市实验小学五年发展规划访谈提纲（家长）

1. 您希望自己的孩子成长为什么样的人？（关注孩子哪些方面的成长？）

2. 您认为成都市实验小学哪些方面做得好？当前成都市实验小学需要解决的问题有哪些？（管理、家校合作、师资、环境、安全、教学、特色、其他）

3. 老师做了什么您最满意？老师的哪些方面，您觉得还可以改进？怎样改进？您对成都市实验小学的教师有什么期望？

4. 您认为好的男孩是什么样的？好的女孩是什么样的？

5. 您在家里都和孩子做些什么？孩子做得好的时候、做得不好的时候通常您都会怎么做？（请您举个例子）

6. 您住的小区有什么适合孩子玩耍的地方？您和孩子喜欢在小区里玩吗？孩子在小区怎么玩（做些什么活动）？都和谁一起玩？

7. 您还需要成都市实验小学提供哪些方面的服务和帮助？

8. 您认为成都市实验小学 93 年的历史里，哪些积淀和文化值得继续传承？

9. 您还希望开设什么课？

10. 您期待成都市实验小学在未来 5 年发展成一个什么样的学校？

11. 您对学校还有其他建议吗？

每一个老师、家长和孩子都填写了调查问卷，表达了自己对学校发展的期许。每一个人都像主人翁一样参与了学校发展规划的制定。最终，学校未来五年发展蓝图定位在了："一所践行教育公平的社区学校，一所实施素质教育的旗帜学校。"培养公民已经成为了学校发展的核心目标。

（夏英）

案例解读：

学校面临制定"十二五"发展规划的任务，以往，这样的学校发展规划更多是由学校管理层在思考，老师们并不太关心。但是公民课题的研究让我们意识到，我们要让学生具有公民意识，我们的老师首先要有公民意识，老师不仅仅要教好书、育好人，还要关心学校的发展、社会的发展，扮演好一个社会公民的角色，这样我们的言行示范才能真正影响学生，让他们也学着不仅仅做一个好学生，更要做一个好公民。因此，学校将制定"十二五"发展规划的任务交给了全校教师，通过这样的流程，让与学校相关的人员都真正参与进来。

通过这样的规划制定，教师的视角不仅仅局限于完成个人的教育教学任务，而是将个人的教育教学工作与学校发展紧密结合起来，也大大增强了教师对团队的认同和接纳。此外，对公共事务的参与，大大增强了教师的主人翁意识，让老师们意识到自己是学校的一员，是团队的一员，团队的发展离不开每个个体的关心和参与，每个人的自主参与都将对团队发展起到重要作用。

2. 课程开发激发教师公民教育意识

要培养未来公民，教师不仅自身要具有公民意识，还要具有公民教育意识。教师有了公民教育意识，才能把握教育契机，运用智慧，为学生创造公民生活，引导学生体验公民成长，最终成为合格公民。

要激发教师的公民教育意识，主要要在民主、平等的师生观中，树立"一切为了每一位学生的发展"的理念，培养教师的课程开发能力和实施能力，将公民教育融入课程中，有计划、有目的地实施。

在公民教育背景下，学校的课程更加开放。其一，课程内容更加开放。学习内容从书本走向成长的方方面面。学生从学知识走向学做人。其二，课程形式更加开放。除了传统的课堂学习形式，学校课程开始走向社会大课堂。我们与企业合作进行公益行动，与国外研究机构合作进行跨国合作研究等，学科教学从单科学习走向综合运用。其三，课程开发的主角更加多元。从单一的教师主体开发，到学生、家长、校工、社区人士的加入，成为丰富的课程资源，学校课程更加丰富。

（1）国家课程重构渗透教师公民意识。

公民教育应当渗透在学校教育的各个部分，渗透在所有学科课程中。公民教学内容的渗透，民主、平等教学方式的转变都能有意识地培养学生公民意识。在小学，公民教育的重心是培养小学生的公民意识。即"培养学生爱国、民主、平等、自由等公民意识，帮助学生树立正确的权利义务观，促使爱国、民主的精神内化为公民参与国家政治和社会生活的基本态度和信仰"[①]。

培养合格的公民是社会科课程的核心。丛立新教授在《公民教育与小学生社会学科》一文中，强调学校教育的最根本任务就是实施公民教育，他认为，社会科课程不是历史和地理内容的简单叠加，而是"需要将有关内容按照公民教育的目的选择和安排"，强调通过社会科课程的学习，使得公民教育贯穿整个基础教育。因此，学校试图通过社会学科改革，融入公民教育。

学校通过调查研究，结合学校实际，形成《小学生公民意识培养目标》。在这一学生公民意识目标的指引下，我校在国家课程基础上，以培养小学生公民意识为主线，梳理出社会科课程中与公民意识培养密切相关的部分，加以补充拓展，借用学校活动教学模式，与学生生活紧密结合，培养学生的公民意识。

国家课程重构案例

品德与社会学科（中段）公民教育相关单元

三年级上期：
第一单元　　夸夸我自己（认识自我，自我意识的培养与学习）
第二单元　　温暖的家（学生在家庭中的权利与义务）

---

① 王文岚:《社会科课程中的公民教育研究》，中国社会科学出版社2006年版，第66页。

三年级下期：
第一单元　　我学习，我快乐（学习民主的权利与义务）
第二单元　　家庭因我而更美丽（家庭中的权利与义务）
第四单元　　谢谢你，家乡的劳动者（尊重他人）
四年级上期：
第二单元　　我们的快乐大本营（学校生活领域公民意识）
第四单元　　公共生活讲道德（公共生活领域公民意识）
四年级下期：
第一单元　　诚信是金（现代公民诚信意识）
第四单元　　交通连着千万家（安全意识）

案例解读：

在对社会学科中的公民课题的梳理中，社会科教师更加清晰地认识到教育的目的就是培养未来公民，这样的培养需要教育内容和教育形式的完美契合，才能逐渐养成学生的公民意识。

（2）校本课程开发激发教师公民意识。

由于国家现有课程还不足以匹配对学生公民教育的需求，因此，学校试图根据学生不同年段特点，结合公民意识培养目标，分主题开发专门的校本课程，探索小学多学科整合的公民教育之路。学校在高年级试点开设了公民课，由品德与社会、心理健康教育等学科老师以及班主任共同开发。围绕教师研究制定的小学生公民意识培养的目标，从开发典型课例入手，进行校本课程的开发。

校本课程开发案例

培养学生民主意识系列公民课设计

第一课"关于选举"：认识选举的目的意义及程序，了解民主选举。
第二课"班级选举方案设计"：学习通过民主途径和方法参与班级选举方案制定，感悟民主选举中的程序民主。
第三课"班干部选举"：亲身参与班级民主选举过程，接纳班级民主选举结果。

研究通过三节典型案例的呈现，让学生通过资料查找学习选举知识，通过绘本故事投射内心意识，通过对比讨论澄清选举价值，通过班级选举方案设计讨论，最后参与选举，真正体验选举中民主的含义，理性看待民主。

与此相呼应，学校在心理健康校本课程开发中，也设置了"选择"一课，让学生在模拟的人生选择体验中，明白选择的意义和价值，理性对待人生各种选择。

案例解读：

这样的主题式校本课程开发模式，让教师与学生共同学习。老师先在一定的培养目标指引下设计出研究课，在老师们对研究课的探讨中，更加深了对目标的认识，并提出修正、补充意见，让目标更加完善，并通过典型案例的积累形成真正适合学生公民意识培养的课程体系。

（3）活动课程养成教师公民意识。

学生的公民意识成长需要浸润在大量的有意识的公民意识培养活动中。教师对公民主题活动课程的开发投射着教师对公民教育的理解。教师自身的公民意识和公民教育意识也在这样的开发过程中得到不断的磨练。因此，学校借助公民意识培养活动课程开发促进教师公民教育意识的不断提升。

学校为了让学生有一个自主成长和发展的平台，从 2003 年开始，就创建了一个模拟的 A 城，模拟真实的社会城市，组建各种公共机构，在老师大朋友的指导下自主管理，开展各种活动。一开始，A 城的作用在于给更多的学生提供展示自我的舞台。学生的自主管理也是在教师指导下的自主。但是，随着学生自主意识的增强，他们不再满足于展示自我，他们希望参与 A 城更多的公共事务，他们希望能参与更深层次的 A 城管理。因此，学生对公共生活的强烈需求挑战着教师固有的权威意识，促使老师不得不提高自己的公民意识，从公民成长的视角给学生更广的发展空间。A 城小干部，由学生民主选举；A 城大事，由学生民主投票决议；A 城制度，由学生民主制定。在这些活动的设计与实施中，在与学生观念的碰撞中，教师的公民意识不断调整，有了明显的改善。

活动课程案例

老师，我为什么没有选票？

这个清晨，整个校园沸腾着，每个班级的门外都有至少两个排队等待的孩子；教室里，每一个孩子都在目不转睛地看着讲台上，那个激情演讲的"选手"……

"相信我，请投给我珍贵的一票吧，谢谢！"话音刚落，全班的孩子响起热烈的掌声，看得出来，很多孩子非常喜欢这位竞选同学，很想投他一票，可是，大家都没有起身去投票，而是在嘈杂着，一起把目光投向班级中的一个孩子："投吧，投吧""投给他吧""我好喜欢他，求你，把票投给他吧"……声音此起彼伏，说话孩子的眼里，满是热情和请求。拿着"红色笑脸"（选票）的孩子，在这些声音中，一时间不知所措，他犹豫了很久，目光一直在大家与选手之间来回游移，直到那位演讲的孩子走出教室，他也没起身，"哎……"同学们发出一阵叹息。

又进来一位竞选演讲的孩子，他给大家秀了一段"故事"，神态和动作都神似故事里的"小狐狸"，把大家逗得哈哈大笑。该投票了，大家这次没有作声，只是用眼睛直直地看着那位手拿"笑脸"的孩子，这次，孩子没有半点犹豫，冲了上去，把"红红的笑脸"送到了那位同学的手上，同学难掩心中的激动，连声谢谢，出了教室门。

第三位竞选学生进来演讲拉票了，孩子们一阵唏嘘，他们声音很小，可台上的选手已经听得清楚：五张"笑脸"都投完了，他还来拉票，我们投什么呀……。选手的表情闪过一丝失望，可是，他仍然把自己的演讲内容为大家展现了一次，出门去了。刚一出门，教室里就沸腾了：老师，老师，为什么我没有选票啊，我想投他一票的，为什么我没有呢？

案例反思：

这是发生在本届"小干部民主选举"拉票过程中的情景，也是本次小干部民主竞选过程中，最让人激动的场面之一。

让最后参加决选的选手到各班中去演讲拉票，是我们在这次干部民主选举中的全新尝试，设计这个环节的目的，就在于让选手通过到各班演讲展示实力，提高自己在同学心中的知晓度和信任度，并让这些参选的孩子以更加平等和公开的方式体验真正的民主竞选。

正如我们所预料的，这些孩子到了各班自我展示，引发全校孩子极高的关注。然而，活动结束，"老师，我为什么没有选票？"的质问却久久盘旋在我们心中，作为活动的研究和策划者，我们不得不重新审视本次活动，不得不思考：我们在以活动培养学生的民主意识，那么，我们手中的镜头，究竟应该向谁聚焦？

回顾本次民主竞选，我们设计了自荐笔试、口试、"就职演讲最终投票"三轮竞选程序。为了让每一个进入第三轮决选的孩子都能体验竞选演讲、自主拉票的民主参选过程，我们设计了让 60 个孩子自主与 39 个班主任预约时间，走进每个班级当中，用自己独特的方式，向全校同学介绍自己、展现才能、为自己赢得支持率的环节。与此同时，为了激发每位选手自主拉票的积极性，我们给每个班级发放了 5 张"红色笑脸卡"作为选票，最后，各位选手在拉票中得到的票数，将计算进入总票数。

为保证公平，我们的投票规则是：第一，各班的 5 张选票，由各班同学和老师自己讨论决定以什么方式发放，由谁最后投票；第二，每位选手在各班得票的最高票数不能超过一张（以此来规避因为到班先后顺序的不同造成的对后来的选手的不公平）。

拉票的最后结果出来了，我们欣喜地看到，那些有实力、更敢于自主展示才能的选手们，的确赢得了很多的选票；那些得票较少甚至没有得票的孩子，也在这个活动中，看到了自己的腼腆、胆怯和不足。拉票数与最后决选现场的投票相结合，票数高低已不重要，对于这 60 名选手来说，他们亲身经历的，是一次自主参与、激烈角逐、公平竞争的民主选举，不论"成败"，他们都有收获。什么才是公平的竞争，什么才是真正民主的选举，在他们心中，有了清晰和真实的感受和体验。

然而，作为学生民主意识培养的研究者，我们不得不思考，学生群体中的小干部民主选举，对于全体孩子来说，是何等重大的活动啊。但每一年才仅有一次。如果这样重大活动的价值，仅仅停留在遴选出几十个优秀的孩子，仅仅停留在让这不到学生人数三十五分之一的孩子有民主生活的体验和成长，该是多么遗憾的事情啊！

对于全校的孩子而言，这次竞选，是他们自己民主生活的大事，为什么却被我们这些活动的设计者遗忘在了焦距之外呢？为什么从开始到最后，他们都只能是观众，或者是这些优秀孩子的陪衬？我们忽略了，这 2 083 名孩子，每一个都应该是本次活动的主人，都应该是我们的镜头的焦点！不论是刚进校的一年级孩子，还是即将毕业的六年级学生，都能不同程度地认识民主选举，了解它的流程，清楚每一个选举程序的规则，并能以个人为单位，平等地参与到竞选中来，这种参与，既可以是作为竞选者，也可以是站在自己的立场，平等、公平的投票者——这，才应是我们对本次活动目标的认识！

反观本文开头那些真实的情景，那些可爱的孩子们，他们对平等参与学校活动的渴望是多么真实和强烈啊，这不正是我们一直期待的民主意识吗？他们把自己作为学校活动的主人，迫切地希望自己也能平等地得到一张选票，并把这张选票投给自己喜欢的、信任的选手，这种民主、平等的意识，其实早早地就蕴藏在每一个孩子的心田，像一颗珍贵的"种子"。身为老师，我们需要做的，不是去重新播撒，而是洞悉发现、细心呵护和精心灌溉这颗种子，让它在"真实的不断进步的民主生活中"，生根发芽，拔节长大！（严利蓉）

3. 课程实施开发教师公民教育意识

（1）教学研究激发教师公民教育意识。

成都市实验小学在课堂教学研究中长期致力于活动教学的研究。活动教学以学生为主体，以活动促进发展，强调学生的自主学习，师生关系平等，强调培养独立自主的人。课堂教学以"活动"为主要形式。它在教学过程中重视创设具有自主性、选择性、体验性和合作性的学生主体活动，激励学生主动参与、主动实践、主动思考、主动探索、主动创造，培养手脑灵活、思想活跃、个性活泼、充满活力的人。这与公民教育的理念十分吻合。因此，在公民教育背景下，教师对课堂教学的研究在原有的基础上有了新的视角。

课堂教学案例 1

我和"教中学"

2011 年 9 月，我和我的学生共同升入了 5 年级。9 月中，校长建议开展"教中学"教学课型的探究，就是由学生以团队形式承担课堂组织者角色，让学生置身老师角色组织探究活动，在躬身亲历教学的全过程中促进学生学会学习，学会做人做事。

　　学生"初生牛犊不怕虎"的底气直击我的焦虑和茫然，我用勇气包裹自己，想着叶圣陶先生言及的"教，是为了不教"，开始了基于学校已然成熟的13种活动教学模式之后的新课型的研究行动。

　　从2011年10月到2012年12月，我与学生共同经历了《走一步，再走一步》《献你一束花》公开课例的探究；经历了《神奇的包裹》《微笑》《礼物》《中国人，你为什么不生气》《千岛湖》等沉在教室的家常课的琢磨；经历了《螳螂捕蝉》《矛与盾》《吾腰千钱》展示课例的呈现。

　　一路走来，我觉得自己最大程度体验了"真诚的尊重"。在课前，我是以合作者的身份引领学生团队有效备课；在课中是以"自由人"的身份适时参与讨论、发表见解或者点拨一二；在课末，作为一个品评者，品评本课，引向发展性学习。这样的模式，让我发自内心地相信学生的潜力——没有"做不到"，只有不相信。对学生而言，有阳光就灿烂，有舞台就精彩。这让我更加用心倾听学生的学习需要，对于学生已知的，不啰嗦；对于学生未知的和想知的，多着力。这让我更加用心为学生的知识和能力穿一条金线，让我陪伴着学生在人文的境界中行进，最大程度实现了真诚的尊重。

　　一路走来，学生最大程度体验了"真实的自主"。上课的课题，是学生民主集中后的选择；小老师的产生，是民主推选后的决定；教学内容的设定，是小老师阅读完同学的预习后，梳理同学的学情，也就是同学的已知、未知、想知，合议学情，再综合文本解读后的选择和决定；教学设计的书写，是小老师基于教学内容设定后分工合作的结晶；教学板书，是小老师根据教学设计提炼关键词预设。通过这样的模式，学生觉得自信在心中生长。当然这背后是学生为自信努力地付出。学生习惯了为学习内容思考，习惯了就疑惑合作探讨。探讨跟随的是自己的内心，自己的思想。所探讨出来的是参考书找不到的，但同样有道理、有价值。一些学生笑称："我们岂不是可以编参考书了！"探讨后，各抒己见，集思广益，体现了对疑惑负责，对自己的学习需要负责。

　　回望一年的实践，回想一年的心路，"教中学"，在教与学的活动中，我成全着学生的成长——渐渐地学会学习，学会做人做事；学生也成全着我的发展——拥有颠覆的勇气与自信，拥有探索的方法与能力。"教中学"，真诚的尊重，真实的自主，我与学生享受着教学相长的欢悦！

课堂中的"教中学"

在这样的课堂上,教师的权威让位于学生的自主和民主,将课堂真正变成学生的课堂。他们在其中的成长早已超越了学识的增长。

正如执教的孩子作文中写到的:

"自进入实验小学第一天起,我们便都知道学校学术厅的权威,只是偶尔,才有机会进去参加学校的会议。而如今,我们却要作为"发言人",站在里面给全班上课,怎能不教人心里发虚?

我的腿不住地摇晃,牙齿迅速地开始打战。我多么希望这是一周前,可是现在,众多老师已坐满学术厅。于是,我脑门儿开始冒虚汗,我甚至希望自己突然昏倒,这样就不用参加这场比赛了。可是现在,我不仅不能晕倒,反而要精神百倍,因为我要对得起同学们推选我当小老师的信任。

看到张老师轻盈地迈向讲台时,我立马跑回自己的位置。我们终于成功地把课上完了。我兴高采烈,好像上帝降临般在心里大笑。这次当小老师虽然让我饱受煎熬,但是我还是希望以后还有这样的机会。"

听课的同学说:"我喜欢这样的课,同学上课让我们感到亲切、轻松,他们最了解我们想怎么学,他们也最能懂得我们在想什么,说什么。我们可以畅所欲言,不用担心说错话。"

老师在课后的反思中写道:"我比孩子们紧张。我怕他们出错,我怕他们掌握不好课堂节奏,怕他们无法应对课堂的生成。但是,真正经历了,我才发现:原来我还不够了解我的学生,我曾经束缚了他们那么多。他们自己的课堂可以这样精彩。这次崭新的尝试给了我太多不同凡响的惊喜和深层的思考。"

"'教中学'这一教学模式的核心风采是'民主'。只有民主才能够齐聚人心,只有民主才能让在座的学生心甘情愿地跟随小老师学习,小老

师也因为这样的民主产生而拥有了无限的自信和智慧。"(钟键)

案例解读：

教学形式变化背后是教育理念的变化，教育理念的变化又会促使教学形式更深层的变化。学生的公民意识就在学习方式的变化中，在师生真正意义上的平等对话中，一点点渗透到学生内心。

（2）课程实施强化教师公民教育意识。

当课程围绕"人"展开而不是围绕"知识"展开的时候。课堂的师生关系、教学形态都发生了巨大的变化。传统的学习方式建立在人的客体性、受动性、依赖性上，从而导致人的主体性、能动性、独立性的不断销蚀和蒸发。这样的教育难以培养具有独立人格和理性思维的公民。转变学习方式就是要转变这种他主性、被动性的学习状态，把学习变成人的主体性、能动性、独立性不断生成、张扬、发展、提升的过程。

课堂教学案例2

科学课"神奇的泡腾片"教学设计

教学内容	"泡腾片的神奇变化" 注：本课源于教科版六年级下册《物质的变化》单元第四课《小苏打和白醋的变化》
教学目标	科学概念：小苏打与柠檬酸溶液混合会发生化学变化，产生新物质； 过程与方法：学会仔细观察现象，并根据现象，提出问题，做出假设，通过经历科学探究的基本过程，培养学生自主解决问题的能力； 情感态度与价值观：培养科学精神和科学习惯，培养从身边事物开始探究的兴趣，懂得只有足够的证据才能做出正确的判断
教学重难点	学会根据现象提出问题，进行合理假设； 运用已有的知识和经验，从纷繁的问题中梳理出核心的问题； 学会用科学方法，通过实验，验证做出的假设

续表

活动材料	S：泡腾片、小苏打、柠檬酸、玻璃杯、毛玻璃片、打火机、小木棍、纯净水、实验提示卡 T：泡腾片、泡腾片包装盒、固体柠檬酸、玻璃棒、澄清的石灰水；学生实验材料12套。		
教学流程	教师活动	学生活动	设计意图
（一）引入	谈话，出示泡腾片，板书课题"泡腾片"	谈话交流	利用贴近学生的、有结构的材料"泡腾片"抛出话题，引起思考
（二）新课教学 1.观察泡腾片及其放入水中的现象，根据现象（通过观察）提出问题	引导学生观察、提问	观察泡腾片放入水中的现象，并根据现象提出问题	引起学生兴趣，促使其认真观察实验现象；培养学生善于提问的好习惯
2．讨论分析，梳理问题，聚焦问题，做出假设	引导学生讨论分析泡腾片放入水中的现象和其成分之间的关系；帮助学生梳理、聚焦问题	讨论并根据现象提问，尝试联系已有经验进行解释；聚焦问题	培养学生联系利用已有的经验，梳理并解决问题的能力； 聚焦问题：气泡是怎么产生的？
3．实验探究：小苏打和柠檬酸混合是否会产生气泡	引导学生实验研究：小苏打和柠檬酸溶液混合是否会产生气泡	根据已有知识和经验讨论分析，实验：小苏打和柠檬酸溶液混合是否会产生气泡	培养学生的实证精神，帮助学生区分溶解（物理变化）和化学反应
4．实验研究气泡里的气体是一种不同于空气的新物质；了解化学变化	引导学生设计实验验证气泡里的气体是否是新物质；给出核心概念：化学变化	设计并实验：小木棍在新气体和空气中的燃烧情况对比；了解化学变化	层层剥离，步步深入，利用证伪法研究小苏打和柠檬酸溶液混合发生的是化学变化，产生的气体是一种新物质
（三）小结、拓展	回顾本课的内容，请学生尝试解决未解决的问题，提出新的问题	总结本课内容，尝试用已有证据分析解决未处理的问题，并生成新的问题	懂得只有足够的证据才能做出正确的判断；生成新问题，激起学生继续探究的欲望，将课堂研究延伸到课外

（叶磊）

案例分析：

这是一堂科学探究课，教师在让学生自主探究知识的同时，更是让学生从中学习科学看待一个事物的过程：现象（好奇、惊讶）——产生疑问——梳理、聚焦——做出假设——寻找证据，验证假设——得出结论——产生新的疑问。把一节课置于培养学生做人的成长背景下，课堂的内涵有了很大的变化。这样学科教育就与公民教育融为一体。对于每一节课背后对学生做人价值的深层挖掘和探讨使得教师有了越来越明确的公民教育意识：培养宽广的视野，培养理性的思维，培养科学的方法，培养积极的情感，等等。这会让学生终身受益，真正为学生的终身幸福打下坚实的基础。

（3）课程评价引导教师公民教育意识。

一直以来，对教学质量的认定更多都是通过一纸试卷，对学生的学习结果做一个认定。但是在公民教育背景下，教师的教学质量是难以用一张纸来测量的。那些课堂上发生的观念交锋、智慧碰撞与心灵交汇对学生成长的影响是很难在试卷中显现出来的。学校尝试通过课堂观察来记录教师教学过程，引发教师反思，促使教师改进教学行为、提升专业发展。

新课程强调，学生是学习的主人，教师是学习的组织者、引导者和合作者。课堂教学质效高低的评价应该看学生在课堂中的进步与发展。因此课程评价的视角应该在关注教师行为的同时更多关注学生表现，科学地、准确地了解学生的课堂学习状况，以此反思教师教得怎么样，教师应该怎么教。课堂观察对改变教师的教学方式和学生的学习方式都起着积极的作用。教师通过长期研究，建立了相对稳定的课堂观察点：学生发言分布、教师理答、学生活动。这样的观课方式，将关注的重点从教师转移到学生，通过观察学生的学习方式来反思教师的教学方式。通过课堂观察，教师个体可以更多借助集体的智慧，在课程设计、教学机智、反省能力等方面都将获得新的发展。

六、公民教育背景下的教师自主发展成效

老师们关心时事，将国内外大事引入课堂，将各种教学资源引入校园。阅读各国公民读本，参考世界各地先进公民教育经验，改革课堂教学，重构校园公共生活，有意识地为学生公民成长创造条件，阅读、思考、讨论、实践……静心修炼着一个教师和一个公民的个人素养。

在对《公民教育背景下的教师自主发展探索》的研究中，培养了大批具有公民教育意识的自主发展的教师。他们不仅教书育人，更积极做好一个社会公民。他们无私扶持集团学校5所，每年开设公益讲座几十场，到薄弱地区支教上百人次，免费为贫困地区培训教师几百人，义务接待到校参观学习几千人。他们用他们的专业诠释着一个公民对社会的责任。实验小学的教师团队在自主发展中更加专业，在专业中更加大气，为社会培养出了一批又一批的优秀公民。

有了良好的教师自主发展状态，必将会带来学生的全面发展。其正向的积极影响使学生获得了很好的教育，学校倡导学生自主发展，养成公民。学校创设的促进学生自主发展的平台"A城"，以"开放、民主"作为城市精神，努力为学生搭建多种发展的平台，引领学生积极主动发展。学生整体呈现出积极上进、思想活跃、思维灵活、自信乐观的良好风貌。毕业生受到了高一级学校的青睐，在追踪调查中，实验小学学生在一所知名中学学生干部中的所占比例大大超过其他小学。学生经常受邀参加各种社会活动，四川省少代会也邀请学校10余名学生参加。一大批自主积极、热心公益的小公民成长起来，获得了很高的社会赞誉。

专题三

培养学生公民意识背景下的家校共育实践

方慧敏　龚轶

一、从"家长学校"到"家长发展学校"——"家校共育"的理念与方法的转变

（一）"家长"定位逐步清晰

家长有教育孩子的责任和义务。家长是要"持证上岗"的，需要专业的知识和素养。家长的家庭教育观念及能力决定着孩子的成长。

（二）"家校共育"与时俱进

1. 主体的改变——由学校主体变为家长主体

随着公民社会的发展，家长主体性越来越强，对家庭教育和学校教育

都有了更多独特的认识。家长不再是被动地接受学校的教育观念，他们主动诉求、自由选择、自主判断、主动作为。他们开始成为家长学校真正的主体。

2. 目标的改变——由培训家长到家校共育

因为家长学校主体的变化，家长学校的目标由以前的学校培训家长，变为更好地促进家校合作和交流，实现和谐共育，更好地为孩子成长服务。家庭教育也从学校教育的从属地位变成了和学校教育同等重要的地位。

3. 名称的改变——由"家长学校"变为"家长发展学校"

随着学校"家校共育"观念和实践的深入，被动接受培训的"家长学校"有了自主发展的需求，"家长学校"也由此变为"家长发展学校"。"发展"的背后蕴含着家校共育共长的深刻含义。

二、"我们的家长发展学校"——"着力六年，着眼一生"的家校共育平台

六年的小学阶段是学生发展的重要阶段，也是家长和学校共同发展的重要阶段，因此家校共育需要"着力六年，着眼一生"。2010年学校家长学校更名为家长发展学校，为全体家长提供自主参与、自主管理、自我教育，和孩子共同成长的新型平台。

（一）组织机构

家长发展学校通过学校行政机构的协助，与学校保持一致的公民教育理念。通过社区机构、友好单位的合作分享资源，拓展学生的公共生活。亲子活动中心通过各种亲子活动，培养学生的家庭意识及公民意识。学习培训中心通过各种培训讲座让家长了解教育的前沿信息，明确育人方向及方法。课题研究中心通过公民教育核心课题研究，培养学生的公民意识。家校交流中心建立家校联系网络，为家长提供交流平台。宣传策划中心及时收集总结、及时宣传推广家庭教育优秀经验，统一公民教育思想。

（二）运行模式

家长发展学校设会长、秘书长及各中心主任。家长发展学校由会长自主管理，与学校密切合作。学校德育分管副校长任会长助理，协调学校与家长发展学校事宜。家长发展学校活动来源于教育需求，从每期的调查问卷中形成发展需求，经过学校与家长发展学校共同协商形成行动计划，各中心分工合作，自主组织各种丰富活动，家长根据需求自主选择参加活动。

学校参与活动的设计、组织及总结提升、推广等活动，学校通过培训、宣传、展示、提炼等多种方式提升家长发展学校实效。

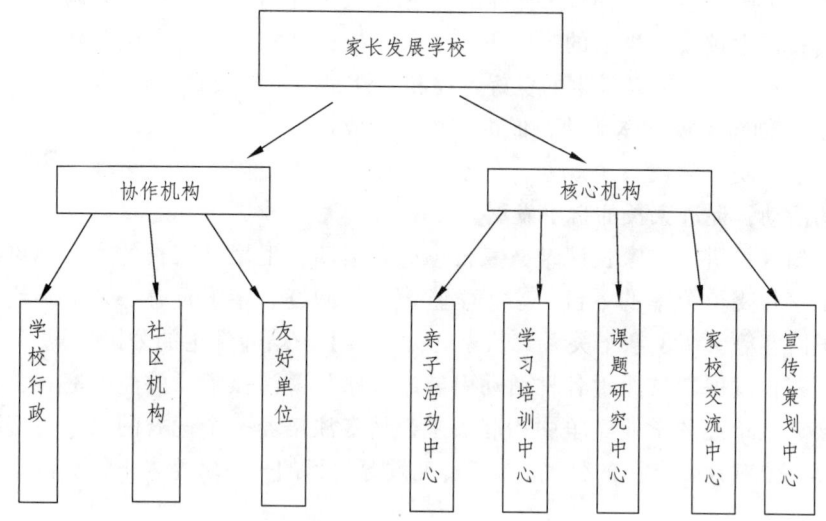

（三）课程设置

为了更系统、持续地促进家校共育，我们创设了"着力六年，指导一生"家长课程体系。通过家长自主参与、自主体验、自主管理，统一家长教育认识，强化"家长意识"，促成有效教育方式的形成和教育理念的更新，让家长课程成为优秀家长的基石。

家长发展学校根据家长发展需求开设了文化培训课程、教育理论学习课程、心理健康教育辅导课程、综合实践活动课程以及交流分享课程，分别从文化、教育、心理、实践等视角根据家长需求进行培训，搭建交流分享的平台。课程通过专家讲座、活动体验、案例分析、问卷调查、经验交流等多种形式进行。这些课程资源来源于家长，服务于家长，得到家长的高度认可。

（四）活动开展

1. 创设家校公共生活，增强家校合作意识

家校公共生活的创设基于现阶段家校共育中共性问题的研讨和共同目标的达成，那就是培养具备良好素质的未来公民学生。

家长应该怎样和学校协作，形成有效教育合力？我们以为创设一定的家校公共生活，通过家校间公共生活的体验，培养学生的公民意识与素养。

我们有如下的做法。

一方面，家长主动介入学校，共同构建模拟 A 城，参与学校公共生活管理。了解学生在校的公共生活，从家长视角提出建议并指导实施。另一方面，在学校公共生活的影响下，家长积极回到家庭，与学生共建健康的家庭公共生活，培养学生的良好习惯和个性，与学校教育一致。

2. 创新家校主体活动，促进家校共同成长

家长发展学校系统规划，创设多种以家长为主体，形式多样、重在实效的活动，促进家长的自主发展。

如家长讲坛、家长课堂、家长志愿者活动，汇聚了家长的力量，更搭建了家长交流分享的平台。亲子学堂、亲子阅读、亲子日志、亲子游戏、亲子博客等密切了亲子关系，从家庭关系入手，培养学生的公民意识。

家长发展学校通过各种活动引导广大家长关注孩子、关注家庭、关注社会，从单纯的学业竞争中抬起头来，从专注培养一个优秀的孩子转变到培养一个对社会有用的公民，真正实现教育的目的——培养未来社会的合格公民。

总之，家长发展学校是学校实施公民意识培养的重要伙伴，只有建设好家长发展学校，充分发挥家长的能动性，争取到家长的认同与支持，学校公民教育才能更好地整合家长资源，共同拓展学生公共生活，形成公民培养氛围，实现家校共育共长。

专题四

构建民主校园，培养积极公民
—— 成都市实验小学"民主 A 城"重构初探

李雪阳　赵婧

A 城是我校 2001 年成立的校园模拟城市，这是一个有别于少先队的德育新平台。这个新平台以社会生活的各个领域为内容，开展系列化的自主活动，充分拓展学生的自主空间，促进学生之间、学生与社会的联系，让学生在真实的体验中自主发展，提高综合素质。2010 年，在我校"十二五"

规划课题"小学生公民意识培养的实践研究"的引领下,学校开始探索通过重建校园公共生活,构建"民主 A 城",培养积极公民。

一、"民主 A 城"的构想

原有的 A 城功能定位于为学生搭建适合个体自主发展的平台,促进学生自主发展,提高综合素质,其城市结构主要由两个部分构成——服务中心、A 城市政府。服务中心起指导、保障和支持作用;A 城市政府的职责是负责 A 城的日常事务的自主管理,下属有 9 个频道,模拟城市机构的职能部门,为学生提供社会生活各个领域的主题体验活动。

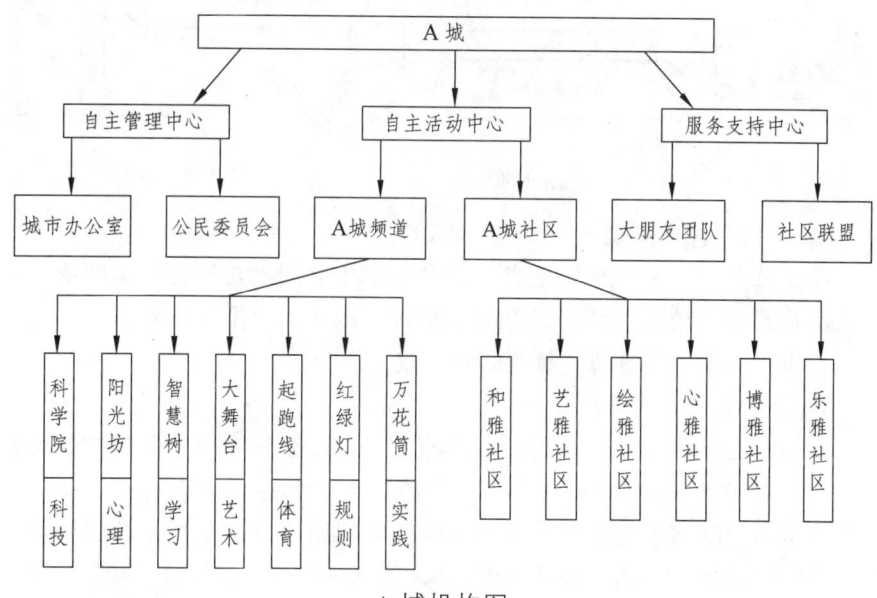

A 城机构图

在课题目标的引领下,A 城定位转变为"营造积极小公民养成的公共生活"。而积极小公民的养成,需要平等、民主的校园公共生活为保障。因此,我们在原有 A 城机构基础上进行了机构重构,服务中心变成了服务支持系统,功能和机构未发生变化,同时将原有的 A 城市政府进行剥离,分成了民主管理系统和自主活动系统。

自主活动系统仍然延续了 9 个自主频道的机构设置,只是在定位上发生了变化:重在为学生提供丰富多彩的自主体验活动;而活动无论在主题选择上还是开展方式上,都以渗透公民意识培养为首要目的。

民主管理系统除了原有的自主管理机构——A 城市政府，还建立了校园民主渠道以及相对独立的协商与监督机构。

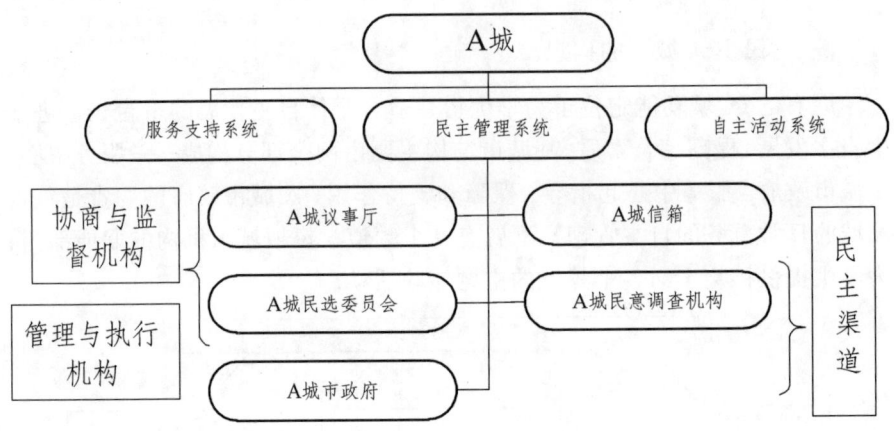

二、"民主 A 城"的实施策略

（一）构建民主渠道——知情与表达

学校公共生活是学校管理者、教师与学生共同参与的交往实践活动。人人平等是学校公共生活得以开展的前提。因此，每个参与者的观点都应得到尊重，每个人都有公共事务的知情权。

1. 我是小公民，我有权知晓

知情权是现代公民应享有的基本权利，也是公民参与公共事物的必要条件。而对于 A 城中的小公民来说，知情权应该包括对 A 城的公共机构、公共事务以及如何参与公共事务的知晓。学校编写的《A 城小公民生活手册》，以漫画的形式生动有趣地介绍了 A 城基本情况、各频道活动、校园民选的内容和时间、参与具体流程以及相关校园安全等校园公共事务。通过手册，每一位孩子能够迅速地了解自己有权享受的公共设施和公共生活，知道自己应该通过什么途径寻求帮助，以及如何参与和管理校园公共生活。

"我是小公民，我有权知晓"这样的理念也贯彻在学校公共事务的方方面面。每个星期的菜谱都及时地在校园网上进行公示；"新星少年"等荣誉称号的评选，都做到程序和结果公开、透明。学校 A 城信箱是针对个人而设立的民主渠道。A 城成立了专门的"A 城信箱"，由专门的小干部负责管理，根据来信的内容，转发到各个部门进行答疑解释，小干部最后将结果反馈给来信者。

2. 让每一个人的观点都得到尊重

民主的校园中人人平等，每个人都有发表和表达观点的权利。通过设立 A 城信箱、成立民意调查机构，共同组成了畅通的民主表达渠道，让每一个孩子的观点都能得到尊重。

民意调查机构是针对全校性开展民意调查活动的启发而设立的，它的主要功能是针对一些普遍问题，如针对每个孩子都与之相关的公共事件进行征询调查，或者针对公共事务的效果进行评价性调查，如"六一怎么过？""春游去哪里""午餐满意度调查"等。

每一位 A 城市民未来都将成为真正的社会公民，我们该如何履行义务，享受权利呢？通过全员参与调查、班级推荐、年级推荐、全员投票、公示整个流程，每一个 A 城小公民从中体验到"我是 A 城小主人""我的观点有权被尊重和表达""我有权知晓决议的过程和结果"等权利意识，同时也对民主决议中的"少数服从多数""遵守共同决议的结果"等基本原则有了更深的感受。

（二）实施民主管理——民选、监督与协商

1. 干部产生——自愿申报，民主选举

每年 9 月总会有一次盛大的全校民选。本着"全民参与，民主选举"的原则，通过共同协商，民主投票，民选委员会确定了 A 城小干部选举流程。A 城小公民们根据自己的兴趣，选择竞聘的岗位，进行志愿报名。

校园民选给予每个孩子参与校园公共事务管理的平等机会，参选的过程中也对孩子们的公民意识和技能有极大的提升。候选人要求具备较强的领导能力、组织能力以及语言表达能力等，更重要的具有公共服务的意识和经历。因此，候选人在拉票环节，会通过各种才艺展示增加亲和力。此外，许多候选人的施政纲领也力图从 A 城市民的需要去考虑，以打动更多的市民，增加选票。在选举期间民选委员会将会对候选人以往的校园或社区公共服务经历进行全校公示，让 A 城市民们能够充分了解候选人信息，最终投下神圣的一票。

2. 权力制衡——全员评价，独立监督

成人世界中出现的许多问题在这座模拟城市中也常有发生，比如贿选、任职而不认真履职、能力不满足岗位要求等。为了保证民选的公平与公正、小干部的权力未被滥用，A 城的独立机构——民选委员会和民意调查机构便起到了权力制衡的作用。民选委员会负责对参选人员、投票者是否遵守民选的流程和规则等进行监督。在选举结束后，通过独立于A城市政府的民意调查机构，对选举成功者是否认真履行其职责进行考核和监督。评价与监督机制也促使A城公民明确在充分享受权利的同时，更需要履行自己的义务。

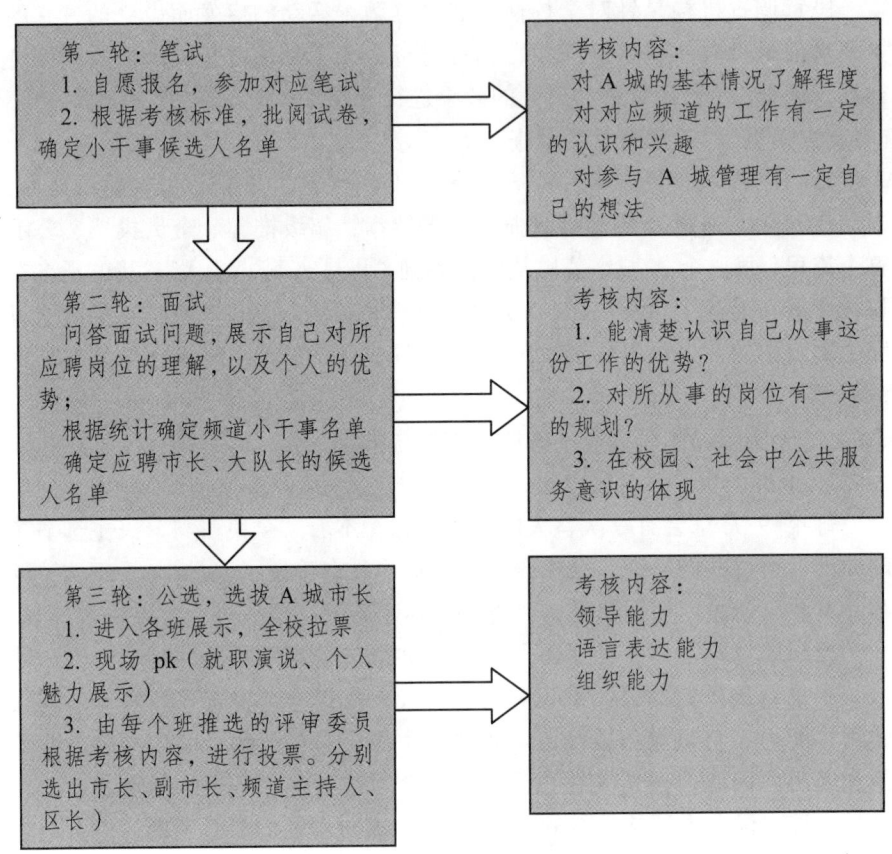

A城小干部选举流程

3. 公共问题——推选代表，民主协商

公共生活是社会各平等主体之间相互理性协商的民主生活。因为有不同的观点、差异性的利益，所以要协商。有非强制的理性的协商，才会形成共识。因此，解决校园公共问题，引导学生进行民主的理性协商是校园民主管理的重要措施。

A城民主管理系统中的A城议事厅，则是学生进行民主协商、理性对话的机构。他们所面临的问题有的是来自民意调查机构的普遍问题，有的是 A 城信箱中的典型问题，还有的来自各班代表日常的收集。A 城议事厅的成员来自各个班级推选的学生，他们代表着自己班级拥有一票之权。在每月的例会中，代表们阐述所代表班级的观点，在不断陈述、解释、倾听、争论和妥协中，完成协商过程。在这个过程中，孩子需要培养自身开放、包容的心态，需要了解、遵守既定的程序和规则，同时锻炼自己的沟通、反思、协作等公民技能。

在校园公共生活的重构过程中，A 城作为一个模拟小社会，将逐渐发挥其引导儿童"充分享受权利、积极履行义务、养成独立人格、关注公共利益、萌发公民意识"的作用。

专题五

创设班级公共岗位，重建班级公共生活
—— 班集体民主建设与管理的实践

谢东云　严利蓉

班级，是学生在校成长的第一集体，也是学生公民民主意识培养的直接时空，班级民主生活直接作用于学生的民主化成长。班集体中的公共岗位是学生履行义务、行使权利的重要平台。

在原有的班集体建制中，我们看到，班级岗位的产生和管理方面存在以下问题：一是班级公共岗位设置陈旧，不适应班级公共生活需求，干部没事做、事情没人做的情况普遍存在；二是小干部的选举方式没有充分地建立在全班同学民主的基础上，选出来的干部大多是为着管大家而来的，孩子们接纳度低，管理效能也低；三是小干部上岗之后，班集体缺少民主的监督反馈体制跟进，干部的服务意识和工作水平较低。

针对以上问题，我们试图改变班级公共岗位的设置及管理，重建班级公共生活。初步尝试如下。

低段：我是小小志愿者

低年级孩子虽然弄不清楚班干部的实际意义的情况，但都很愿意做小

小志愿者，为班级服务，老师和家长一起针对孩子和班级实际情况，设计出班级公共岗位一览表。细化班级岗位，落实责任，提供给每一个小小志愿者自主选择申报。

岗位名称	适合人数	服务内容	申报条件
黑板管理员	2人	每节课后负责擦黑板、收拾黑板下方的粉笔灰；将散落在地上、黑板台或讲台上的零碎粉笔收拾好，放在电视机的右下方；对课间在黑板上胡乱图画的小朋友进行劝阻	个子比较高，讲究卫生，知道收拾完后主动洗手，不贪玩，能在下一节课的老师进教室前完成该项任务；有较强的语言表达能力，能说服小朋友
护书小天使	2人	在每天中午午休结束后，将同学借阅的图书回收、整理好；平时，随时观察图书角，使之保持整齐美观	不贪玩，能静下心来整理图书，中等个子
……			

中段：班级工作室的成立

几个孩子发现班级岗位的不足，相约组成工作室共同服务班级，这一思路受到老师赞赏。各种工作室应运而生。"书香工作室""摄影工作室""美食工作室""1.30 工作室""小管家工作室"……工作室的成员，有主创参与的，也有公开"招聘"的。每一个工作室组建，都要召开一个新闻发布会，向全班同学发布：工作室是做什么的，对班集体管理有什么作用；工作室的工作流程和人员分工等。发布会现场，全班同学和班主任老师要对工作室的相关事宜自主提问，最后，由全班投票决定这个工作室有没有成立的必要，并提出可行性的建议和意见。每个学期末，班级都要民主评选出本期的明星工作室，对工作室的努力付出予以肯定和嘉奖。

高段：班级岗位意向贴

当学生成长到高段，自我意识增强，自我管理能力较强，对班级岗位有了更多自己的主见。班级岗位意向贴的出现，给学生预留了创设岗位的机会。

岗位名称	班主任助理	口令员服务员	清洁服务员	图书服务员	板报服务员	安全服务员	领读服务员
岗位自选							
岗位名称	值日生培训员	《班级日志》编辑	……	待拟岗位	待拟岗位	待拟岗位	待拟岗位
岗位自选							

基础部分是班集体已有的，同学们认可的，每个人都可以自己去选择竞聘；"待拟岗位"则是提供给全班同学们创设和毛遂自荐的。每个岗位的竞聘标准是同学们共同商定的，竞聘过程是同学们自己组织的，上岗后的定期培训、定期展示汇报、定期监督、定期评比都是由同学们实施的。

通过对以上三个案例的分析，我们发现：班级公共岗位创设及运行对重建班级公共生活，培养学生的公民意识，是一个非常有意义的尝试。

1. 班级公共岗位创设——自主

原有的班级岗位更多是历史沿袭的。随着时代的发展，社会环境发生变化，教育的目标发生变化，学生发生变化，班级岗位也应随之发生变化。原有的班级岗位是为了方便班级管理，因此，规范性的岗位应运而生。而公民意识培养背景下的班级岗位是学生公共生活的重要部分，因此，符合学生参与公共生活需求的岗位必然是学生自主选择或者自主设置的。这才能保障学生参与公共生活的主动性和积极性。

2. 班级公共岗位竞聘——民主

原有的小干部岗位往往是选出少部分优秀、听话的学生对全班同学进行管理，这样的机制让多数普通的孩子失去了参与公共生活的机会，被动地接受管理。学生个人在班集体中的民主权利和义务得不到尊重和实现。而从竞聘标准的民主制定，到竞聘过程的民主选举，再到岗位服务优劣的民主评议，这些过程的全程参与让每一个学生都真正成为班级的主人，在班级中找到存在感和归属感。

3. 班级公共岗位功能——服务

班级公共岗位的制定从形式到内容上都决定了它的主要功能是服务。没有官位的高低贵贱，没有权力的大小之分，都是服务。为班级公众服务，为班级建设服务，这样的公共服务意识让学生远离私利的诱惑，从公共利益出发，学做公民。

4. 班级公共岗位评价——责任

对班级公共岗位的评价，从责任的明确开始就是在引导大家对责任的深刻理解，好的评价不是来源于关系的好坏，而是责任人对岗位职责的履行态度及履行效果。对责任的担当是公民意识的开始。

从我校低段、中段和高段的班级公共岗位的创设的实践中，我们看到，岗位创设、民主选举和民主评价已经渐成雏形，实现了学生对班级作为公共生活空间的新的认识和体验；整个过程，让全体学生对自己在班级中的位置有了新的认识，对自己作为班级一员所应享有的权利和义务有了亲身的体验，也激发了他们作为班级成员更多的民主意识和民主诉求。班集体作为小学生公共生活空间也得到有效建设，充分发挥其在培养学生公民意识上的重要作用。

附件 2 小学生公民意识现状调查问卷

小学生公民意识现状调查问卷（第一次）
低段

同学们，欢迎你参加我校有关公民意识培养的调查活动，请你把自己的做法与题目相比较，选择一项与自己的实际做法最相近的答案，本次问卷不记名。谢谢！

1. 你自己的事情自己做吗？
   A. 是　　　　B. 大部分是　　C. 偶尔是　　　D. 从不
2. 你帮家里做力所能及的事吗？
   A. 从来不做　　　　　　B. 经常做
   C. 偶尔做　　　　　　　D. 有时做
3. 你在上完厕所之后记得主动冲厕所吗？
   A. 总是记得　　　　　　B. 有时记得
   C. 偶尔记得　　　　　　D. 总是记不得
4. 如果长辈不遵守交通规则你会提醒他们吗？
   A. 会　　　　B. 有时会　　　C. 偶尔会　　　D. 从不
5. 你认识我国的国旗、国徽，并会唱国歌吗？
   A. 是　　　　B. 不是
6. 你觉得同学们喜欢你吗？
   A. 很多同学喜欢我　　　B. 我不知道
   C. 很少有人喜欢我　　　D. 我没有朋友
7. 你将垃圾随意丢在地上吗？
   A. 从不　　　B. 偶尔　　　　C. 有时　　　　D. 经常
8. 同学在课堂上发言，你会怎么做？
   A. 认真听　　　　　　　B. 想听就听，不想听就不听
   C. 急着说我想说的话　　D. 干我自己的事情

9. 当老师误会你的时候，你会怎么做？
   A. 当什么也没发生过　　　　B. 自己生气
   C. 找老师解释　　　　　　　D. 告诉爸爸妈妈
10. 当你与同学发生矛盾时，你会怎么做？
    A. 想办法主动和好　　　　　B. 不理他
    C. 批评对方　　　　　　　　D. 告诉老师

中段

同学们，欢迎你参加我校有关公民意识培养的调查活动，请你把自己的做法与题目相比较，选择一项与自己的实际做法最相近的答案，本次问卷不记名。谢谢！

1. 你自己的事情自己做吗？
   A. 是　　　B. 大部分是　　　C. 偶尔是　　　D. 从不
2. 你帮家里做力所能及的事吗？
   A. 从来不做　B. 经常做　　　C. 偶尔做　　　D. 有时做
3. 你在上完厕所之后记得主动冲厕所吗？
   A. 总是记得　　　　　　　　B. 有时记得
   C. 偶尔记得　　　　　　　　D. 总是记不得
4. 如果长辈不遵守交通规则你会提醒他们吗？
   A. 会　　　B. 有时会　　　　C. 偶尔会　　　D. 从不
5. 你认识我国的国旗、国徽，并会唱国歌吗？
   A. 是　　　B. 不是
6. 你觉得同学们喜欢你吗？
   A. 没人喜欢我　　　　　　　B. 我不知道
   C. 很少有人喜欢我　　　　　D. 很多同学喜欢我
7. 你将垃圾随意丢在地上吗？
   A. 经常　　B. 偶尔　　　　　C. 有时　　　　D. 从不
8. 同学在课堂上发言，你会怎么做？
   A. 干自己的事　　　　　　　B. 想听就听，不想听就不听
   C. 认真听
9. 当老师误会你的时候，你会怎么做？
   A. 不放在心上　　　　　　　B. 自己生气

　　　　C. 找老师解释　　　　　　　D. 告诉爸爸妈妈
10. 当你与同学发生矛盾时,你会怎么做?
　　　　A. 想办法主动和好　　　　　B. 不理他
　　　　C. 批评对方　　　　　　　　D. 告诉老师
11. 你愿意主动参加社区服务或公益活动吗?
　　　　A. 不愿意　　　B. 愿意　　　C. 看情况
12. 当你的观点与众不同的时候,你会怎么办?
　　　　A. 找机会公开发表自己的观点　B. 放在心里不说
　　　　C. 在私下里告诉同学
13. 班级里两个同学打架你会怎么做?
　　　　A. 报告老师　　　　　　　　B. 上前制止
　　　　C. 不理会　　　　　　　　　D. 加入其中
14. 你捡到东西,没人看见,你会怎么做?
　　　　A. 交给老师或警察　　　　　B. 自己留着
　　　　C. 看情况　　　　　　　　　D. 等待失主
15. 你看新闻吗?
　　　　A. 经常看　　　　　　　　　B. 有时看
　　　　C. 从不看　　　　　　　　　D. 偶尔看
16. 你不幸得了水痘,国家规定得了水痘至少要在家里隔离两个星期,但家长不希望你耽误学习,你会怎么做?
　　　　A. 带病坚持上学
　　　　B. 在家休息,等病好后找老师补课
　　　　C. 趁机在家好好玩玩

高段

　　同学们,欢迎你参加我校有关公民意识培养的调查活动,请你把自己的做法与题目相比较,选择一项与自己的实际做法最相近的答案,本次问卷不记名。谢谢!

1. 你自己的事情自己做吗?
　　　　A. 是　　　　　　　　　　　B. 大部分是
　　　　C. 偶尔是　　　　　　　　　D. 从不

2. 你帮家里做力所能及的事吗？
    A. 从来不做   B. 经常做
    C. 偶尔做   D. 有时做
3. 你在上完厕所之后记得主动冲厕所吗？
    A. 总是记得   B. 有时记得
    C. 偶尔记得   D. 总是记不得
4. 如果长辈不遵守交通规则你会提醒他们吗？
    A. 会   B. 有时会
    C. 偶尔会   D. 从不
5. 你觉得同学们喜欢你吗？
    A. 没人喜欢我   B. 我不知道
    C. 很少有人喜欢我   D. 很多同学喜欢我
6. 你将垃圾随意丢在地上吗？
    A. 经常   B. 偶尔
    C. 有时   D. 从不
7. 好朋友找你借作业抄，你会怎么做？
    A. 爽快答应
    B. 不给他抄，奚落他一顿
    C. 不给他抄，但给他讲题
    D. 看心情好不好来决定给不给他抄
8. 同学在课堂上发言，你会怎么做？
    A. 干自己的事   B. 想听就听，不想听就不听
    C. 认真听
9. 当老师误会你的时候，你会怎么做？
    A. 当什么也没发生过 B. 自己生气
    C. 找老师解释   D. 告诉爸爸妈妈
10. 当你与同学发生矛盾时，你会怎么做？
    A. 想办法主动和好   B. 不理他
    C. 批评对方   D. 告诉老师
11. 你主动参与社区服务吗？
    A. 有时参加   B. 经常参加
    C. 偶尔参加   D. 从不参加

12. 当你的观点与众不同的时候,你会怎么办?
    A. 公开发表自己的观点　　　　B. 放在心里不说
    C. 在私下里告诉同学
13. 班级里两个同学打架你会怎么做?
    A. 报告老师　　　　　　　　　B. 上前制止
    C. 不理会　　　　　　　　　　D. 加入其中
14. 在个人利益与集体利益发生冲突时你会如何选择?
    A. 维护个人利益　　　　　　　B. 维护集体利益
    C. 看情况　　　　　　　　　　D. 折中
15. 你希望将来能到国外定居吗?
    A. 非常希望　　　　　　　　　B. 顺其自然
    C. 不希望　　　　　　　　　　D. 不知道
16. 对考试作弊,你如何认为?
    A. 很正常,很多人都这么做过
    B. 这是不遵守规则的行为,应该制止
    C. 我不作弊,别人作弊不关我事
17. 你赞成父母为你找关系升学吗?
    A. 赞成　　　B. 不赞成　　　C. 看情况
18. 你捡到东西,没人看见,你会怎么做?
    A. 交给老师或警察　　　　　　B. 自己留着
    C. 看情况　　　　　　　　　　D. 等待失主
19. 你看新闻吗?
    A. 经常看　　　　　　　　　　B. 有时看
    C. 从不看　　　　　　　　　　D. 偶尔看
20. 你不幸得了水痘,国家规定得了水痘至少要在家里隔离两个星期,但家长不希望你请假耽误学习,你会怎么做?
    A. 带病坚持上学
    B. 在家休息,等病好后找老师补课
    C. 趁机在家好好玩玩
21. 你觉得你周围的人都诚信吗?
    A. 都很诚信　　　　　　　　　B. 多数人诚信
    C. 都不怎么诚信　　　　　　　D. 有些人诚信

家 长

亲爱的家长：

您好！欢迎您参加我校有关公民意识培养的调查活动，请把自己的做法与题目相比较，选择一项与自己的实际做法最相近的答案。本次问卷不记名。谢谢！

1. 您了解实验小学的文化特色吗？
   A．非常了解　　　　　B．知道一些　　　　　C．不了解
2. 您带孩子参加公益活动吗？
   A．经常去　　　　　　B．很少去　　　　　　C．没有去过
3. 您对家长打孩子的看法是？
   A．一种正常的教育方式　　　　　　　B．不好，但不打不行
   C．不能打　　　　　　　　　　　　　D．不打不成材
4. 孩子得了水痘，学校要求隔离两周，您会怎么做？
   A．配合学校，隔离足够时间
   B．隐瞒病情，让孩子坚持上学
5. 您愿意成为家长志愿者，为学校教育提供帮助吗？
   A．愿意　　　　　　　B．看情况　　　　　　C．不愿意
6. 您觉得您是不是一个说话算话的家长？
   A．肯定是　　　　　　B．多数情况下是　　　C．不是
7. 当您和孩子看到有人偷窃时您会怎么做？
   A．出面制止　　　　　　　　　　　　B．报警
   C．假装看不见　　　　　　　　　　　D．离开现场
8. 当您的教育观念与学校的教育理念相冲突时您会怎么做？
   A．向上级部门反映　　　　　　　　　B．与学校沟通
   C．私下议论　　　　　　　　　　　　D．调整自我
9. 您让孩子"自己的事情自己做"吗？
   A．是的　　　　　　　B．想让他自己做，但是担心他做不好
   C．孩子太小，大了再说
10. 您动手打孩子吗？
    A．经常打　　　　　　　　　　　　　B．从来没有
    C．偶尔打一下　　　　　　　　　　　D．有时打

11. 您了解《中华人民共和国教育法》吗？
    A. 全部了解   B. 了解部分
    C. 了解很少   D. 不了解
12. 孩子回家告诉您在学校里与其他同学发生冲突，您通常怎么做？
    A. 教育自己孩子   B. 与学校老师沟通
    C. 教育对方孩子   D. 找对方家长沟通
    E. 让孩子自己解决
13. 孩子在公共场合随地丢垃圾，您怎么办？
    A. 让他捡起来   B. 制止他
    C. 随便他   D. 帮他捡起来
14. 陌生人在公共场合吸烟您会怎么做？
    A. 及时制止   B. 默默忍受
    C. 提出意见   D. 远离他
15. 红灯亮着，但道路两边并没有车辆通过，此时您会怎样做？
    A. 继续等绿灯亮才通过   B. 抓紧时间过马路
16. 您的学历是？
    A. 中专及以下   B. 专科、本科
    C. 硕士研究生及以上
17. 您觉得您周围的人都诚信吗？
    A. 都很诚信   B. 多数人诚信
    C. 都不怎么诚信   D. 有些人诚信
18. 您希望您的孩子将来能到国外定居吗？
    A. 非常希望   B. 顺其自然
    C. 不希望   D. 不知道
19. 您清楚您家所属社区有哪些公共资源吗？
    A. 很清楚   B. 不清楚   C. 知道一些
20. 您今天所做的问卷答案真实程度是？
    A. 全部真实   B. 大部分真实   C. 随便填的
21. 您最希望您的孩子将来成为怎样的人？
    A. 健康的人   B. 幸福的人
    C. 诚信的人   D. 成功的人

小学生公民意识现状调查问卷（第二次）

亲爱的同学：

你好！这是一份关于小学生公民意识现状的调查问卷，请你仔细阅读每一道题目，根据自己的实际情况从各题的选项中圈出最符合你日常行为或观点的等级序号。本调查问卷无对错之分，只求真实，不涉及班级及个人评价，请同学们根据真实情况认真填写。

该问卷每题的描述后面都有 3 个等级的选项，分别表示：

1——不符合
2——不确定
3——符合

谢谢你的合作与支持！

"小学生公民意识培养的实践研究"课题组
2010 年 11 月 18 日

年级：_____   性别：_____

	不符合	不确定	符合
1. 我上完厕所之后，总是记得主动冲厕所	1	2	3
2. 老师下课很少拖堂	1	2	3
3. 我乐意参加学校的干部公选	1	2	3
4. 我乐于参加学校的各种活动	1	2	3
5. 我根据自己的兴趣而非父母的意愿选择课外辅导班	1	2	3
6. 遇到问题，老师都会公正地处理	1	2	3
7. 我如果得了水痘，会按照要求在家里隔离	1	2	3
8. 学习是我自己的事情	1	2	3
9. 我经常参加社区活动	1	2	3
10. 地上有纸屑我会主动捡起来	1	2	3
11. 如果大人闯红灯，我不会照做	1	2	3
12. 最后一个离开教室，我会主动关门窗电器	1	2	3
13. 我赞同考试作弊是一种不遵守规则的行为，应当制止	1	2	3
14. 在学习之外，我拥有一定玩耍的时间	1	2	3
15. 做错了事情，我敢于承担责任	1	2	3

16. 我不赞成父母为我升学找关系	1	2	3
17. 除了学习，我几乎没有时间玩	1	2	3
18. 我们班的班规是同学民主讨论得出的	1	2	3
19. 未经别人允许，我不会动别人东西	1	2	3
20. 我对校园生活很满意度	1	2	3
21. 我经常帮家里做力所能及的事	1	2	3
22. 每周我至少参加3个以上兴趣班	1	2	3
23. 同学们都很喜欢我	1	2	3
24. 我给学校提建议	1	2	3

附件 3　小学生权利与义务调查问卷

亲爱的朋友：

我校的"小学生公民意识培养的实践研究"课题的理念是"我是文雅公民，充分享有权利，积极履行义务"。一个合格的公民，不仅能充分享有国家和社会赋予的权利，同时也能积极承担相应义务。本次调查希望了解您关于小学阶段学生、家长、教师、学校四方各自应有的权利和义务的真实想法。调查不记名，希望您提供宝贵建议！

成都市实验小学教科室
2011 年 4 月 18 日

年级（　）性别（　）　你的身份：教师（　）　家长（　）　学生（　）

一、您认为小学生享有哪些权利，同时承担哪些相应义务？

领域	小学生享有的权利	小学生承担的相应义务
家庭生活中		
学校生活中		
社会生活中		

二、您认为在教育孩子的过程中,家长享有哪些权利,同时又承担哪些义务呢?

家长享有的权利	家长承担的相应义务

三、您认为在教育孩子的过程中,教师享有哪些权利,同时又承担哪些义务呢?

教师享有的权利	教师承担的相应义务

四、您认为在教育孩子的过程中,学校享有哪些权利,同时又承担哪些义务呢?

学校享有的权利	学校承担的相应义务

附件 4 小学生公民意识培养总目标及分段行为目标

小学生公民意识培养总目标	分项目标	小学生公民意识培养分段行为目标		
		低段	中段	高段
对自我：能够正确地认识自我；能够在群体关系中建构一个自尊、自爱、自信的自我形象，形成独立的人格，同时对其他社会成员的人格取向保持理性的关注、尊重与维护。关键词：自主、独立、理性尊重平等。	1.能客观地认识自我，能够欣赏自我和乐纳自我；2.养成勤勉、积极向上、正直的个人品质；3.养成理性、多元的思维方式	1.了解我的姓名、出生日期、性别及身体特征；2.了解我从哪里来；3.自己吃饭、喝水、上厕所、睡觉等；4.自己主动学习，喜欢上学	1.关心自我的安全与生命健康；2.知道自己的优点、缺点，并能在期末进行自我小结；3.知道生活常识、安全常识，能独自在家学习	1.衣着干净整洁；2.在对家庭、同伴、教师等的交往和互助活动中体验自我价值感；3.遇到挫折时能控制和调整自己的情绪；4.懂得自己寻找好的学习方法；5.独立思考问题，不盲从，遇到问题能自己想办法解决
对家庭	1.知道自己是家庭中的一员，了解家庭主要成员之间的关系及家庭成员之间的信息；2.主动参与家庭事务、积极参与家庭建设	1.能画出家庭关系树（家庭成员）；2.能正确称谓家属名称（姨、姑、叔、伯等）；3.记得家庭主要成员的生日；4.在家事务中挑选一项力所能及的任务并坚持做下去	1.了解主要家庭成员的爱好和生活习惯；2.了解爸爸、妈妈的工作，知道和感知亲人的喜怒哀乐，会对亲人表达关心；3.在家务事中挑一项力所能及的做下去	1.了解家庭成员的生日，并以适当的方式给予祝福；2.理解父爱和母爱的不同，理解关心和批评都是爱的方式；3.主动做力所能及的家务（洗碗、丢垃圾、爱护家中环境）；

续表

小学生公民意识培养分段行为目标

小学生公民意识培养总目标	分项目标	低段	中段	高段
	3. 与家庭成员和睦相处；4. 能够感受到自己不同表达方式的爱	5. 知道礼让比自己小的孩子；6. 能与家长友好交流，理解家长不同表达形式的爱	4. 能做好自己的个人卫生（自己的房间自己收拾，不需要家长提醒自觉洗头、洗澡、换干净衣服）；5. 有计划地使用零花钱；6. 向父母了解家庭特殊纪念日	4. 参与家与父母为实施；5. 对父母为自己所做的事情心存感激；6. 充当家庭纠纷调解员，耐心听取父母的唠叨、批评要懂得感激；7. 对父母的关爱要懂得感激；8. 理智地向家人表达自己的想法，不发脾气
	对学校 1. 主动与同伴形成友好互助的关系；2. 能积极参与到学校、班级活动中；3. 尊重和珍视教职员工的工作；4. 形成对学校的归属感	1. 知道学校的校名、校训、校史和传统，能熟唱校歌和传唱校歌；2. 主动结识新朋友，并能友好相处；3. 对学校开展的活动有所了解，反时主动与家长沟通，并自主选择参加；4. 能用正确的方式与老师和其他教职工沟通；	1. 能主动结识新朋友，并清楚自己好朋友的喜好、特长、生日；2. 主动了解同学，了解同学不同类型和风格和学会与同学相处，逐渐合力对支好和不友好；3. 了解老师的工作内容，体谅老师工作的强度，对老师有感恩的心；4. 主动维护公共区域的卫生和秩序；	1. 了解学校的校史；2. 以班级、学校为荣，有强烈的集体荣誉感；3. 学习上主动帮助同学；4. 主动参加班级和学校活动；5. 能主动发现学校工作的不足，并提出自己的意见

241 附件

续表

小学生公民意识培养总目标	分项目标	小学生公民意识培养分段行为目标		
		低段	中段	高段
	1. 能意识到公共利益对自我的重要意义； 2. 能够认识到我与社会密切相关	1. 知道校园环境、班级环境与自己的生活密切相关； 2. 知道遵守公共秩序； 3. 对弱势群体有一颗同情心； 4. 了解自己的小区名字、街道名、了解附近知名建筑或古迹等； 5. 了解所在社区，积极参与社区活动； 5. 在班级有几个知心朋友，知道他们的生日和联系方式； 6. 经常和伙伴一起学习或参加体育锻炼； 7. 认识班上的同学、老师，能叫出全班小朋友的名字	1. 能意识到环境保护靠大家，并尽力采取行动，如坐公共交通工具，减轻城市交通压力； 2. 能了解和尊重各种职业，认识到社会各行各业都需要依赖不同人的帮助； 3. 能关注社会的不同人群并提供力所能及的帮助，如给老、弱、病、残人士主动让座； 5. 小组活动时主动发言，积极交流； 6. 与朋友和谐相处	1. 知道重要的社会新闻和国家大事，并能拥有自己的看法； 2. 主动关心社会新闻； 3. 懂得"社会"这一概念，了解社会的构成； 4. 与邻里关系融洽，见面微笑、打招呼； 5. 了解和肯定自己作为本国公民在社会生活中的各项权利； 6. 尊重他人隐私，尊重残障人士个人尊严及人格

续表

小学生公民意识培养总目标	分项目标	小学生公民意识培养分段行为目标		
		低段	中段	高段
			4. 知道节约用水、节约用电、节约粮食; 5. 关注不同的社会群体; 6. 学会在公共场合控制自己的情绪; 7. 主动发现小伙伴的闪光点,包容其缺点	
		6. 积极参与社会公益活动		
对国家	1. 能了解国家的历史文化、社会习俗,形成民族自豪感; 2. 对国家有认同感和责任感	1. 了解中国、四川、成都的基本概念,了解家乡的风俗习惯; 2. 认识国旗、国歌,会唱国歌,奏国歌时会起立; 3. 知道国旗、队旗、红领巾的含义; 4. 了解传统历史文化(如两三个古代神话传说、三个以上的国家传统节日和由来); 5. 学说普通话;	1. 知道国家大事和新闻事件; 2. 熟悉六个以上的历史故事和人物; 3. 明白"国家兴亡,匹夫有责","国富才能民强"; 4. 了解为自己是个中国人而自豪; 5. 了解国家传统史(炎黄子孙、四大发明等); 6. 知道一两件本年度的国家大事; 7. 了解国家地理和大地域的风土人情	1. 了解国家的传承和历史,如《弟子规》《论语》等国学基础; 2. 知道成都近几年来的飞速发展; 3. 了解一些国家主权被侵犯的历史,形成民族责任感; 4. 了解重要的国家政策,并能拥有自己国家的看法; 5. 了解公民与国家的关系,认识到自己国家是国智国未来的主体和未来,明白少年智则国智,少年强则国强;

续表

小学生公民意识培养总目标		分项目标	小学生公民意识培养分段行为目标		
			低段	中段	高段
主动认真地履行在各种社会活动中的责任，责任意识	对世界	1. 能认识到世界是由各种不同语言文化习俗的国家组成的； 2. 能够了解和尊重世界各国的不同风俗习惯	6. 知道台湾、香港、澳门是我国的一部分； 7. 知道一些著名的古典故事 1. 知道世界是由许多国家组成的，知道世界还有其他语言； 2. 能意识到不同国家的人，他们的语言、风俗和习惯有不同的； 3. 看到国际友人，做到文明友好，不指指点点议论	1. 具备世界、大洋、各大洲、各种族的基本知识； 2. 懂得国家不分大小与贫富，都是世界大家庭平等一员； 3. 知道一些常见国家的地理位置； 4. 了解国际通行的基本礼仪； 5. 知道英语作为世界通用语言学习在当中非常重要	6. 了解重要的国际事件，初步感受中国在国际上的地位和作用； 7. 知道国家主要公共机构的名称和功能； 8. 能够说流利的普通话 1. 对常见宪体制有初步的了解； 2. 了解语言和文化不同的表达情感的方式和礼节不同； 3. 了解和尊重不同的信仰； 4. 平等对待各个国家和各种肤色的人
	对自我	1. 对自己的身体负责； 2. 对自己的学习负责；	1. 认识和爱护自我（简单了解自己的身体构成，能分辨危险程度）；	1. 懂得运动安全常识，掌握一门运动技能并坚持保持身体健康；	1. 能认识到自己的将来靠自己现在的努力； 2. 能主动制订学习计划，合理安排学习任务，自觉完成学习安排学习时间；

续表

小学生公民意识培养分段行为目标

小学生公民意识培养总目标	分项目标	低段	中段	高段
并勇于承担行动结果。关键词：认真履行、勇于承担	3. 对自己负责（自理生活能力）	1. 掌握一门运动技能；2. 坚持科学卫生用眼，保护视力；3. 知道冷、热、饿、渴，能正确地穿脱衣物；4. 不挑食，拒绝垃圾食品；5. 自己的事情自己做（收拾和整理学习用具，自己做作业，系红领巾、系鞋带）；6. 认真做好每一件事，不马虎；7. 注重个人卫生，干净、整洁，勤洗手	1. 掌握一门运动技能；2. 自己的事情自己做（洗小衣物，下面条、煮饭等简单生活技能）；3. 能意识到学习是自己的主要责任；4. 不挑食，拒绝垃圾食品；5. 养成良好的生活习惯，自觉遵守作息时间；6. 有主动、认真完成学习任务的态度，有明确的学习目标	1. 关注自己的身体健康，懂得安全运动技能并坚持保持身体健康；2. 掌握一门运动技能并坚持；3. 安全上下学，整理书包不遗漏；4. 不挑食，拒绝垃圾食品；5. 了解自己的身体结构及其变化，保护自我，懂得珍惜生命；6. 自觉坚持体育锻炼；7. 学会有序，分类整理自己的学习资料
	对家庭	1. 认识和了解家庭中每位成员应尽的责任；2. 了解父母在家庭中的分工，以及对家庭的贡献；	1. 了解父母的职业，及其对社会的意义；2. 关心和爱护父母的身体状况；	1. 了解父母为家庭的付出；2. 主动承担力所能及的家庭责任

续表

小学生公民意识培养总目标	分项目标	小学生公民意识培养分段行为目标		
		低段	中段	高段
对家庭	2. 做力所能及的家务	2. 体谅父母的辛劳，爱惜并保持家庭清洁卫生； 3. 帮助家人打扫卫生、整理物件； 4. 尊敬长辈、孝敬爸爸妈妈，在他们劳累的时候主动倒上一杯水或递上毛巾； 5. 不对父母说谎	3. 自己洗小衣服，袜子、手帕等小东西，自己收拾小书桌、书柜； 4. 知道父母在家庭中的不同职责； 5. 布置自己的小屋，学会收拾、整理	3. 懂得自己对家庭也有一份责任，爱自己，爱父母也就是爱家庭； 4. 爱护家庭卫生，参与家庭（整理房间、节约用水、洗衣服等）； 5. 主动照顾家中老人，如扶着上下楼梯，帮助拿东西，关心、照顾年幼者
对学校	1. 认识到爱惜和维护学校公共设施是每一位同学的责任； 2. 了解自己的服务岗位，认真履行应尽职责； 3. 尊重教职员工，愿主动承担班级和学校的公共事务；	1. 认识学校公共设施的用途，爱惜校公共设施； 2. 有集体意识，认识个人行为对集体的影响； 3. 清楚自己的服务岗位，认真履行职责； 4. 当遇到威胁时，懂得适时说不； 5. 遇见老师和校工能主动问好；	1. 能爱惜学校公共设施，并敢于对破坏设施的人提出批评； 2. 认识自己在学校里的服务任务； 3. 积极参加校内外各种活动及比赛，为校和学校争荣誉； 4. 主动承担班级事务，当好值日生，班级扫除按时完成； 5. 了解低碳生活，并在家庭和学校中践行；	1. 了解并履行自己在班级和学校中的职责，并能正确的干部工作（承担任务，享受他人的服务），并为他人服务； 2. 能爱惜学校公共设施，并敢于对破坏学校设施的人提出批评； 3. 热爱校服，爱护校服，按规定穿校服； 4. 爱护学校公共设备；

小学生公民意识培养总目标	小学生公民意识培养分段行为目标			
	分项目标	低段	中段	高段
	4.有班级和学校自豪感、荣誉感	6.见到垃圾主动捡起来；7.在班级中找到一个服务岗位，能认真完成岗位职责；8.不损环课桌椅，不在课桌上乱写乱画；9.洗手之后关水龙头，教室无人记得关灯，上完马桶记得冲	6.能养成主动预习、复习的好习惯；7.爱护学校公物，不乱涂乱画，保护好自己的课桌椅；8.收集错题，整理各类试卷、主动检查错误并认真改错；9.信守诺言	5.能主动承担班级事务，如担任图书管理员、午餐管理员等；6.了解慈善；7.对别人的不同多一些接纳和包容；8.能鉴别谣言，不传播谣言
对社会	1.与他人友好相处；2.积极参与公益活动；3.爱护自然环境。	1.在日常生活中做到宽以待人；2.在生活中注意节能环保，逐渐形成习惯；3.参加一至两次社会公益活动（如植树节、义捐等）；4.遇到熟人主动问好；5.不乱扔果皮、纸屑；	1.懂得人际交往中的礼貌；2.能欣赏和学习其他孩子身上的好习惯；3.能积极参与公益活动；4.做到礼貌用语、文明行为。	1.主动帮助弱势群体；2.尊重邻居与周围的人，懂得与人交往要礼让；3.利用假期参与一些社区的公益活动（如义务卖报）；4.爱护公共环境，不乱扔垃圾，爱护花草动物；5.有一定的社会公德，在公共场合不大声喧哗，节约公共资源

续表

小学生公民意识培养总目标	分项目标	低段	中段	高段
民主意识 1. 知道人们都拥有受保护的权利和义务，而且在这些权利和义务面前人人平等（平等）；	对国家 1. 了解国家的基本政治、历史、地理知识； 2. 关心经常国内外大事； 3. 为国家之崛起而学习；	1. 知道中华人民共和国的成立历史，了解我国的地理位置； 2. 知道国家法定假日的来历； 3. 知道自己所在省、市、区县镇； 4. 关注少儿频道新闻； 5. 知道国家主要领导人的姓名	1. 经常从网络和电视上了解国内外时事； 2. 知道努力学习与国家发展之间的关系； 3. 了解国家的近代历史、行政区域； 4. 懂得国家民族统一大业的具体内容，知道台湾是中国不可分割的一部分	1. 坚持每天收看新闻联播，知道我国的执政党是中国共产党； 2. 每天看新闻，读报关心时事； 3. 了解国家的政治体制的情况； 4. 了解国家主要公共机构的社会功能，并能为他们的工作提出自己建议
	对自我 1. 认识到自己是集体当中的一员，集体中的每一个成员都是平等的； 2. 在法律、规则的范围之内，自己和他人都享有平等的权利和义务；	1. 我和其他小朋友是平等的； 2. 不能伤害自己和他人，要避免被他人伤害； 3. 做错了事情要认错误，学会说对不起；	1. 自己和他人是平等的； 2. 遇事积极主动，不退缩； 3. 了解哪些事是可以做的，哪些事是不能做的，知错就改，自我检讨；	1. 认识到人与人之间是平等的； 2. 自己愿做的事自己做，不强加给他人； 3. 勇于面对自己的错误；

续表

小学生公民意识培养总目标	分项目标	小学生公民意识培养分段行为目标		
		低段	中段	高段
2. 知道人们有做法律所许可的一切事情的权利，当自己的正当权利被侵犯时，能意识到社会规则可以保护自己，在自己享受权利的同时，不能影响他人对权利的享受（自由）； 3. 当自己的需求与法律及社会规则产生冲突的时候，能意识到应该适当对自己的行为来做控制和调整（法治）； 4. 意识到自己既是社会规则的遵守者，也是社会规则的制定者，有权可以主动参与到社会规则的制定和调整执行中，并对社会公正的执行进行监督（参与和监督）； 关键词：平等、自由、法治、参与、监督	3. 依据律法、规则勇于承担并改正自己的错误； 4. 参与身边规则的制定，主动监督规则的执行； 5. 主动发展自我，提升公共事务意识的能力	4. 会表达自己的想法，也能聆听别人的意见	4. 会表达自己合理的诉求，能利用身边的规则来保护自己	4. 自己的权利是受到保护的，义务是必须履行的。

续表

小学生公民意识总培养目标		分项目标	小学生公民意识培养分段行为目标		
			低段	中段	高段
	对家庭	1. 尊敬父母，认识到家庭成员中地位是平等的； 2. 参与家庭公约的制定，主动关心家人，主动承担力所能及的家庭事务； 3. 就家庭成员协商制定家庭规则或公约，共同遵守； 4. 监督家庭成员，包括自己履行规则与约定	1. 关心每一位家庭成员，尊敬长辈，爱护弱小，说话要有礼貌； 2. 聆听父母的教导，不对父母大呼小叫； 3. 遵守和父母的约定，监督长辈和家庭公约； 4. 和长辈出现分歧时，能尝试讲述自己的理由	1. 关心每一位家庭成员，尊敬长辈，爱护弱小，说话要有礼貌； 2. 对父母的意见，正确的愉快接受，错误的能坦诚指出，不无理取闹； 3. 主动参与遵守家庭公约的制定，主动遵守并监督其他家庭成员共同遵守公约； 4. 能主动与长辈通过谈判的方式解决分歧	1. 关心每一位家庭成员，尊敬长辈，爱护弱小，说话要有礼貌； 2. 对父母的意见，正确的愉快接受，错误的能坦诚指出，不无理取闹； 3. 主动参与遵守家庭公约的制定，主动遵守并监督其他家庭成员共同遵守公约； 4. 能体谅生活的承担家辈的义务，能主动与长辈沟通，解决分歧
	对学校	1. 平等对待集体中每一个成员	1. 平等对待集体中每一位成员	1. 平等对待集体中每一位同学，不歧视他人； 2. 遵守班级公约和学校规则；	1. 平等对待集体中每一位同学，不歧视他人，不欺负低年级和弱势同学；

续表

小学生公民意识培养分段行为目标

小学生公民意识培养总目标	分项目标	低段	中段	高段
对社会	2. 遵守班级和学校规则，积极接受规则范围内自己所拥有的权利； 3. 积极参与校园、班级（公约）的制定、修改，主动监督规则执行； 4. 当自己的需求与规则产生冲突的时候，能适当控制和调整自己的行为	1. 认真听，不随意打断老师讲话； 2. 遵守班级公约和学校规则； 3. 同学们的发言要认真听，不随意打断老师讲话； 4. 和同学发生矛盾时，用班级公约和学校规则来评判是非	3. 同学们的发言要认真听，不随意打断老师讲话； 4. 主动参与班级公约的制定和修改，对其他同学做出的破坏公共规则的言行，能予以劝诫、制止； 5. 积极主动参与班级和学校内外的学生活动（小干部公选、志愿者活动等）； 6. 以恰当的方式，表达自己对学校规则的意见和建议	2. 遵守班级公约和学校规则； 3. 聆听他人的意见，包容不同意见，理解、不随意打断他人讲话； 4. 主动参与班级公约的制定和修改，对其他同学做出的破坏公共规则的言行，能予以劝诫、制止； 5. 积极主动参与学校内外的学生活动（小干部公选、志愿者活动等），以恰当的方式，表达自己对学校的意见和建议
	1. 尊重他人，认识到各行各业分工不同，但人人平等； 2. 传承中华传统美德，遵守社会公共规则；	1. 知道规则是每个人必须遵守的，规则面前人人平等； 2. 遵守公共场所的规则，爱护公共设施； 3. 尊老爱幼，尊重残疾人，不伤害小动物	1. 知道规则是每个人必须遵守的，规则面前人人平等； 2. 遵守公共场所的规则，爱护公共设施； 3. 尊老爱幼，尊重残疾人，不伤害小动物	1. 知道规则是每个人必须遵守的，规则面前人人平等； 2. 遵守公共场所的规则，爱护公共设施； 3. 尊老爱幼，尊重残疾人，不伤害小动物

续表

小学生公民意识培养总目标	分项目标	小学生公民意识培养分段行为目标		
		低段	中段	高段
	3. 尊重他人的权利，当自己的正当权利被侵犯时，利用规则来保护自己		4. 参与公共活动时，遵守活动约定，与同伴友好相处	4. 参与公共活动时，遵守活动约定，与同伴友好相处；5. 公共场合知道礼让，用自己的行为影响他人
对国家	1. 知道法律面前，人人平等；2. 遵守国家法律法规的范围内，积极享受权利，履行义务；3. 知道利用《未成年人保护法》等法律来保护自己	1. 知道自己的国籍，认识国旗、国徽，会唱国歌，认真参加升旗仪式；2. 懂得人的行为要受到规则、纪律、法律的约束；3. 明白偷拿别人东西，故意伤害人是违反法规、法律的事情要接受处罚；4. 主动远离破坏规则、纪律、法律的人和事	1. 熟知"五旗一徽"，认真参加升旗仪式；2. 懂得人的行为要受到法规、法律的约束；3. 了解《刑法》《治安管理处罚法》等一些法律法规相关内容，能利用其维护自己的权利；4. 主动远离破坏规则、纪律、法律的人和事；5. 涉猎学习更多的法律法规知识，明白哪些行为是违法的（如偷盗，酒后驾车等）	1. 遵纪守法，对《宪法》主动学习了解，对各级法律法规的相关知识；2. 不参加非法组织及非法集会，不散播和听信谣言；3. 如遇坏人坏事，及时报警或求助；4. 了解自己在成年后将拥有的公民权利和义务

续表

小学生公民意识培养分段行为目标

小学生公民意识培养总目标		分项目标	低段	中段	高段
1. 了解、学习中西方和对比中西方文化的不同； 2. 开阔视野，有世界公民的眼光； 3. 养成良好的品性，培养文学艺术修养； 4. 关注人类的一些共同问题。 理解关键词，包容、理解、意识	国际理解意识	对自我	1. 明确我是世界公民的一员，关心人类的共同问题； 2. 了解基本的世界地理和历史； 3. 了解不同的文化，并接纳	1. 知道世界是由许多国家组成的，世界上还有其他语言； 2. 能意识到不同国家的人，有不同民族的语言、习惯，风俗和我们的不同	1. 具备世界、各大洲、各大洋、各国家的基本知识； 2. 懂得国家都是世界大家庭的平等一员，世界大家庭贫富不等； 3. 知道一些常见国家的地理位置，会看（能看懂）地球仪和地图； 4. 多读关于世界人文的科普读物	1. 学会看世界地图，记住多数国家的名称、地理位置； 2. 从书报上了解一些国家的民族特点、经济特点、科技特点； 3. 树立"我是世界一个公民"的思想； 4. 接纳不同种族的风俗和生活方式，消除种族歧视
		对家庭	1. 学习中国传统的关于家庭的文化； 2. 有正确的环保意识和行为	1. 节约资源，不浪费，如少用塑料袋，节约用水、电、气； 2. 尊重每一位家庭成员	1. 了解并跟家人分享国际通行的基本礼仪； 2. 节约能源，提倡绿色环保的出行方式	1. 环保出行，低碳生活； 2. 知道保护一切不可再生资源； 3. 在旅行过程中接触并了解不同民族的风俗习惯
		对学校	1. 尊重并接纳不同国籍的同学； 2. 了解和学习世界不同的文化和语言	1. 看到国际友人，做到文明友好，做一些议论点； 2. 对一些基本认识有"爱护地球"从小做起	知道英语作为世界通用语言在学习当中非常重要	1. 见到外国朋友，用简单英语打招呼，不指手画脚； 2. 掌握基本的国外礼仪（用餐、接待等），积极参与学校的涉外活动

续表

小学生公民意识培养总目标		分项目标	小学生公民意识培养分段行为目标		
			低段	中段	高段
	对社会	1. 能有"地球村"的概念； 2. 能认识到世界是由各种不同语言习俗文化的国家组成的； 3. 能够了解和尊重世界各国的不同风俗习惯	1. 了解基本社交礼仪（能大方、友好地与外国人打招呼）； 2. 初步了解一些民族风俗习惯	1. 了解和尊重其他民族的风俗习惯； 2. 尊重伊斯兰教的饮食习惯； 3. 了解非洲一些国家的现状； 4. 知道两个以上人类面临的共同问题	1. 对常见国家的政治、经济体制有初步的了解； 2. 了解并尊重常见国家的语言和文化的不同，如表达情感的方式和礼节不同； 3. 了解和尊重不同的民族有不同的信仰； 4. 平等对待各个国家和各种肤色的人； 5. 了解国家间不平等现状； 6. 知道和平与发展是世界的两大主题
	对国家	1. 弘扬本国的优秀传统文化； 2. 保持正确的立场，做到不卑不亢	1. 了解环保对世界的重要性； 2. 知道每个人都有责任保护地球的环境	1. 了解和平共处五项原则：互相尊重主权和领土完整、互不侵犯、互不干涉内政、平等互利、和平共处； 2. 基本了解中国在环保上的不足； 3. 关心世界问题（如和平、环境污染等），懂得地球是人类共同的家园	1. 维护祖国的形象； 2. 正确认识中国在国际上的地位和优劣势； 3. 了解和推广已经流传的中国传统文化艺术

附件5 行动指南

A 城公民总目标：充分享受权利，积极履行义务，做文雅公民

	分项目标	我的权利	我的义务
关于安全	身体安全	我的权利是：保护自己身体安全；拒绝参加危险活动；在紧急情况下以保护自身安全为前提，寻求大人帮助；我的义务是：不伤害、不威胁他人安全；遵守学校有关安全的规定	● 身体健康 1. 有接受生理健康教育的权利； 2. 有选择健康生活方式的权利，不应被随意剥夺按时休息、安全饮食、健康休闲的权利； ● 个人避护 3. 有权知晓校园中的安全提示和指引，有权接受逃生安全技能参加培训； 4. 有权拒绝攀爬、追逐、任打等危险活动 ● 危险求助 5. 当受到他人伤害或威胁时，有权提出抗议，并寻求对家长大人帮助或保护； 6. 有权对危及个人或他人安全的行为提醒或阻止	● 身体健康 1. 关心自己的身体发育及变化，有自我保护的意识； 2. 养成规律休息、合理膳食、适量运动的生活方式 ● 个人避护 3. 了解安全设施及使用，知晓安全提示； 4. 遵守学校通行规则，不玩或邀他人玩追、推、挤、踢等危险游戏 ● 危险求助 5. 了解面临威胁和伤害时，怎样寻求帮助，向谁寻求帮助； 6. 了解基本的法律法规，遵守交通规则
	心理安全	我的权利是：受到平等接纳、友善对待；对我受到的不当言行，我有权抗议、寻求帮助并获得保护的权利	● 认同和接纳 1. 老师和同学认同、接纳我作为学校和班级的一员； 2. 有选择和结交朋友的权利； 3. 有得到师长、朋友关爱的权利	● 认同和接纳 1. 主动与他人交往，结识朋友； 2. 友善待他人、尊重他人感受，不嘲笑他人想法； 3. 了解学校和班级的历史和文化

续表

A城公民总目标：充分享受权利，积极履行义务，做文雅公民

分项目标	我的权利	我的义务
关于尊重 我的权利是：作为一个独立的人被尊重；保护自我的尊严、名誉以及追求自我价值的权利 我的义务是：尊重他人的尊严、名誉以及追求自我价值的权利 我的义务是：友善待人，尊重他人感受，换位思考，不嘲笑、不排挤他人	● 表达和申诉 4. 与朋友相处时，有权表达看法； 5. 遇到困难，有权利获得引导和帮助； 6. 当受到嘲笑、排挤时，有权利表达抗议，向老师和家长寻求帮助	4. 表达和感恩 主动维护学校和班级的荣誉； 5. 尊重和感激他人的工作和劳动成果； 6. 理解师长，朋友不同表达形式的爱 7. 调整和求助 对自己的不当言行，有义务主动道歉，勇于承担后果，改正自己的错误，积极学习情绪调整的办法，主动寻求帮助
人格被尊重	● 个人尊严、名誉 1. 不因家庭状况、身体状况、学业成绩等被区分； 2. 若有人侵犯尊严及名誉，有抗议和申诉的权利 ● 个人价值被肯定 3. 有发表意见，并获得倾听的权利	1. 他人尊严、名誉 不取笑他人的身体、能力、性格等缺陷，不给他人取绰号； 2. 不轻视，取笑他人的兴趣爱好； 3. 不背后议论他人； 4. 真诚地提出自己的建议和意见，顾及他人感受，不伤害他人 ● 他人价值被肯定 5. 认真倾听他人发言，不打断，不影响

续表

A 坡公民总目标：充分享受权利，积极履行义务，做文雅公民

分项目标	我的权利	我的义务
隐私被尊重 我的权利是：保护自己财物、隐私以及个人空间的权利 我的义务是：尊重他人的财物、隐私的权利，保护自己隐私的权利	● 身体隐私 1. 身体隐私受到保护 2. 信息隐私 3. 我有学业成绩保密权； 4. 私人物品，他人未经许可，不得动用 5. 学习隐私 6. 日记、邮件、个人信息未经允许，他人不得翻阅； 7. 当隐私受到侵犯时，有权利向家长、老师寻求帮助	● 身体隐私 1. 知道自己的身体隐私部位 2. 不触碰他人的身体隐私 3. 信息隐私 4. 不私拆他人信件，不看他人邮箱 5. 学习隐私 6. 不探听、传播他人隐私
差异被尊重 我的权利是：作为一个独特的人被尊重的权利，我可以有自己的个性，有权利自己选择兴趣和理想 我的义务是：理解和尊重他人不同个性选择，不歧视他人	● 差异被承认 1. 享有平等学习的机会； 2. 有权获得个性特长发展和展示的机会 3. 平等享有参与学校集体活动的机会 4. 差异被补弥 5. 学生如果某方面发展不足，家长无条件辅导的权利； 6. 有权享受学校的差异化教学	● 差异被承认 1. 欣赏他人优点，包容他人缺点 2. 差异被补弥 3. 尽力扬长补短，全面发展； 4. 主动发展个人兴趣爱好，自主拟定发展目标及计划
我的权利是：知晓和参与社会、学校、家庭公共事务；通过民主渠道提出建议。	● 公共活动 1. 有权通过网站、广播、班会等渠道知晓学校、班级公共事务；	● 公共活动 1. 主动了解班级、学校公共事务； 2. 能主动参与并承担班级和学校中的了解并认真履行自己在班级和学校中的岗位职责；

续表

A城公民总目标：充分享受权利，积极履行义务，做文雅公民

	分项目标	我的权利	我的义务
关于民主 — 公共生活民主	我的义务是：积极参与公共生活，认真履行公民公约。	2. 有平等参与班级日常管理中班规的民主制定过程、监督班规、班纪的合理性实施的机会； 3. 有权监督学校、班级各岗位工作，提出建议，如班级管理，校值日等工作情况； 4. 知道民主表达的途径和机构 5. ● 公共服务 6. 平等享有使用公共设施的机会； 7. 有权制止和批评破坏公共设施和公共规则的行为	3. 能善于发现公共事务中的问题并为问题解决运用自己的判断力，或组织公益活动； 4. 服从民主途径产生的结果，接受管理； 5. 了解个人因素对集体民主的影响； 6. ● 公共服务 7. 了解班级及学校公共设施和资源，并遵守使用规则
关于民主 — 学习民主	我的权利是：不得被随意剥夺正常学习的权利；了解选择适合的学习计划、自主选择学习计划、参与学习评价过程。我的义务是：合格倾听；认真接受教育，主动发表意见；接受老师和家长指导，积极与同学合作，尽可能做到更好	● 学习内容 1. 有权获得各学科全面学习的机会 2. 享有广泛阅读的机会； 3. 学习过程不被无理打扰； 4. 有权了解对学生的评价方式及评价过程，并有权接受公正、透明的评价 5. 有权获得老师的学习指导； 6. 若学习困难，有获得帮助的权利； 7. 有权参与班级课堂公约的制定，并监督其实施	● 学习内容 1. 不偏科，全面发展； 2. 明确学习任务和目标，主动制订合理的学习计划并实施 3. 主动养成良好的学习习惯； 4. 遵守学校作息时间 5. 主动与家长、教师交流，反馈学习情况； 6. 遵守课堂公约，积极主动学习

学生在家庭中的权利与义务行动指南

学生的权利	学生的义务
安全： 1. 有权选择健康生活方式的权利，不应被随意剥夺按时休息、安全饮食、健康安静、整洁的家庭生活环境； 2. 有权获得安静、整洁的家庭生活环境； 3. 有权知晓家庭中的安全注意事项，有权接受防火、防盗等安全培训。 尊重： 1. 有权被家人无条件接纳； 2. 有权得到家人的关爱； 3. 遇到困难，有权获得引导和帮助； 4. 有权享有个人隐私不受无理侵犯。 民主： 1. 有权知晓部分家事管理，并参与力所能及的家庭事务决策和管理； 2. 有权对兴趣发展、个人爱好提出自己的意见，并得到尊重； 3. 有权对自己的事情、时间进行合理安排。	安全： 1. 接受家长的善意引导，主动养成规律休息、合理膳食、适量运动的生活方式； 2. 主动承担力所能及的家务，自己的事自己做； 3. 了解家庭危险物品，知晓安全防护措施，学习逃生技能。 尊重： 1. 尊重家人感受，体谅家人，不无理取闹； 2. 主动关心家人身心状况，与家人相处知礼节，懂礼貌； 3. 遇到困难，主动寻求、接受家长的帮助和引导； 4. 了解在各个年龄阶段受保护的隐私内容。 民主： 1. 主动关心家庭事务，通过合理方式提出客观、公正的建议； 2. 发展健康、积极的兴趣爱好，并坚持； 3. 接受家庭成员的合理监督。

附件6 学校公共生活领域教师公民意识行动指南

总目标：享受权利，履行义务，做儒雅公民

	分项目标	我的权利	我的义务
关于安全 — 身体安全	我的权利是：保护自己身体安全；拒绝参加危险活动；在紧急情况下以保护自身安全为前提，寻求老师生的帮助；我的义务是：不伤害他人安全，遵守学校有关安全的规定	1. 有选择健康生活方式的权利，有休息的权利； 2. 有享受健康娱乐的权利； 3. 人身安全在校园中被保护，不受他人伤害； 4. 在校园中受到不当伤害后有向学校管理人员寻求帮助的权利； 5. 有权拒绝参加对身体产生危险的活动	1. 关心自己的身体健康，有自我保护的意识； 2. 养成规律休息、合理膳食、适量运动的生活方式； 3. 了解安全设施及使用，知晓安全技能； 4. 保护学生的安全； 5. 面临威胁和伤害时，知道怎样寻求帮助，向谁寻求帮助； 6. 了解与教师相关的法律法规；
关于安全 — 心理安全	我的权利是：受到公平接纳、善言对待；对我受到的不当言行抗议、寻求帮助并获得保护的权利；我的义务是：友善待人，尊重他人感受，换位思考，不嘲笑、不排挤他人	1. 被学校管理人员、教师、学生认同，接纳我作为学校一员的权利； 2. 在工作和交流时，有权表达自己的看法； 3. 受到学校同仁和学生关爱的权利； 4. 受到学生、家长的尊重、爱戴的权利； 5. 遇到心理健康危机有权利获得学校同仁的引导与帮助；	1. 主动与同事交往、交流； 2. 友善待人，尊重他人感受，不嘲笑他人的想法； 3. 了解学校和班级的历史和文化； 4. 主动维护他人学校荣誉； 5. 尊重和感激他人的工作和劳动成果； 6. 为人师表，正面示范学生； 7. 关心、爱护、尊重学生；

续表

总目标：享受权利，履行义务，做儒雅公民

	分项目标	我的权利	我的义务
关于尊重	人格被尊重	我的权利是：作为一个独立的人被尊重，保护我的人格尊严、名誉以及追求自我价值；我的义务是：尊重他人的名誉、尊严以及追求自我价值的权利	6. 在受到不公平待遇时有权向学校管理人员表达看法，并争取公平对待的权利	8. 对自己的不当言行，有义务主动道歉，勇于承担后果，改正自己的错误； 9. 积极学习情绪调整的办法，主动寻求帮助
			1. 不因身体状况、工作业绩被分级，不受歧视； 2. 若有人侵犯教师尊严及名誉，有权抗议及申述； 3. 发言不被打断和影响	1. 不取笑他人的身体、能力、性格等缺陷； 2. 不轻视、取笑他人的兴趣爱好； 3. 不背后议论他人； 4. 真诚地提出自己的建议和意见，顾及他人感受，不伤害他人； 5. 认真倾听他人发言，不打断，不影响
	隐私被尊重	我的权利是：保护自己财物，隐私以及个人空间的权利；我的义务是：尊重他人的财物，尊重他人保护自己隐私的权利	1. 身体隐私受到保护； 2. 私人物品未经他人许可不得动用； 3. 日记、邮件、个人信息未经允许，不得翻阅及被传播	1. 不私拆他人信件，不私看他人邮箱； 2. 不探听、传播他人隐私
	差异被尊重	我的权利是：作为一个独特有自己的个性，有权利选择自己的兴趣和理想；我的义务是：理解和尊重他人不同个性选择，不歧视他人	1. 平等参加培训和学习的机会； 2. 有权获得个性发展的机会； 3. 有权获得个性展示的机会	1. 欣赏他人优点，包容他人缺点； 2. 尽力扬长补短，全面发展； 3. 主动发展个人兴趣爱好，自拟定发展目标及计划； 4. 对学生的评价公正、公平

续表

总目标：享受权利，履行义务，做儒雅公民

	分项目标	我的权利	我的义务
关于民主 · 公共生活民主	我的权利是：知晓和参与社会、学校等公共事务；通过民主渠道提出建议 我的义务是：认真履行公约，积极参与公共生活	1. 有权知晓学校公共事务； 2. 有权监督学校各岗位工作，并提出建议； 3. 有权参与班级、学校公约、规定的制定，并监督其实施； 4. 有通过正规机构表达民主意愿的途径； 5. 要求学校配合教师教学工作和学生要求的权利； 6. 有平等使用学校公共设施的权利； 7. 有权制止和批评破坏校内公共设施和公共规则的行为	1. 主动了解学校公共事务； 2. 能主动参与并承担学校中的岗位职责，了解并认真履行自己在学校岗位中的职责； 3. 能善于发现公共事务中的问题，并为问题解决运用自己的判断力，或组织公益活动； 4. 服从民主途径产生的结果，接受管理； 5. 了解个人因素对集体民主的影响
关于民主 · 学习民主	我的权利是：不得被随意剥夺正常学习的权利；了解学校政策、公约，选择适合的学习方式，参与学习评价过程 我的义务是：完成义务教育的学习要求；认真倾听；虚心接受学生和家长建议，积极推进家校合作，尽可能做到更好	1. 上课过程不被无意打扰； 2. 按照职业道德准则对学生进行教育、教学活动，开展教育改革和实验； 3. 有权了解对教师及学生品行评价过程，评定学生品行和成绩，并有权接受公正、透明的评价	1. 遵守学校作息时间； 2. 明确学习任务和目标，主动制订合理的学习计划并实施，不断提升业务水平； 3. 主动与学校管理层交流，反馈教学工作情况； 4. 主动与家长沟通交流，改进教学工作

附件7 相关成果列表

序号	作者	成果形式	成果名称	出版单位/发表刊物	刊物级别（CSSCI/核心）	出版时间/刊物期号
1	陆枋等	专著	小学校，大雅堂	教育科学出版社	国家级	2012.4
2	陆枋	论文	校园公共生活培育公民意识	四川教育	省级	2012.9 第494期上半月刊
3	李蓓 林华	论文	强化教师"公民教育意识"，探索课堂教学全面转型	四川教育	省级	2012.9 第494期上半月刊
4	夏英 刘晓虹 蔡慧莉	论文	教师公民教育意识培育的实践探索	四川教育	省级	2012.9 第494期上半月刊
5	林华 赵晓 张 兰	论文	语文"教中学"教学模式培养学生公民意识	四川教育	省级	2012.9 第494期上半月刊
6	李雪阳 赵婧	论文	重建校园公共生活 培育积极小公民	四川教育	省级	2012.9 第494期上半月刊
7	谢冬云 严利蓉	论文	创设班级公共岗位，重建班级公共生活	四川教育	省级	2012.9 第494期上半月刊
8	刘毅 付涛 田勤	论文	校工育人，培养学生公民意识	四川教育	省级	2012.9 第494期上半月刊
9	方慧敏等	论文	培养公民意识背景下的家校共育实践	四川教育	省级	2012.9 第494期上半月刊
10	王威威等	论文	公民课《关于选举》教学设计及课后反思	四川教育	省级	2012.9 第494期上半月刊

续表

序号	作者	成果形式	成果名称	出版单位/发表刊物	刊物级别（CSSCI/核心）	出版时间/刊物期号
11	张晓瀛 蒲瑶	论文	关注两会 学写提案 做积极小公民	四川教育	省级	2012.9 第494期上半月刊
12	白雪 刘晓虹	论文	阅读：守侯我们的精神家园	中国德育	国家级	2012年第15期
13	李蓓 林华	论文	爱上阅读	中国德育	国家级	2012年第7期
14	方文杰	论文	小学英语听力教学任务的设计及其策略	中小学外语教学（小学篇）	核心期刊	2012.6
15	方文杰	论文	共同的课 共同的未来	教育现代化研究	区级	2012.6
16	陆枋等	论文	小学校 大雅堂——成都市实验小学的"雅"教育探索	世界教育信息	国家级	2012.9月下
17	严利蓉	论文	幸福德育滋养人生	教育导报	省级	2011.10.27
18	李蓓 赵晓	论文	学校如何促进教师专业发展	教育导报	省级	2012.2.16
19	严利蓉	论文	老师，我为什么没有选票	教育导报	省级	2012.9.18
20	李蓓	论文	从"公民意识"养成看一堂课的变身——英语教学"一课四听"的真实感悟	四川教育	省级	2012.1 第480期
21	陆枋等	论文	培养合格小公民——成都市实验小学公民教育实践缩略	中国德育	国家级	2013.7 第14期
22	陆枋 方慧敏	论文	以文化人 以雅育雅	四川教育	省级	2013.7 第516期

续表

序号	作者	成果形式	成果名称	出版单位/发表刊物	刊物级别（CSSCI/核心）	出版时间/刊物期号
23	陆枋	论文	教育科研：教师发展的"成年礼"	教育科学论坛	省级	2013.8.30
24	李蓓 蔡慧莉	论文	国际理解走向世界——成都市实验小学教育国际化的思考	教育导报	省级	2013.11.11
25	钟健	论文	"教中学"教学模式的实践探索	小学语文教学	核心	2014.5.30
26	钟键	论文	《螳螂捕蝉》教学实录	小学语文教学	核心	2014.5.30
27	钟辉霞	论文	播下道德的种子	教育导报	省级	2015.10.22
28	李蓓	论文	让思想翻转	教育导报	省级	2015.12.1
29	张红梅	论文	激发质疑兴趣 培养释疑能力	华中科技大学学报	核心	2016.2.25
30	李蓓 夏英	论文	建设未来学校 迎未来——成都市实验小学"未来学校"建设思考与实践	教育科学论坛	省级	2016.7.1
31	刘晓虹 黄敏 白雪	论文	根植核心素养的"小学生 大课程"建设	教育科学论坛	省级	2016.7.1
32	方慧敏	论文	平台互动，构建校园教学矩阵	教育科学论坛	省级	2016.7.1
33	赵晓	论文	我们的未来课堂	教育科学论坛	省级	2016.7.1
34	张兰 钟乐艳	论文	未来学校未来教师	教育科学论坛	省级	2016.7.1
35	李蓓	论文	22号院的那棵树——教育家办学视域下的成都市实验小学课程改革样本	未来教育家	国家级	2016.11

附件8　媒体相关报道选录

《教育导报》报道

1935年，四川省立实验小学成立的那一年，首任校长胡颜立提出"德智体美劳群六育并举"的办学目标。当时，提出"德智体美劳"五育的教育思想居多，多出的这一"群育"是新鲜事物。

而曾经担任过清华大学校长的著名教育家梅贻琦对"群育"十分提倡，梅贻琦教育思想中的"群育"，一方面是指在群体中接受教育，另一方面则指"群"与"己"的关系——"文明人类之生活不外两大方面，曰己，曰群，而教育之最大目的不外使群中之己与众己所构成之群各得其道。"梅贻琦所倡导的"群育"强调"己"要与"群"合，同时在群中不失自己的独立性。

时间跨过近一个世纪，21世纪的成都实小仍在坚持立校之初的办学目的，用不同形式演化着关于"群"的教育，到今天它有了另一种表述——小学生公民教育。

我们关注到实小的公民教育是从一堂语文课开始的，从学生对课堂学习的自主管理到对校园生活的自主管理，实小在培养小学生公民意识上的探索值得思索。

做最好的自己　做积极的公民
——成都市实验小学公民教育新探索

课堂

教师跳出"我"，学生走进"我"

2013年4月25日，成都市实验小学六年级三班的学生在学校的阶梯教室里上完了一节语文课《大自然的秘密》。这是一节"教中学"的课堂，4位被推举出的"小老师"将整堂课把控得很好，提出学习难点、组织分组互动、交流发言一环与一环之间的衔接自然流畅，就连 PPT 和课上播放的视频都是学生自己制作、剪辑。而老师钟健一直处在课堂的"角落"里，她像一位第三方的观察者，以一种不打扰的姿态看着每个教学行为，偶尔碰到难以应付的疑难点才跳出来说两句。

这节课虽然是学生当"老师"，但精彩的思维火花不时迸发出来，如"弱肉强食是大自然的基本法则。""人都有怜悯之心，但不是所有的怜悯心都能做成好事。""理智应该胜于情感，规则是不能被破坏的。"

"小老师"的一段结语尤其精辟：大自然是奇妙的，它创造了一切，包容了一切，同时安排了一切，面对自然的法则，渺小如人类只有去遵守。

课堂结束，一位来自成都市武侯区的语文教师和这个班的孩子们进行了一场对话。不仅"小老师"们落落大方地回答，台下学生也纷纷举手补充。

听了回答，这位老师提出建议，下次进行"教中学"的课堂时可否以小组为单位备课，通过竞争选出最好的一组来上课。没想到立即遭到大家的反驳，有学生回答："我们觉得备课是一个参考，真正上课还要灵活多变一点，不能凭备课来评判上课的效果。"还有一个女生站起来说："如果备课时，大家都已经参与竞争了，还需要再上一次课吗？"

课后，钟健说，孩子们与听课老师之间的互动出乎自己意料，"他们与人交流的语气和态度都令我惊喜。这是我以前并不知道的，自主、平等的观念已经深深根植于他们看待事物的态度里。"

这节语文课，不仅是课型上的颠覆，不只是师生角色的互换，学生们自主思考、自由表达、自主应变，都体现出了学习的主人地位。"教中学"的价值不再局限于课堂本身，不再拘囿于知识、能力的变化，而是延展开去，渗透到做人做事里。

就在一年前，钟健和她的学生们还不能做到这一步，"变"开始于一次课堂颠覆。

2011 年 9 月，钟健和她的学生共同升入五年级。钟健接到了一个"教学研讨节"的通知，要在课型上有一个颠覆。在校长、同事的帮助下，钟健决定试试"教中学"课型探究，即老师教一个学生教师团队解读文本，进行教学设计，而后由学生们站上台引领同学们学习，老师退到后面，只在课中做适时的介入点拨，在课末做最后的画龙点睛。

第一次课例，钟健和第一批"小老师"花了两周时间来准备。钟健像指导一名新老师一样手把手教他们该如何做，教学设计甚至是在她字斟句酌的指导下，经七次修改才定下来的。课例展示很顺利，板书、时间控制、PPT控制准确，听说读写齐上阵，可这样的课堂却得到一个"学生团队像是老师翻版"的评价。

与学生课堂上表现出的兴奋和激情对比，钟健发现，学生对课堂的驾驭洋溢着年少的自信，他们有的是实力，没有做不到，只有不相信。改变要从放手开始。

放手是一个老师在课堂上跳出"我"，而让学生走入"我"的过程，说起来简单的换位思考，实则代表了两个人之间的平等和自主，这与实小培养学生公民意识是一致的。

思路转向后，钟健和学生们的"教中学"的课例发生了变化：预设的语言主体是学生团队自己的，钟健仅是润色而已；课堂一举一动是学生团队随性而为，钟健仅是点到为止；设计了自主质疑及释疑环节，学生自主选择问题思考然后自由表达，让学生团队自主应变。课后，学生都找到了"我"的存在，享受着主体认同的幸福。

故事
承认每一个"我"的存在

从"教中学"的课堂走出来，就会发现平等、自主等公民意识和品质随处可见，学校想构建的不仅是老师、学生们期望的课堂，更是大家期望的校园。校长陆枋说，实小要培养学生成为"最好的自己和积极的公民"，这首先从承认每一个"我"的存在开始。

A城是实小在2001年成立的校园模拟城市，以社会生活的各个领域为主题，学生通过公共途径知晓学校生活各方面的信息，从而自主选择参与。自A城成立之初，它就带有天生的民主色彩。在它发展的过程中，学校对它的定义从重在培养自主学生转向了培养积极公民，包括赋予学生知情权、表达权等一个公民最基本的权利。

在实小，或者说在A城，学生能在校园网上提前一周看到这个星期的菜谱；任何荣誉称号的评选，严格做到程序和结果公开透明；A城设有专门的信箱，由专门的学生负责管理，他们会根据来信内容答疑回复。

"春暖花开的时节，春游活动在哪里进行？"在2012年的A城，这个问题不由学校决定，而是由全体A城公民和A城议事厅进行民主讨论、商议、决定。A城市长先将春游相关的安全规则详细告知各班代表，然后由班级代表回到班级做民主调查,并完成班级推荐。随后,一场热闹有序的年级讨论会将推荐出两个春游地点进入全校推荐。最后,经过全体代表举手表决评出"最喜欢的春游地点"。

陆枋说,"学生会在这样的过程中意识到'我'是A城和社会的主体,公民意识中的主动性就会凸现出来。"

从前年开始,实小有了一个不同于大多学校的上下楼梯规则:上下楼梯靠左行。这里面也有一段小故事:学校很早就发现不少男生下楼梯时喜欢骑坐在楼梯旁的不锈钢扶手上,"哧溜"一下就滑下去了,有的学生甚至把它当作一项可以竞赛的游戏。老师们看在眼里都很担心,万一出事怎么办?

为了解决问题,学校也想过很多办法,但一直没找到最合适的,于是公开向学生征集好点子。这时,有一个学生提出了上下楼梯靠左行的办法,并且说出了理由:"上楼梯时靠左行可以方便扶扶手,下楼梯时靠左行,大家靠墙行走,就不能从扶手上滑下去了。"

办法一提出,大家都觉得好,谁也没想到解决这个难题只需要"靠左行"如此轻松简单的办法。这个办法得到了全体学生的赞同,从那以后,实小上下都遵行着上下楼梯靠左行的规则。

"这不仅解决了实际问题,更向学生们传达了一个信息,规则并非不可改变,任何规则的制定都是为了更好地服务于人,我们每个人都有参与改变、制定规则的机会和权利,同时也有遵守规则的义务。更要学会适应同一事件有可能因时因地而规则不同。"陆枋说。

在参与制定规则、遵守规则的同时,实小学生还有质疑未知规则的权利。实小一名二年级的女生在老师布置作业时发现,班上同学被分成了A组和B组,而两组同学做的作业是不同的。被分到B组的她不明白为什么会有这样的区别存在,于是她在给老师的写话本上写出了自己的困惑。

看到留言,老师大吃一惊,这才觉察到自己这样一个不经意的教学行为可能对学生造成伤害。老师尊重了学生提出意见的权利,并诚恳而真挚地给这名女生做了回复:"谢谢宝贝,你的提议很好。老师没有因为分组而歧视大家的意思哈。分层教学、自主选择、自主服务、自主负责,首先体现在对自己学习任务的完成上哦。A和B只是一个符号,也许这个符号被赋予了太多意义。但对于我而言,只是区别而已。首先我们承认，人与人之间是不同的，面对不同，有时候，老师也无法做到全然正确……你的善意提醒让老师很温暖。"平等、民主，在实小绝不只是一个理念，而是实实在在的行动，由身处其中的孩子和老师们一起在实践……

在 A 城，还流传着一个"第九张选票"的故事：一位名叫谭博今的学生参加了一次 A 城大队委的换届竞选，她需要前往每个班级演讲拉票，每个班仅有 8 张选票。走到五年级五班时，"我们班已经没有选票了"这句话，让其他竞选者打起了退堂鼓，失望地走了，只有谭博今留了下来。她想，没有选票了也没关系，我还是可以去演讲，既锻炼自己也能增加友谊。于是，她拿出早已准备好的演讲稿，微笑自如地登上讲台。谭博今的精彩演讲充分展示了自己的魅力，赢得五年级五班学生一片"哇塞"的赞叹声。

事后，这个班的孩子自发地到大队委极力争取到第九张选票，投给了这个他们最认可的竞选者。后来，谭博今顺利成为 A 城市长之一。

"这不是一张普通的选票，我们可以发现学生的竞选观念和意识在一点点发生转变，功利意味淡了，更看重得到别人的认可、传播民主精神的意义，这无关结果。"陆枋欣喜地感觉到公民意识已经在每一个学生坚持"我"的存在的过程中体现了出来。

实践

指向校园公共生活的公民教育

从一个世纪前的"群育"到今天的公民教育，成都实小有一样东西是一脉相承的，那就是在学生心里种下尊重、平等、自主、独立观念的种子，为他们将来的生活打上民主的底色，适应这个社会的发展。

从 2010 年开始，实小正式以课题的形式研究小学生公民意识的培养，这首先来自对学校德育问题的思考。

"德育问题表现在学生身上包括对自我的放大、对他人的忽略，比如与同伴起冲突时永远对的是我、公共事务与我无关、荣誉面前为什么不是我，等等。同时社会道德环境时时刻刻都在消解着学校德育的成效，应试教育面前更是追求学习至上。"成都实小党委副书记夏英介绍说。

在对学校 30 多位班主任、几位思想品德教师的访谈中，学校发现传统的德育教育与学生生活脱节，内容空泛、空洞，说教严重，就事论事，成效低下。思想品德课容易被家长、学生忽视。由于教师编制等原因，专职思品课教师缺乏。

在这之前，北京及沿海、江浙一带发达城市已经开始尝试提出"公民教育"，多以开展项目活动、综合实践课程的方式让学生在体验中获得"公民教育"。参考了它们的实践方法后，实小也曾尝试了课堂外的活动式教育，但学生参与面小，无法常态化，效果也不理想。

"学生一天在学校度过的时间很长，但公共生活空间却很狭窄。学习生活取代了学生的公共生活空间。我们能不能从这个方向入手？"这个想法打开了实小公民教育的大门，实小用改变校园公共生活的环境和方式来培养学生的公民意识，这也引发了学校所有领域工作的整体改革。

改革包括对 A 城的重构、对课堂模式的变革、对班级公共生活的革新以及教师观念意识的改变等多个方面。不仅在思品课中着力开展公民教育，并开发校本课程，在六年级试点公民课，还把公民教育渗透到常规课堂中，让学生到课堂上去体验、养成公民素养。更重要的是，公民教育进入了整个校园公共生活，民主化的学校生活开启了实小师生公民意识的觉醒。

陆枋认为，公民教育最终要落实到学生的成长。从学科德育到育人德育，从知识德育到体验德育，德育的本质应是价值教育。在这一点上公民教育恰恰能指向德育的本质。我们期待公民教育能为学生成为最好的自己，成为未来社会积极的公民打下良好的基础。

记者手记

公民的含义很广，它包含做人的基本道德、与人相处的原则，包括在社会生活中保持独立、自主的态度等。对社会有用的公民应该明确自己拥有的权利及义务，明确自己该如何生活的一个实实在在的"我"。

尊重每一个学生从哪里开始？应当从鼓励学生发现"自我"开始，从改变学校公共生活入手，让青少年生活在一个民主、公正、受尊重、鼓励理性参与的环境里。

如陶行知先生所讲，学校即社会，生活即教育。学校本身已经成为一个公民社会，在这个社会待久了，孩子们日臻的精神与自我将居住其中，成为引导一生的力量。这样一座"城"里的学校公共生活，自然地成为实小师生的一种生活方式，既普通又珍贵，既丰富又简单，从现在指向无尽的未来。

《校长》报道

"民主A城":成长从模拟开始

文/记者 穆国库

问题

社会经验缺乏、独立生存能力差几乎已经成为了当前中国基础教育失败的标签。虽然教育部门一直倡导素质教育、生活教育,但是限于传统教育模式的僵化以及多年来各种教育弊端的积重难返,鲜有能够在素质教育方面取得显著成效的例子。随着时代的发展,教育面临新的目标和任务,公民教育成为教育发展的大趋势。如何将公民教育融合进素质教育体系之中?如何在校园里给学生提供体验社会的机会?这看似两个问题,然而其实质却是相同的,就是如何培养出能够适应这个社会的人才。就此问题,成都实验小学通过建设模拟城的实验给探索者提供了一个方向。

成都市实验小学有一座校园模拟城,师生们称它"A城"。这座模拟城建立于2003年9月,至今已走过了十个年头。它以社会生活的各个领域为主题,建立起一个个以自主活动为内容的德育新平台。十年来,这个平台为培养学生的自主能力、独立精神发挥了极大的作用。随着时代的发展,公民教育成为了学校教育不可回避的主题。因此,A城的定位也随之发生变化:从重在培养自主学生转向重在培养积极公民。"构建民主校园,培养积极小公民"的教育实验正在这所"以从事教育科学的实验研究之所得,辅导四川省小学教育之改进,迎头赶上世界激流"为办学宗旨的西南名校中火热上演着。

"A城"机构设置及功能

从大框架上看,A城有一位市长总负责,市长由学生担任,通过民主选举产生。其下分设三个分支机构:自主管理中心、服务支持中心以及自主活动中心。

1. 自主活动中心

自主活动中心是整个模拟城的主体部分,正是自主活动中心为全校最广大的学生提供了体验丰富的"社会生活"的机会、搭建了异龄交往的平台。自主活动中心下设 A 城频道和 A 城社区两大板块。A 城频道目前已建立了负责宣传的"亮眼睛"频道、倡导环保的"绿谷地"频道、提供科技知识的"科学院"频道、关注心理健康的"阳光坊"频道、保障课内学习的"智慧树"频道、展现艺术才能的"大舞台"频道、爱好体育运动的"起跑线"频道、培养学生规则意识的"红绿灯"频道以及检验学生综合实践能力的"万花筒"频道等九个主题频道。每个频道有一名主持人负责,主持人同样来自选举中胜出的学生。

A 城模拟社区是专门为方便学生的异龄交往与共同成长而搭建的以纵向班级组合为单位的交往活动平台。比如一至六年级所有的 1 班组成一个社区,一至六年级所有的 2 班再组成一个社区,以此类推,这样,每个社区里就容纳了各个年龄阶段的学生,通过参与同社区的各类活动,每个学生都获得了与各个年龄段的孩子交往的机会与体验。每个社区分别被冠以"和雅""艺雅""博雅"等名称。这样,学生在学校里也能营造出一份家一样的归属感。

2. 自主管理与服务支持

积极小公民的养成,需要营造平等、民主的校园公共生活作为保障。仅有自主活动中心仍然不够,小学生的自我管理能力不是天生具有的,因此,需要给他们提供一些必要的服务支持并适时创造体验管理的机会,于是增设服务支持中心与民主管理中心就成为顺理成章的事了。

A 城自主管理中心,下设 A 城议事会、民选委员会、民意调查组、A 城信箱等机构,重在创设民主渠道,培养学生民主协商、学习民主管理与监督的能力。有了这个机构,学生在 A 城的所有活动,从组织、开展到过程监督、成果总结等一系列以往必须有老师完成的工作,现在都可以由学生自己来完成了。

服务支持中心是由专门的老师和部分学生家长组成,他们专门为学生提供知识层面的指导以及活动资源方面的协助,他们是学生们展开实践和探索活动强有力的后盾。

随着公民教育的开展,自主活动中心的九个自主频道的活动在定位上也发生了变化:用民主的方式为学生提供更丰富的校园公共生活,让学生在各种自主体验中体会民主的真正含义,知晓公民的权利与义务。

民主的渠道——知情与表达

学校公共生活是学校管理者、教师与学生共同参与的交往实践活动。人人平等是学校公共生活得以开展的前提。因此，每个参与者的观点都应得到尊重，每个人都有知情公共事务的权利。

1. 我是小公民，我有权知晓

知情权是现代公民应享有的最基本的权利，也是公民参与公共事物的必要条件。而对于A城中的小公民来说，知情权应该包括对A城的公共机构、公共事务以及如何参与公共事务的知晓。学校编写的《A城小公民生活手册》中，以漫画的形式生动有趣地介绍了A城大小公共事务。通过手册，每一位孩子能够迅速地了解A城公共设施和公共生活，知道应该通过什么途径寻求帮助，以及如何参与和管理校园公共生活。

"我是小公民，我有权知晓"这样的理念也贯彻在校园公共事务的方方面面。孩子们能在校园网上提前一周看到每个星期的菜谱；"新星少年"等荣誉称号的评选，严格做到程序和结果公开、透明。A城还成立了专门的"A城信箱"，由专门的小干部负责管理，根据来信的内容，转发到各个部门进行答疑解释，小干部最后将结果反馈给来信者。

2. 让每一个人的观点都得到尊重

民主的校园中人人平等，每个人都有发表和表达观点的权利。A城设立A城信箱、成立民意调查机构，共同组成了畅通的民主表达渠道，让每一个孩子的观点都能得到尊重。民意调查机构是针对全校性开展民调活动的启发而设立的，它的主要功能就是针对一些普遍问题，如与每个孩子都相关的公共事件进行征询调查，或者针对公共事务的效果进行评价性调查，如"六一怎么过？""春游去哪里？""午餐满意度调查"等等。

案例："春游去哪里"，我来提建议

"春暖花开的季节,春游活动在哪里进行？"在成都市实验小学A城，这个问题不由老师和学校决定，而是由全体A城公民在A城进行全校调查，从民主推荐中产生。A城民意调查机构向各班发放调查表，完成班级推荐。在三天后，民意调查机构再次召开全校代表会议，通过"分年级班级陈述——年级推荐2个候选地——全校陈述推荐——全校投票——统计——公示"流程，推选出本期的春游地点。

每一位A城市民未来都将成为真正的社会公民，我们该如何履行义务，享受权利呢？通过全员参与调查、班级推荐、年级推荐、全员投票、公示整个流程，每一个A城小公民从中体验到"我是A城小主人""我的观点有权被尊重和表达""我有权知晓决议的过程和结果"等权利意识，同时也对民主决议中的"少数服从多数""遵守共同决议的结果"等基本原则有了更深的感受。

民主管理——民选、监督与协商

既然民主是公民教育的应有之义，成都市实验小学也已经做好了向这个大目标进发，那么，在一些关键节点上更不能脱离了这一原则。尤其在模拟城的管理者如何产生以及如何行使其权力这一关键问题上，处理是否得当更是关乎实验的成败。

1. 干部产生——自愿申报，民主选举

校园每年9月总会有一次盛大的全校民选。本着"全民参与，民主选举"的原则，通过共同协商，民主投票，民选委员会确定了A城小干部选举流程。A城小公民们根据自己的兴趣，选择竞聘的岗位，进行志愿报名。校园民选给予每个孩子平等的机会参与校园公共事务的管理，参选的过程也对孩子们公民意识和技能有极大的提升。候选人要求具备较强的领导能力、组织能力以及语言表达能力等，更重要的是具有公共服务的意识和经历。

案例：市长诞生之路

五年级学生谭博今是A城现任市长，她的参选过程充分展现了孩子们在参与选举中的收获与成长。按照正规程序，她首先参加笔试，然后以优异的成绩进入面试，过了面试成为三个市长候选人之一，此时，能否成为市长，决定权再次回到全校所有学生手中。她和其他候选人一样进入拉票环节，这个过程要求她准备好演讲稿，进入每一个班级进行拉票演讲。由于拉票的时间较短，她有时候不得不去找各班的任课老师协调时间。整个过程下来，你会发现，这个刚刚十岁出头的小姑娘已经变得成熟稳重、落落大方了。这绝不是她能够单纯通过几节课甚至几个学期的课所能学得到的。

A城这样的岗位很多，除了市长之外，还设了两个副市长，每个频道都有主持人，另外还有少先队大队长、中队长，每个岗位都要经过这样一个流程。总体来看，它为学生们提供的锻炼机会是非常多的。

在选举期间，除了参选者的拉票演讲，民选委员会将会对候选人以往的校园或社区公共服务经历进行全校公示，让 A 城市民们能够充分地了解候选人信息，最终投下神圣的一票。

2. 权力制衡——全员评价，独立监督

成人世界中出现的许多问题在这座模拟城市中也常有发生，比如贿选、任职而不认真履职、能力不满足岗位要求等。为了保证公平与公正，民选委员会便起到了权力制衡的作用，负责对参选人员、投票者是否遵守民选的流程和规则等进行监督。选举结束后，通过民意调查机构，对选举成功者是否认真履职进行考核和监督。评价与监督机制也促使 A 城公民明确意识到权利与义务的对等。

3. 公共问题——推选代表，民主协商

公共生活是社会各平等主体之间相互理性协商的民主生活。有非强制的理性协商，才会有共识。A 城议事厅，则是学生进行民主协商、理性对话的机构。每月例会，议事代表们提出提案，在不断解释、倾听、争论和妥协中，完成协商过程。在这个过程中，孩子既能培养开放、包容的心态，同时也能锻炼沟通、反思、协作等公民技能。

在校园公共生活的重构过程中，A 城作为一个模拟小社会，不断发展，不断完善，将逐渐发挥其引导儿童"充分享受权利、积极履行义务、养成独立人格、关注公共利益、萌发公民意识"的作用，为学生成长为社会合格公民打下坚实的基础。

编辑 张良

《成都晚报》报道

成都元素融入文创作品　帮山区小伙伴建起图书馆
成都小学生开微店做公益　半年售出近 400 件

《成都晚报》记者：易欣雨　摄影：吕国应

绘有成都景点的抱枕，印有可爱大熊猫的 T 恤，以川剧为主题的明信片……这些融合了各类成都元素、造型可爱的物品，是一家微店的原创商品，而店主则是一群成都小学生。去年 9 月底，成都市实验小学六年级四班的微店"潘达控"开张，店里卖的都是抱枕、T恤等孩子们自己的文创作品。其实，这家小小的微店，还饱含着全班64名孩子的爱心，微店的所有盈利都将用于做公益，帮助贫困地区的小伙伴。

把"成都"画上抱枕、T恤、明信片……
小朋友的水墨画变身文创作品

"没想过我自己的画也能变成商品，而且买的人还挺多的。"提起自己的作品，11岁的由画显得很开心，她的绘画作品有许多都被选上，变成了抱枕、手提袋等文创产品。"微店刚开起来，我身边好多的人都觉得很惊讶，觉得我们小学生居然开了微店，那时候我看我妈的朋友圈都被推荐我们微店的信息刷屏了。"

"做文创商品、开微店是课堂的一种延展，孩子们看到自己的创意变成商品，他们会收获更多的成就感和认同感。"成都市实验小学美术老师罗东来是孩子们的指导老师。以川剧、成都美食为主题的明信片，以成都景点为主题的抱枕……每个月，罗老师都会给出不同的文创主题，在美术课上，孩子们就进行创作。"为了画好这些成都元素，我们提前就会进行资料收集。"姜甚男说，通过画成都，她了解了许多成都的景点故事、民俗文化，"比如盖碗茶、滚铁环等等，我觉得'老成都'真有意思。"

熊猫抱枕作为最初的文创作品，能感受到孩子们的用心和创意。每一个抱枕上不仅绘有形态各异的可爱熊猫，还展示杜甫草堂、宽窄巷子、锦里等不同的成都景点。刘雪莹指着抱枕上面的文字说，"这是我们以熊猫为主人公，编写的有关景点的游览小故事呢！"每一个抱枕的标签都由抱枕的作者赋予了不同的熊猫样式造型，除了材质、尺寸、价格等基本信息外，还有作者的个人二维码，"扫描二维码，就能看到我的公益宣言哦！"刘雪莹说。

孩子们的作品大多以水墨画为主，近期正在绘制24节气主题。罗东来说，"水墨画是中国的传统绘画方式，这样能更好地解读传统文化。"

"开业"半年公益基金近5千元
这份爱学弟学妹将接力传递

开微店，孩子们的一个重要目的是做公益。去年儿童节时，小朋友们还带着自己的熊猫明信片、水墨熊猫作品、手绘环保袋等作品前往宽窄巷子义卖，共募集了15000多元，为大凉山美姑城关小学的小伙伴送去了2000多册图书。这一次行动，也激发了黄歆玥对开班级微店的积极性,"那是我第一次参与义卖,能尽自己的力量帮助有困难的小朋友,感觉很好,所以我想坚持下去能为他们再做些什么。"

目前六年级四班的微店,主要由侯雁斌的妈妈孟谊蓉义务管理。罗东来与制作厂家定制好产品后,从事外贸行业的孟谊蓉就负责接收和处理订单、快递产品。"经常孩子回家也会帮我一起整理,我感觉参与到了孩子的活动中,也挺快乐的。"每到期末,孟谊蓉就会向全班公布微店售卖及收入情况。

"开业"近半年,微店卖出了近400件文创产品,共收入一万七千余元,纯利润有4700多元。这笔钱用来做什么,六年级四班的孩子们正在紧密筹划当中。"这学期开学,我就告诉孩子们要策划一个公益慈善活动。"罗东来说,等这学期结束放暑假了,就和孩子们一起选出最好的方案,来开展一场公益活动。

六年级四班的孩子即将毕业了,对于这个公益微店的未来,罗东来表示,学校会选择一个三年的班级来接力,让这份爱继续传递下去。同时,学校也会学习六年级四班的这种形式,以学校的名义开设一家微店,让更多的学生加入进来。

附件9 媒体相关报道列表

媒体级别	媒体名称	刊载时间	宣传主题（文章标题）
四川	教育导报	2010.10.16	我们入队了
成都	成都商报	2010.5.11	38位"个性妈妈"补过母亲节
四川	四川电视台	2010.10.13	38位"个性妈妈"补过母亲节
四川	四川电视台	2010.5.11	开学典礼
成都	成都商报	2010.9.2	开学典礼
四川	教育导报	2010.9.4	2000学生领到"身份证" 今后可以自主处理事务了
四川	华西都市报	2010.4.13	让母亲们快乐地过节
青羊	新青羊	2010.5.12	A城流行"信用卡"
青羊	新青羊	2010.4.14	开学典礼"发放小公民身份证"
四川	华西都市报	2010.2.22	升旗仪式大不同 男教师给女教师跪献鲜花
成都	天府早报	2010.3.10	开学典礼
四川	教育导报	2010.9.4	开学典礼
四川	四川电视台	2010.9.1	交警阿姨节日快乐
成都	华西都市报	2010.3.9	成都138名女交警 6名警花别样红
成都	华西都市报	2010.3.9	实小记者生活丰富有意义
青羊	新青羊	2010.3.5	新学期，孩子们许下心愿
四川	教育导报	2010.2.23	

续表

媒体级别	媒体名称	刊载时间	宣传主题（文章标题）
青羊	新青羊	2010.2.26	他们在"A城放飞梦想"
成都	天府早报	2010.2.24	开学典礼 发放小公民身份证
成都	成都日报	2010.2.22	做A城公民 促快乐成长
四川	教育导报	2010.1.21	温暖冬天 幸福感恩——成都市实验小学举行新年感恩活动
四川	教育导报	2010.5.14	每个妈妈都是最美丽的
四川	教育导报	2010.5.11	"个性妈妈"惹人爱
成都	华西都市报	2010.5.19	38位个性妈妈同上"每周一课"
成都	成都晚报	2010.3.25	记得那个春天
成都	华西都市报	2010.9.16	争当地铁环保小使者 宝贝们给地铁"洗澡"
四川	教育导报	2010.9.17	孩子们，老师谢谢你
四川	教育导报	2010.10.22	今天起，请叫我"红领巾"
四川	四川电视台	2010.10.13	时刻准备着
四川	四川电视台	2010.5.19	母亲节唱红校园
青羊	新青羊	2010.1.6	红歌发展开学啦
成都	成都商报	2011.2.22	小学生怎样理财 家长娃娃一起听专家讲
成都	成都商报	2011.2.26	家长发展学校成立——与孩子共同成长
青羊	新青羊	2011.2.23	家长发展学校成立——与孩子共同成长
成都	天府早报	2011.3.2	成立小学银行学生当"行长"理财

附件

媒体级别	媒体名称	刊载时间	宣传主题(文章标题)
青羊	新青羊	2011.9.23	成都市实验小学公推直选学生干部——"市长"拉起小提琴
成都	成都晚报	2011.9.2	成都市实验小学——老生给新生填"身份证"
成都	成都电视台	2011.11	专题 A 城民主选举
四川	教育报	2011.2.22	新学期,大声说出你的"梦"
成都	教育新闻	2011.3.4	成都市实验小学——大声说出你的"梦"
成都	成都商报	2011.9.22	小学生选"市长",竞选海报长五米
成都	天府早报	2011.11.4	竞选"市长"70个学生全校拉票
成都	天府早报	2011.6.22	成都实验小学一学生戴博士帽夫红毯
青羊	新青羊	2011.9.2	大手拉小手,同当"A"城好市民
青羊	新青羊	2011.9.21	A 城新体验学校看电影
四川	教育导报	2011.10.14	实小新生集体入队 家长为小队员戴上第一根红领巾
成都	成都商报	2011.3.25	成都市实验小学——任洗耳公开"独门秘笈"
四川	教育导报	2011.9.2	成都市实验小学 教育局局长讲第一课只字不提学习
四川	教育导报	2012.3.6	"580"雷锋伴我行
国家	中央电视台	2012.6.2	熊猫回家
四川	四川电视台	2012.6.2	熊猫回家
成都	成都电视台	2012.6.2	熊猫回家
四川	四川电视台	2012.5.31	《时刻准备着》六一特别节目

续表

媒体级别	媒体名称	刊载时间	宣传主题（文章标题）
四川	四川电视台	2012.6.1	"580"剧目参加四川省六一晚会
四川	教育导报	2012.10.12	时刻准备着 63 周年建队日
青羊	新青羊	2012.2.15	开学典礼实验小学成立 A 城 580 志愿队
四川	教育导报	2012.3.9	都来为人民服务
四川	教育导报	2012.3.6	A 城 580 雷锋行动
青羊	青羊电视台	2012.3.9	A 城 580 雷锋行动
青羊	新青羊	2012.4.10	实验小学"580"志愿者为社区孤寡老人送温暖
青羊	新青羊	2012.9.1	小王子的星际旅行新书发布会
四川	教育导报	2012.9.5	迎来新学年我们准备好了
青羊	新青羊	2012.9.1	开学第一天同上一堂课
四川	四川电视台	2012.10.13	开学第一天同上一堂课
四川	教育导报	2012．12	飘扬的红领巾 我为你骄傲
四川	教育导报	2012.10.17	国际理解意识的培养
青羊	新青羊	2012.10.13	孩子们入队了
四川	四川电视台	2012.11	63 周年建队节
四川	四川电视台	2013.2.27	实验研究，辅导地方——成都市实验小学网校的担当
青羊	新青羊	2013.3.9	A 城小公民——书香伴我行
四川	华西都市报	2013.3.9	小学生给环卫工女送花

续表

媒体级别	媒体名称	刊载时间	宣传主题（文章标题）
青羊	新青羊	2013.3.13	管理城市辛苦了 爱的拥抱送给他
四川	教育导报	2013.2.2	春暖花开——开学第一课"财富"
成都	成都商报	2013.2.26	昨日开学第一课讲"财富"
四川	教育导报	2013.3.23	家长当导师 传送育儿经
全国	校长	2013.4	好学校在云端
四川	教育导报	2013.6.8	当学生走进讲坛——成都市实验小学"教中学"教学模式的探索
全国	校长	2013.6	民主A城：成长从模拟开始
四川	四川教育	2013.7	以文化人，以雅育雅
全国	中国德育	2013.7	培养合格小公民——成都市实验小学公民教育实践
全国	中小学管理	2013.9	成为读者
全国	教育家	2013.9	李红，用爱填满"教育"一生
全国	中小学德育	2013.9	岁月如歌，真爱如玉
成都	成都晚报	2013.9.2	开学第一课
青羊	新青羊	2013.9.2	开学典礼
四川	四川日报	2013.9.10	省委书记王东明慰问成都市实验小学
四川	教育导报	2013.9.10	开学典礼
成都	成都晚报	2013.9.28	成都市实验小学——共和国前总理李鹏的母校
全国	人民教育	2013.10	让教育富有优雅和诗意

续表

媒体级别	媒体名称	刊载时间	宣传主题（文章标题）
四川	时代教育	2013.11	立己达人——成都市实验小学关注教师发展的实践探索
四川	教育导报	2013.11	国际理解，走向世界——成都市实验小学教育国际化的思考
成都	成都日报	2013.11.29	小小议事会 体现大民主——实小小学生召开"A 城议事会"
四川	教育导报	2013.12.6	市长回复小学生来信
全国	人民日报	2013.12.31	成都市国际化工作（选图）
四川	教育导报	2014.1.7	信息化时代的"云端学校"
四川	教育导报	2014.3.1	一场温暖的相遇
全国	中国教育频道	2014.3	成都市中小学图书数字化管理
成都	华西都市报	2014.4.5	A 城小公民——家庭朗读比赛
成都	成都日报	2014.4.8	A 城小公民——写好字，做好人
成都	成都日报	2014.4.24	成都市中小学掀起写好字热潮
成都	华西都市报	2014.4.29	全国少先队员辅导员来蓉培训
全国	网易新闻	2014.4.29	全国少先队员辅导员来蓉培训
四川	教育导报	2014.5.9	我的 A 城我做主
成都	今日少年报	2014.5.9	"活力 A 城"走在少先队自主体验活动的前沿
成都	成都日报	2014.5.12	把"爱国"融入到学习生活中
全国	新华网	2014.5.13	倡议用行动传递"爱家爱国"正能量
成都	成都日报	2014.5.22	我的"雪儿"，你还好吗？
成都	成都日报	2014.5.28	"好学校"标准不单——"以人为本"很关键

续表

媒体级别	媒体名称	刊载时间	宣传主题（文章标题）
成都	成视新闻栏目	2014.8.22	实小校训故事
成都	成都人民广播电台橙网在线	2014.8.22	实小校训曾让总理受益
成都	成都商报	2014.8.25	实验小学特色德育模式践行校训 校内有个"小城市" 培养积极小公民
四川	四川新闻网	2014.9.1	新生入学活动
四川	成都日报	2014.9.1	身正业勤才能成人成才
四川	教育导报	2014.9.2	孩子们开心迎接新学年
四川	四川新闻网	2014.10.14	建队节活动
成都	成都日报	2014.10.14	建队节活动
四川	四川新闻网	2014.10.21	实小师生爱心捐助
四川	教育导报	2014.10.23	一起走过的幸福
四川	教育导报	2014.11.4	德育专家研讨"多元文化与学校德育改革"
成都	成都晚报	2014.11.6	"A城"小公民——作业私人订制
四川	四川新闻网	2014.12.18	班会课上，数十小学生"优点大轰炸"
四川	四川日报	2015.1.1	迎新，唱响"世纪的约定"
成都	华西都市报	2015.1.1	社会主义核心价值观谱写成歌
成都	成都晚报	2015.1.13	"A城"学霸的秘密
四川	教育导报	2015.1.24	将新的教育理念带回高原
成都	成都日报	2015.3.9	唱响中小学开学典礼主旋律
成都	成都日报	2015.3.9	绽放在春日里的梦想

续表

媒体级别	媒体名称	刊载时间	宣传主题（文章标题）
四川	四川电视台科技教育频道	2015.4.6	网班串起万人大大班
成都	腾讯大成网教育频道	2015.10.14	成都实小：纪念建队66周年主题队会
成都	华西都市报	2016.3.5	成都40名志愿者走进地铁站开展"学雷锋"活动
全国	中国在线	2016.5.13	成都小学生在宽窄巷子义卖 创意熊猫作品让爱心传递
省级	沈河教育网	2016.6.6	大道无形 大雅润心——走进成都市实验小学学习爱心感悟
全国	人民政协报	2016.8.1	教育是不断播撒种子的过程
青羊	锦绣青羊网	2016.8.26	我去上学啦！拒绝"套路"
成都	成都青年日报	2016.8.27	成都实验小学推送微课未支招小一新生入学准备这些
成都	成都商报-成都儿童团	2016.8.29	化解上学焦虑，实小萌娃用微课告诉你学长应该准备些啥
全国	新华网	2016.8.29	成都实验小学"双生入学"：家长也收到了"入学通知书"
全国	腾讯新闻网	2016.8.29	成都实验小学给新生家长和新生发"双生入学通知书"
全国	凤凰财经网	2016.8.29	成都实验小学新生入学：爸妈也有"入学通知书"
省级	华龙网	2016.8.29	成都实验小学新生入学：爸妈也有"入学通知书"
青羊	锦绣青羊网	2016.8.29	10后"表情包"已上线，附赠萌娃亲授小课堂
全国	网易新闻网	2016.8.29	要开学了我们"带着爸妈上小学"
四川	中国经济新闻网（四川站）	2016.8.30	带着爸妈上小学 成都市实验小学启动新生入学活动
成都	成都商报-成都儿童团	2016.8.30	毫不起眼的小书桌，竟也藏着让孩子变身学霸的秘密
青羊	青羊教育网	2016.8.30	【Hello新学期】实小萌娃上微课，带你做好入学准备
成都	成都市中小学德育网	2016.8.31	带着爸妈上小学——成都市实验小学新生入学课程篇
四川	四川日报	2016.8.31	成都实验小学带着爸妈一起上学

续表

媒体级别	媒体名称	刊载时间	宣传主题（文章标题）
全国	人民网	2016.9.14	中外网友"走进"成都一小学与学生互动 获50万人点赞
全国	今日头条	2016.9.14	青羊区联播名校传承文化 超42万人在线观看
四川	中国网·四川频道	2016.9.18	成都实验小学"网络直播"连线康定城乡孩子欢度中秋
四川	国际在线·四川频道	2016.9.18	联播名校传承文化 超42万人在线观看
四川	四川日报网	2016.9.26	"A城"活动——实小别样"小苹果"掀法制热潮
四川	四川在线	2016.10.8	实小"A城"学生开文创微店做公益
四川	中国网·四川频道	2016.10.9	成都实验小学学子：开开文创微店聚公益微力量
四川	四川日报	2016.10.12	"小岛课程"开讲 56小时与自然为伴
成都	华西都市报	2016.11.14	"小岛课程"开讲 56小时与自然为伴
全国	凤凰网	2016.11.15	成都实验"小岛课程"开讲 56小时与自然为伴
四川	四川在线	2016.11.15	一群三年级的学生办了一个4千人订阅的电台：书可以这样"读"
青羊	文明青羊网	2016.12.15	有"岛"电台"陪伴的365个夜晚
青羊	新青羊	2016.12.16	成都牛爸妈通过网络电台给全班孩子读书 已坚持259天
四川	四川新闻网	2016.12.22	三年级四班"专属"电台给全班孩子讲故事
全国	未来网	2016.12.22	成都一对父母通过网络电台给全班孩子讲故事
成都	成都商报	2016.12.22	三年级四班通过睡前幸福 听蜗牛爸妈讲故事
四川	教育导报	2016.12.29	"A城"活动 小岛奇遇记
成都	成都商报	2017.2.9	成都10岁小姑娘 12幅作品画家乡
青羊	新青羊	2017.2.10	"果宝熊猫"带你玩转成都
四川	四川工人日报	2017.2.24	"果宝熊猫"带你玩转成都

附件 10　雅园公民手册

设计：夏英、王威威、李雪阳、严利蓉、李红、邓音、黎明及家长代表。
插图：王春华、方慧敏

成都市实验小学
Chengdu Experimental Primary School

雅园公民手册
Citizen Manual for Yayuan

卷首语

亲爱的同学们：

作为一名A城小公民，你了解A城吗？你知道如何表达意见，参与A城管理吗？你清楚如何参与A城各种活动吗？

作为班级一员，你了解每一名同学在班级或课堂中应该享有的权利，应尽的义务吗？你知道如何参与班级建设吗？

作为家庭重要的一分子，你知道如何让自己的家庭变得更加民主、和谐吗？

这本《雅园公民手册》会让你有所发现。

我们今后都会成为社会公民。一名合格的社会公民，要关心公共生活，积极理性参与公共生活；充分享受权利，积极履行义务。因此，我们共同设计这本《雅园公民手册》，让它带领我们去关注身边大事，积极参与各种公共活动，记录下成长的点滴，养成公民意识，最终成长为一名合格的社会公民。

这本《雅园公民手册》分为A城篇、班级篇、家庭篇三个篇章，帮助同学们从学校、班级、家庭三个视角了解、参与我们的公共生活，引领同学们做一名合格的小公民。希望同学们在老师、同学、家长的帮助下自主成长，享受成长。

A城市长

充分享受权利
积极履行义务
做文雅小公民

A城篇

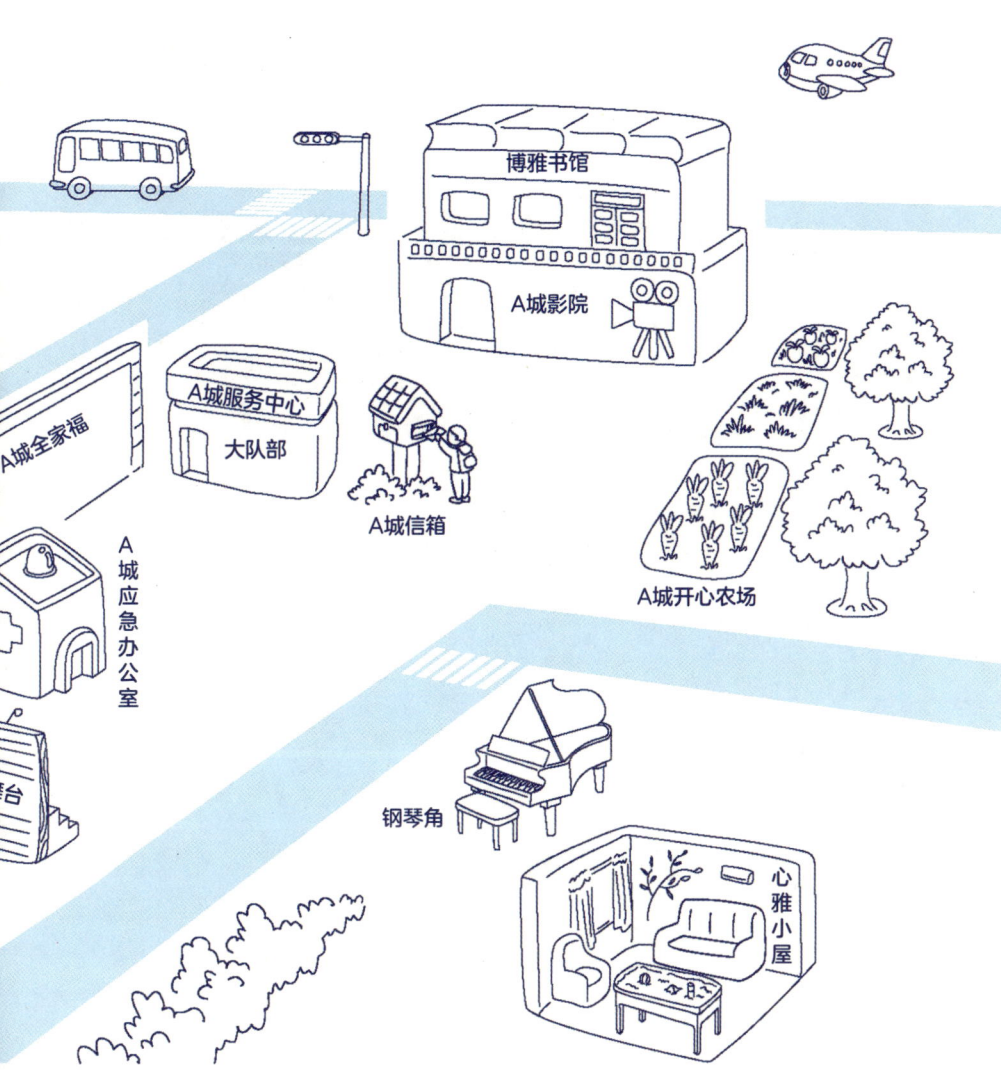

（照片） 我最喜欢的A城一角

取名A城是因为：

我们的A城宗旨是：

我知道学校的网址是：

我最关注的校园新闻是：

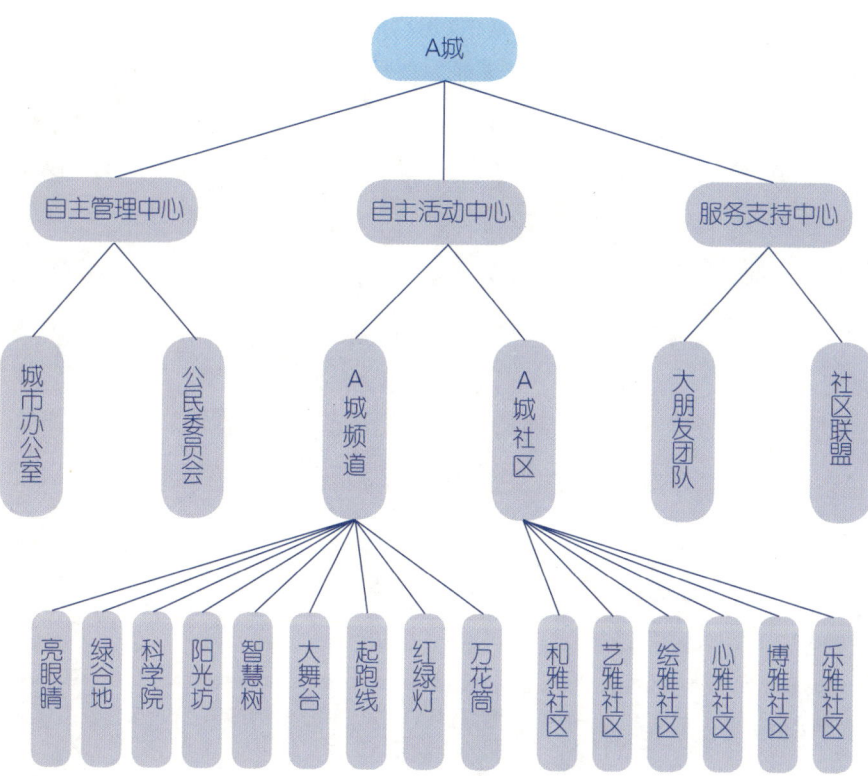

A城分工图

	机构	职责	负责人
自主管理中心	公民委员会	负责校园民选活动的组织、开展、监督	A城副市长
	城市办公室	对A城干部进行管理	
自主活动中心	A城频道	模拟社会缩影，丰富体验	A城副市长
	A城社区	搭建异龄交往平台，共同成长	
服务支持中心	大朋友团队	负责对频道及社区活动进行指导，协助组织和管理的教师团队	赵婧老师
	社区联盟	家长、社区及社会人士对A城提供管理支持、活动资源、组织策划及实施等协助	龚轶老师

A城频道——社会缩影，丰富体验

九个频道为同学们各方面的公民成长搭建平台，提供实践机会。

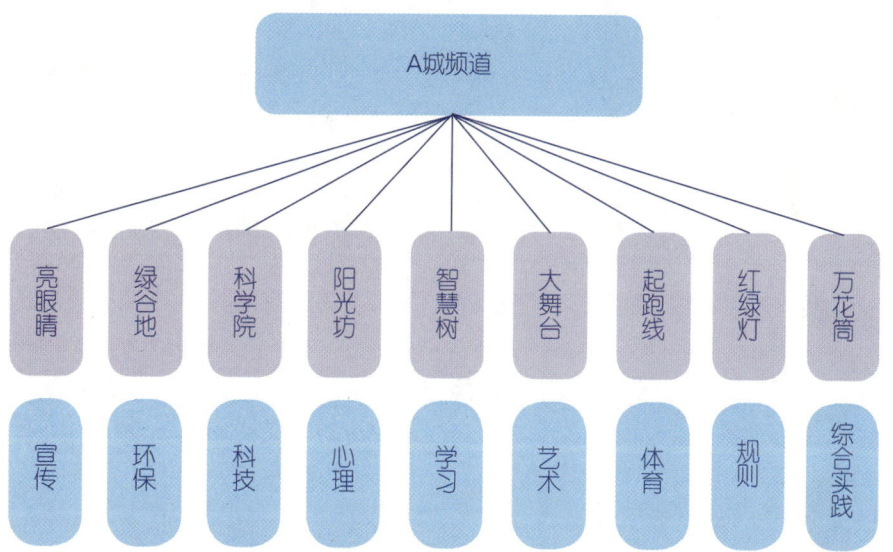

A城九个频道的活动丰富多彩，欢迎所有同学积极参与。大家可以参与各频道主持人或者频道干事的竞选，自主设计组织活动；也可以密切关注A城海报角的海报，自主参与各个频道的活动。

亮眼睛频道	活动：	A城小记者校园大事采访记录活动 A城电视台宣传校内外大事 A城编辑部校园故事收集宣传活动
红绿灯频道	活动：	日常行为评比
起跑线频道	活动：	体育俱乐部 年级或社区运动会 班级篮球赛
大舞台频道	活动：	钢琴之星选拔和展示活动 超级童星展示 校园漫画征集活动
绿谷地频道	活动：	环保调查活动 环保实践活动 环保宣传活动
科学院频道	活动：	科学小研究活动 科技小发明 科技创新实践活动
万花筒频道	活动：	小眼看世界活动 国际周活动 A城庙会
智慧树频道	活动：	各类知识竞赛 小樱桃文学社活动 数算小社团活动
阳光坊频道	活动：	成长小组训练营 心理剧社活动 亲子活动

我的班级属于_____社区（圈出所在班级和社区）

社区	和雅社区	艺雅社区	绘雅社区	心雅社区	博雅社区	乐雅社区
班级	1.1班	1.2班	1.3班	1.4班	1.5班	1.6班
	2.1班	2.2班	2.3班	2.4班	2.5班	2.6班
	3.1班	3.2班	3.3班	3.4班	3.5班	3.6班 3.7班
	4.1班	4.2班	4.3班	4.4班	4.5班	4.6班
	5.1班	5.2班	5.3班	5.4班	5.5班	5.6班
	6.1班	6.2班	6.3班	6.4班	6.5班	6.6班 6.7班

我们在A城

  我的A城身份证

A城公民身份证

姓名　　　　社区

性别

（照片）

班级

个性签名

  我的朋友在A城

_____在A城_____担任_____

_____在A城_____担任_____

_____在A城_____担任_____

我对A城活动的关注指数是：（请在对应的分数上涂上颜色）

1	2	3	4	5
不关注	偶尔关注	有时关注	经常关注	非常关注

缤纷活动——跃动的A城

每日

A城信箱

A城信箱接受小公民们关于校园公共问题的意见信，及时转交给学校相关机构，并请其回复。

如果你有任何建议，可以随时投递！

A城580

"580"又名"我帮你"，是A城的志愿者服务小队，课间为同学提供服务并定期参加社区公共服务。

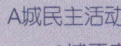

如果想要成为"580"的一员，请在每期第一学月随时关注A城资讯窗的相关通知！

每月

A城爱心日

每月19日是A城的爱心日，学校将开展各种捐赠、义卖以及爱心主题活动。

有爱心的小公民们请行动起来吧！

（注：如遇节假日，时间另行通知）

A城民主活动

A城不定期对城市某些典型公共问题开展民意调查、公投活动，了解全体成员的意见倾向，帮助学校进行决策。

校园与你我相关，请小公民们开始关注身边事，勇于表达自己的观点吧。

每月

A城电影院
　　A城电影院为A城小公民们播放科普、卡通、教育等各类专场电影。
　　播放时间为间周周五午休时间，每月两次。
　　（如果你想参与，就请留意资讯窗的电影专场信息）

A城积极公民评选
　　每月末，A城市政府根据A城公民的积分卡进行积极小公民评选。
　　（参加完A城活动，一定要及时请活动负责人在你的樱桃积分卡上盖上印章哦！）

每月

A城频道活动
　　九个频道轮流提供不同主题的实践活动，为有着不同兴趣的同学提供平台。每月至少一次。

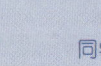

A城社区活动
　　不同年级同一个班级的同学一起开展活动，大手拉小手，共同成长。

每年

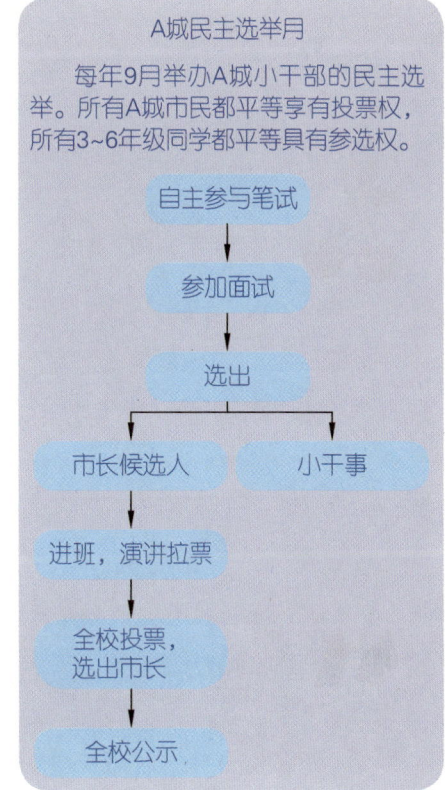

A城民主选举月

　　每年9月举办A城小干部的民主选举。所有A城市民都平等享有投票权，所有3~6年级同学都平等具有参选权。

自主参与笔试
↓
参加面试
↓
选出
↓
市长候选人　　小干事
↓
进班，演讲拉票
↓
全校投票，选出市长
↓
全校公示

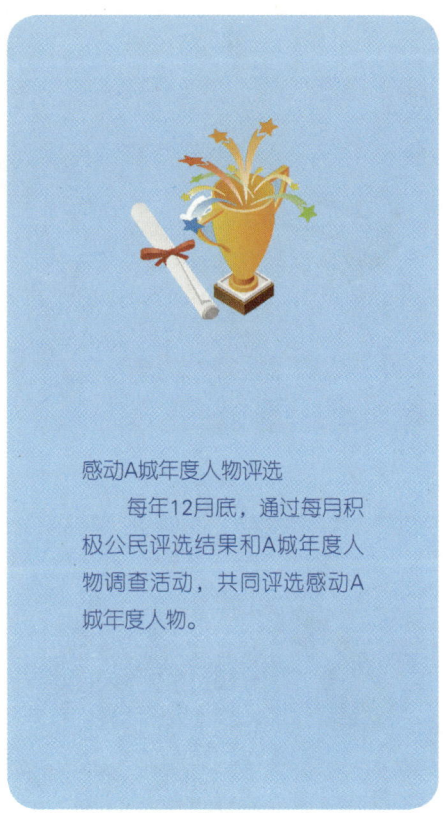

感动A城年度人物评选

　　每年12月底，通过每月积极公民评选结果和A城年度人物调查活动，共同评选感动A城年度人物。

A城节日——成长的四季

春

A城读书节（3月）

1. 童书推荐
2. 国学经典诵读
3. 阅读时光

夏

A城樱桃节（4月）

1. "观察樱桃"活动
2. "守护樱桃"活动
3. "摘樱桃"活动
4. "送樱桃"活动

秋

A城科技节（10月）

1. 科普系列主题讲座
2. 模型制作比赛
3. "A城寻宝"——
   小发明、小论文征集
4. 科幻画比赛

冬

A城艺术节（11月）

1. A城童星秀
2. 钢琴之星
3. A城新年音乐会

A城资讯窗

你将在这里看到所有的A城讯息，请密切关注哦！

A城民选记录卡

我是民选候选人（　　　　）

我感兴趣的岗位是＿＿＿＿＿＿＿＿＿＿＿＿＿＿＿＿＿＿＿＿

我想申请的岗位是＿＿＿＿＿＿＿＿＿＿＿＿＿＿＿＿＿＿＿＿

我的选举宣言是＿＿＿＿＿＿＿＿＿＿＿＿＿＿＿＿＿＿＿＿＿

请把你已经历的民选流程涂上颜色：

自主申报 → 进行面试 → 进班讲演 → 全校公投 → 结果公示

我是A城选民（　　　　）

我投票给了＿＿＿＿＿＿＿＿，他当选为A城＿＿＿＿＿＿＿职务。

民选中，我印象最深的人或事＿＿＿＿＿＿＿＿＿＿＿＿＿＿

＿＿＿＿＿＿＿＿＿＿＿＿＿＿＿＿＿＿＿＿＿＿＿＿＿＿＿＿

＿＿＿＿＿＿＿＿＿＿＿＿＿＿＿＿＿＿＿＿＿＿＿＿＿＿＿＿

＿＿＿＿＿＿＿＿＿＿＿＿＿＿＿＿＿＿＿＿＿＿＿＿＿＿＿＿

我知道当选的A城市长是＿＿＿＿＿＿＿＿＿＿＿＿＿＿＿＿

他的选举口号是＿＿＿＿＿＿＿＿＿＿＿＿＿＿＿＿＿＿＿＿

> 每位A城市民都有权利参加民选，也有义务服从选举的结果。

我们爱A城

我的A城积分卡

序号	活动名称	盖章	序号	活动名称	盖章
1			9		
2			10		
3			11		
4			12		
5			13		
6			14		
7			15		
8			16		

积分细则：

1. 自主. 积极参与A城活动的设计与组织，每次活动盖组织章1枚。
2. 自主. 积极参与A城各种活动，每次活动盖活动章1枚。

我最喜欢的A城活动：_____

我共获得了组织章（　　　）枚，参与章（　　　）枚。

我申报A城（　　　　　　）奖，申报理由：_____

_____

班级篇

我们的班级

班级名片我设计

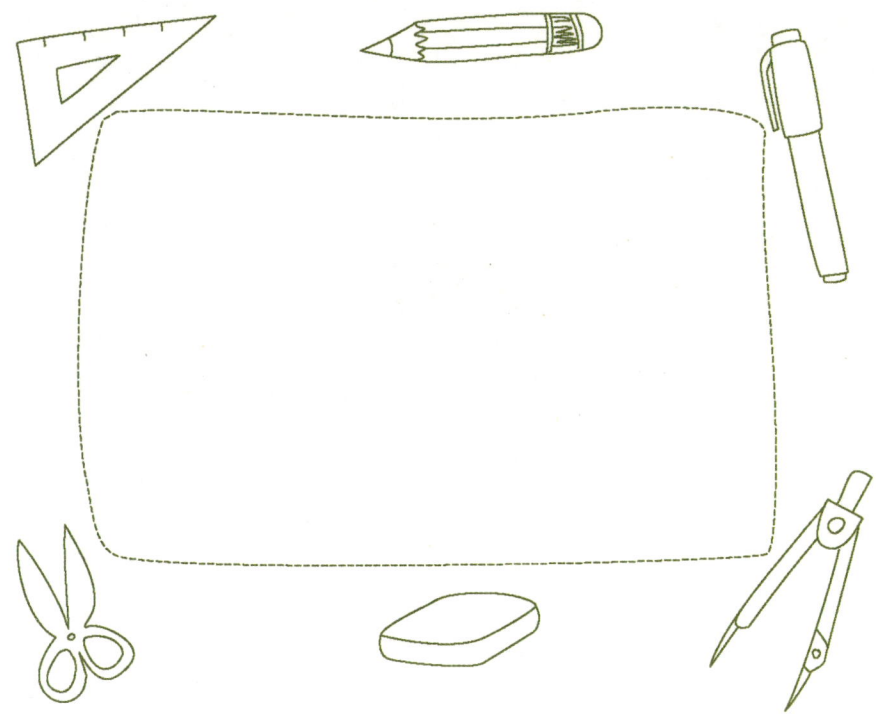

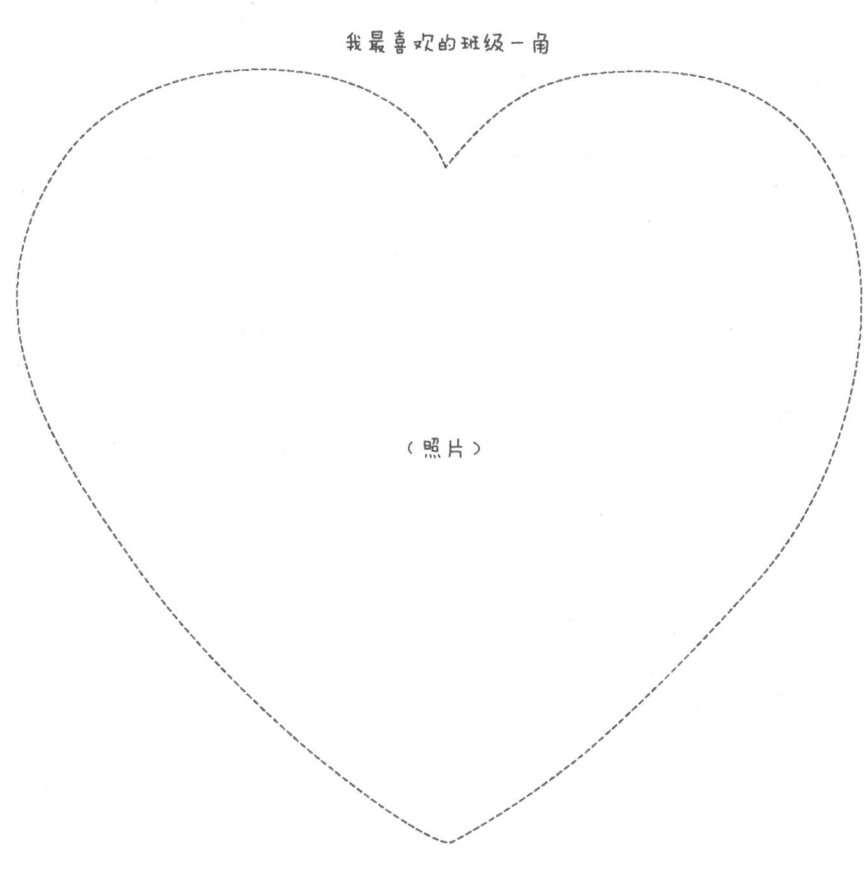

我最喜欢的班级一角

（照片）

我希望我的班级是_____的、_____的、_____的、_____的。

我们的班级公约

　　我是班级的一员，关于我们的班级公约，我建议：

　　_____

　　_____

　　_____

　　_____

我们的班级公约

我们的课堂公约

　　我是班级课堂中的一员，关于我们的课堂公约，我建议：

_____

_____

_____

_____

我们的班级课堂公约

班级主页

我们班的班级博客名称：_____

我们的班级博客地址：_____

我发表的班级博客数：_____

班级热门博客：_____

班级热门话题：_____

我在班级中

我在班级中曾担任的岗位：_____

我想为班集体做的事情：_____

我计划申报班集体的服务岗位是：_____

班级中的我

独一无二的我

大家眼中的我

我们的班级岗位和负责人

中期班级新确定的岗位和新当选的岗位负责人有哪些？请把他们一一填入下表。

岗位名称	岗位职责	负责同学名字

我们的班级大事

　　班集体中发生的大事件有哪些？你在其中担任什么角色呢？请认真记录下来，让它成为我们共同成长的记忆。

时间	事件	角色
		1. 组织者 2. 参与者 3. 其他＿＿＿＿
		1. 组织者 2. 参与者 3. 其他＿＿＿＿
		1. 组织者 2. 参与者 3. 其他＿＿＿＿
		1. 组织者 2. 参与者 3. 其他＿＿＿＿
		1. 组织者 2. 参与者 3. 其他＿＿＿＿
		1. 组织者 2. 参与者 3. 其他＿＿＿＿
		1. 组织者 2. 参与者 3. 其他＿＿＿＿
		1. 组织者 2. 参与者 3. 其他＿＿＿＿
		1. 组织者 2. 参与者 3. 其他＿＿＿＿
		1. 组织者 2. 参与者 3. 其他＿＿＿＿
		1. 组织者 2. 参与者 3. 其他＿＿＿＿

　　请你在你认为印象最深的班级大事前画上"☆"

我爱我们的班级

我觉得我的班级具有以下特点：

（把适合你们班班级特点的词语涂成红色，不太适合的涂成绿色）

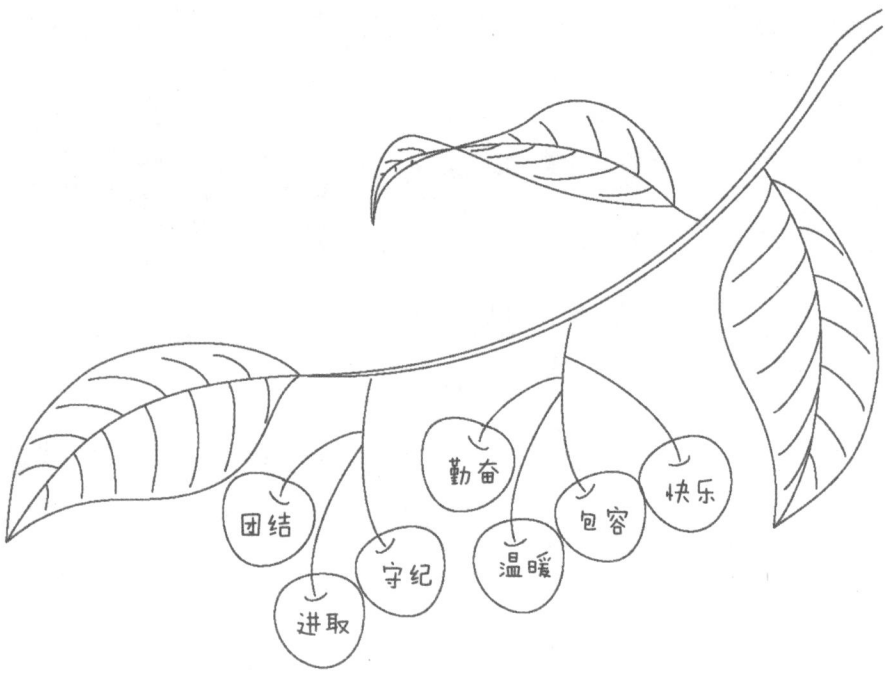

我觉得我的班级是一个这样的班级：_____

_____

_____

_____

_____

我们班级的民主指数：☆ ☆ ☆ ☆ ☆

☆ 1. 班级事务全班公示，人人知晓。

☆ 2. 班级事务人人有平等机会参与。

☆ 3. 班级选举过程民主，程序公开。

☆ 4. 班级成员尊重并服从民主结果。

☆ 5. 班级成员对班级事务积极建议。

喜欢的班级同学（漫画像或照片）

喜欢他（她）的性格关键词 _____ _____

我最喜欢的老师

用一首诗、一句话或一件事描述你对他（她）的喜欢：_____
_____

在班级中的表现，两位我最喜欢的老师对我的评价

　　　　　　　说：_____

　　　　　　　说：_____

在班级中的表现，我对自己的评价

　　我对自己的评价：

　　我对班级的建议或意见：

家庭篇

我温馨的家

（图片）

我的房间

我亲爱的家人（漫画）

爸爸

职业：＿＿＿＿＿
每日工作时长：＿＿＿
优点：＿＿＿＿＿
缺点：＿＿＿＿＿
愿望：＿＿＿＿＿

妈妈

职业：＿＿＿＿＿
每日工作时长：＿＿＿
优点：＿＿＿＿＿
缺点：＿＿＿＿＿
愿望：＿＿＿＿＿

我

每日学习时长：＿＿＿
优点：＿＿＿＿＿
缺点：＿＿＿＿＿
愿望：＿＿＿＿＿

我们家所在社区名称：_____

我们家每周的家庭亲子时间：
　　A. 0~1小时　　B. 1~3小时　　C. 3~6小时　　D. 6小时以上

我们推荐亲子共读的一本书：_____

我们家最喜欢的亲子运动项目：_____

家庭常用语：_____

我知道或参与的社区活动：_____

我家最关注的城市大事：_____

我家最关注的国家大事：_____

我今年学到的流行词抄录：_____

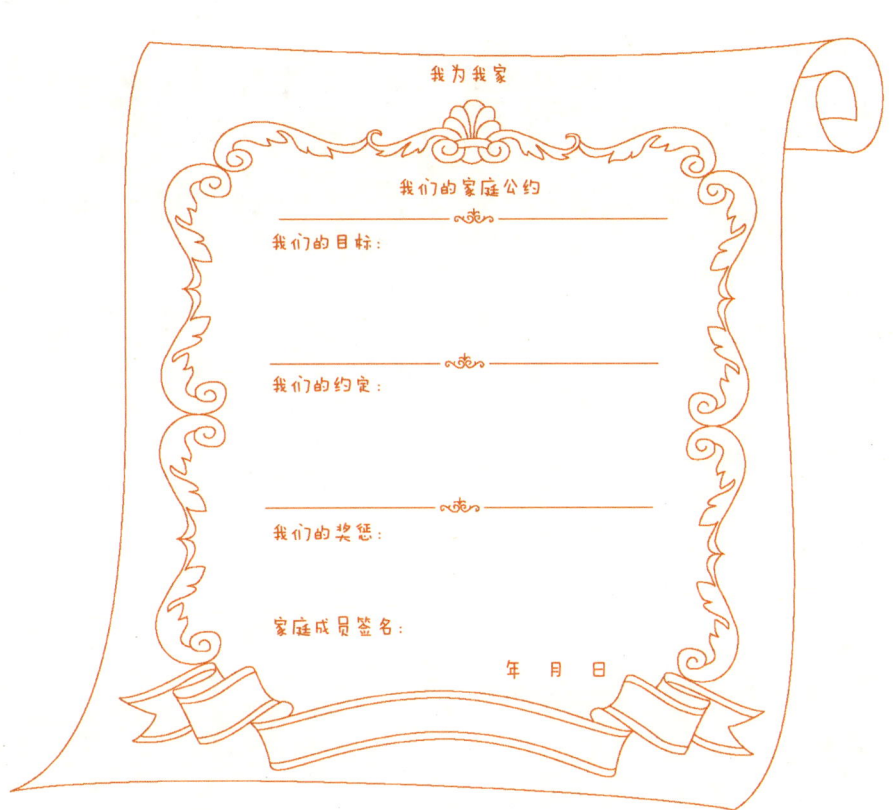

我们一家曾在天南地北留下幸福的足迹，选几张照片做个幸福的见证，别忘了给每张照片取一个有意思的名字！

家庭美食

_____的拿手好菜：_____

材料：_____

做法：_____

_____

_____

_____

（图片）

美食亮相

美食点评：_____

_____

_____

家有宠物

宠物名字:＿＿＿＿＿＿＿＿＿＿＿＿＿＿＿＿＿＿＿＿＿＿＿＿＿＿

宠物品种:＿＿＿＿＿＿＿＿＿＿＿＿＿＿＿＿＿＿＿＿＿＿＿＿＿＿

宠物萌照

最喜欢的食物:＿＿＿＿＿＿＿＿＿＿＿＿＿＿＿＿＿＿＿＿＿＿＿

生活习性:＿＿＿＿＿＿＿＿＿＿＿＿＿＿＿＿＿＿＿＿＿＿＿＿＿

我和宠物的趣事:＿＿＿＿＿＿＿＿＿＿＿＿＿＿＿＿＿＿＿＿＿＿

＿＿＿＿＿＿＿＿＿＿＿＿＿＿＿＿＿＿＿＿＿＿＿＿＿＿＿＿＿＿＿

＿＿＿＿＿＿＿＿＿＿＿＿＿＿＿＿＿＿＿＿＿＿＿＿＿＿＿＿＿＿＿

我们的家庭大事记

1. _____
2. _____
3. _____
4. _____
5. _____

我家的爱心行动存单

时间	爱心行动
_____	_____
_____	_____
_____	_____

我爱我家

我为家庭分担的事：_____

_____

我的父母参加了学校家长发展学校活动：_____

_____

_____

我的家长是_____志愿者，为学校或社会提供的志愿者服务有：_____

_____

我家的颁奖典礼

获奖人：　　　　　　　获奖人：　　　　　　　获奖人：

颁奖词　　　　　　　　颁奖词　　　　　　　　颁奖词

我家的和谐指数

1	2	3	4
不和谐	比较和谐	和谐	非常和谐

1. 家庭事务共同分担，各担其责。
2. 家庭成员互相尊重，沟通良好。
3. 家庭成员互相理解，彼此支持。
4. 家庭生活丰富多彩，精神愉悦。

我对爸爸妈妈的悄悄话：_____

附录

我们的选票

民主选举 积极服务 1	我支持你 投你一票 2	民主选举 积极服务 3	我支持你 投你一票 4
民主选举 积极服务 5	我支持你 投你一票 6	民主选举 积极服务 7	我支持你 投你一票 8
民主选举 积极服务 9	我支持你 投你一票 10	民主选举 积极服务 11	我支持你 投你一票 12
民主选举 积极服务 13	我支持你 投你一票 14	民主选举 积极服务 15	我支持你 投你一票 16
民主选举 积极服务 17	我支持你 投你一票 18	民主选举 积极服务 19	我支持你 投你一票 20

A城公民意识培养目标

A城公民培养总目标：充分享受权利、积极履行义务、做文雅公民

序言：根据学生的成长规律和马斯洛需要层次理论，我们认为，保障学生安全是第一需要；尊重是学生作为独立个体全面发展的基础；民主则是对学生各项权利和义务的保障。培养文雅公民宜主要从这三个方面展开。

一、关于安全

● 身体安全

我的权利是：保护自己身体安全；拒绝参加危险活动；在紧急情况下以保护自身安全为前提，寻求大人帮助。

我的义务是：不伤害、不威胁他人安全；遵守学校有关安全的规定。

● 心理安全

我的权利是：受到公平接纳、友善对待；对我受到的不当言行，我有抗议、寻求帮助并获得保护的权利。

我的义务是：友善待人，尊重他人感受，换位思考，不嘲笑、不排挤他人。

二、关于尊重

● 人格被尊重

我的权利是：作为一个独立的人被尊重；保护我的尊严、名誉以及追求自我价值。

我的义务是：尊重他人的名誉、尊严以及追求自我价值的权利。

● 隐私被尊重

我的权利是：保护自己财物、隐私以及个人空间的权利。

我的义务是：尊重他人的财物，尊重他人保护自己隐私的权利。

● 差异被尊重

我的权利是：作为一个独特的人被尊重的权利。我可以有自己的个性，有权利自己选择兴趣和理想。

我的义务是：理解和尊重他人不同个性选择，不歧视他人。

三、关于民主
●公共生活民主
我的权利是：知晓和参与社会、学校、家庭等公共事务；通过民主渠道提出建议。
我的义务是：积极参与公共生活，认真履行民主公约。
●学习民主
我的权利是：不得被随意剥夺正常学习的权利；了解学习计划，自主选择适合的学习方式，参与学习评价过程。
我的义务是：合格完成义务教育。认真倾听，主动发表意见。接受老师和家长指导，积极与同学合作，尽可能做到更好。

公民成长推荐书单

一、二年级：

《星月》　　　　　　　　　　　河北少年儿童出版社
《小饼干的大道理》　　　　　　少年儿童出版社
《大脚丫跳芭蕾》　　　　　　　河北教育出版社
《图书馆狮子》　　　　　　　　河北少年儿童出版社
《世界书局模范公民训练手册》　贵州人民出版社
《贝贝熊系列丛书》　　　　　　新疆青少年出版社

我的推荐书单：

三、四年级：
　　《豆豆老师的苹果》　　　　　　　　辽宁教育出版社、中信出版社
　　《花婆婆》　　　　　　　　　　　　河北教育出版社
　　《凯琪的包裹》　　　　　　　　　　河北教育出版社
　　《西雅图酋长的宣言》　　　　　　　河北教育出版社
　　《我选我自己》　　　　　　　　　　上海人民美术出版社
　　《林汉达历史故事集》　　　　　　　中国少年儿童出版社
　　《真理面前半步也不后退（个人编）》　二十一世纪出版社
　　《相约星期二（家庭编）》　　　　　二十一世纪出版社
　　《第一次遭遇不公正（社会编）》　　二十一世纪出版社

　　我的推荐书单：

　　_____

　　_____

　　_____

　　_____

　　_____

五、六年级
《活了一百万次的猫》　　　　　接力出版社
《草房子》　　　　　　　　　　江苏少年儿童出版社
《为我唱首歌吧》　　　　　　　二十一世纪出版社
《全世界都在对我微微笑》　　　二十一世纪出版社
《家，甜蜜的家》　　　　　　　二十一世纪出版社
《我有一个梦想》　　　　　　　二十一世纪出版社
《万国之土，犹有人类在》　　　二十一世纪出版社
《成绩单》　　　　　　　　　　天津教育出版社

我的推荐书单：

_____

_____

_____

_____

_____

_____

班级连线

类别	名称	楼层
办公室	校长室	清雅楼三楼
	副校长办公室	清雅楼一楼
	教导处	博雅楼二楼
	一年级语数办公室	博雅楼二楼
	二年级语数办公室	博雅楼三楼
	三年级语数办公室	博雅楼四楼
	四年级语数办公室	博雅楼五楼
	五年级语数办公室	博雅楼六楼
	六年级语数办公室	博雅楼六楼
	体育办公室	博雅楼一楼
	英语办公室	博雅楼二楼
	美术办公室	博雅楼六楼
	品德办公室	博雅楼四楼
	音乐办公室	博雅楼一楼
	信息办公室	博雅楼四楼
	科学办公室	博雅楼五楼
	心理办公室	博雅楼六楼
	文化工作室	清雅楼二楼

办公室	网校导播中心	博雅楼五楼
	财务室	博雅楼三楼
	总务室	博雅楼二楼
	大队部	博雅楼一楼
	卫生室	博雅楼一楼
	门卫室	二校门口
	档案室	博雅楼五楼
功能教室	多媒体网络教室	博雅楼四楼
	科学实验室	博雅楼三楼
	音乐教室	清雅楼二、三楼
	电脑机器人室	博雅楼五楼
	远程录播教室	意雅楼一楼
	心雅小屋	清雅楼一楼
	博雅书馆	博雅楼二楼
	舞蹈室	清雅楼一楼
	队室	意雅楼二楼
器材室	音乐器材室	清雅楼一楼
	体育器材室	操场侧
	科学器材室	博雅楼三楼

后记

想说的话:

堂堂正正做人
勤勤恳恳做事